JN434381

C# 퀘스트(C# QUEST)

-기초와 응용

임준식 저

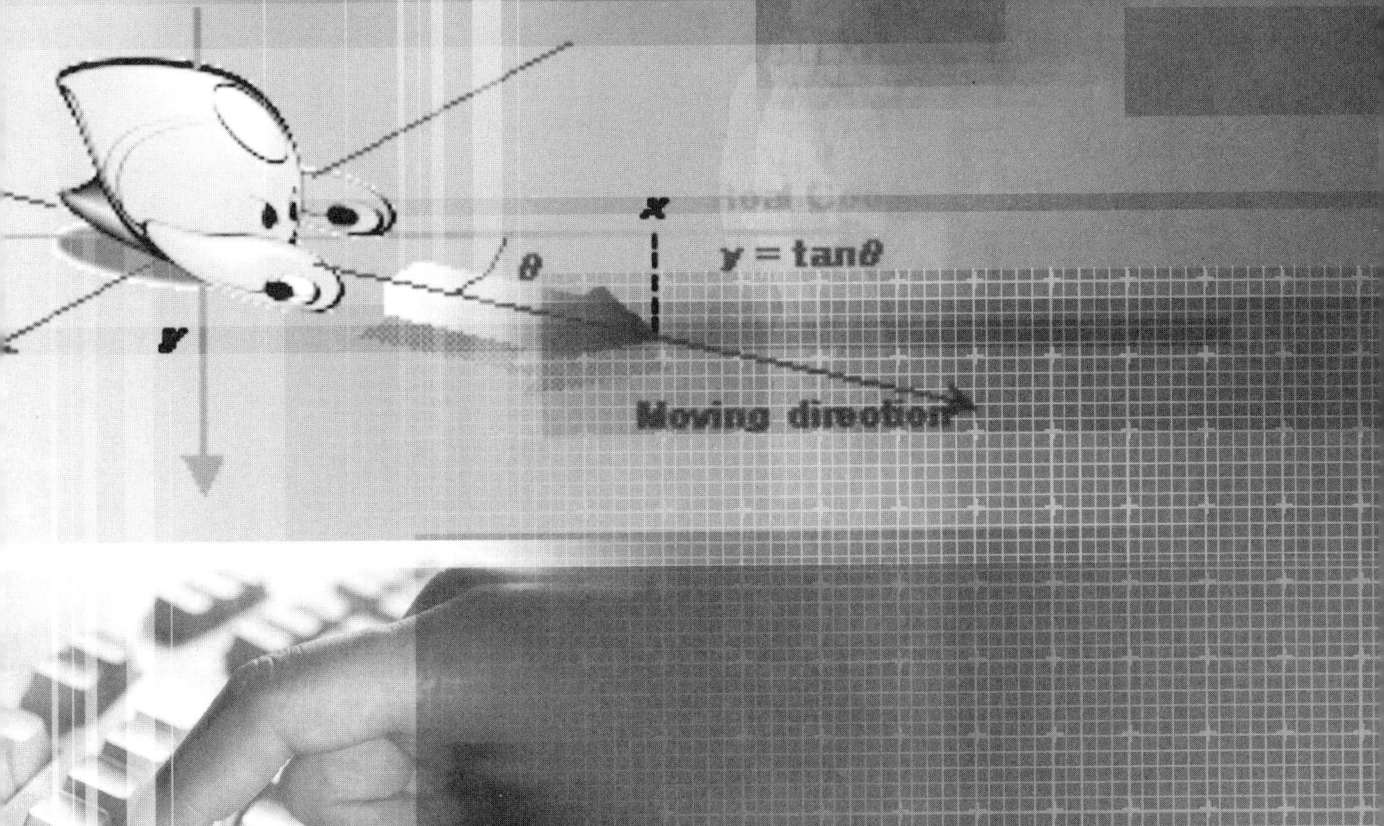

도서출판 그린

머리말

프로그래밍이란 IT 산업의 다양화와 함께 전문화 및 체계화되고 있으며 그 역할은 두뇌와 같이 핵심적인 위치에 있다. 이 프로그래밍을 위한 언어로 여러 언어가 개발되었지만 현재 컴포넌트 지향형인 마이크로소프트사의 C#이 .Net의 특징을 가지고 부각되고 있다.

본 서는 .Net 환경 하에서, C# 언어의 기본에서부터 응용 프로그램을 다룰 수 있도록 안내한다. 이를 위한 도우미로써 "모으미" 로봇이 탄생된다. 모으미는 곤충과도 같이 자기만의 행동양식을 가지고 자기와 같은 색깔의 원판을 모으는 일을 한다. 매우 간단한 규칙을 이용하여 행동하지만 자기의 임무를 잘 완수한다. 독자 여러분은 이 모으미를 더 개량하여 효율적으로 진화시켜주기 바란다. 이렇게 모으미를 사용한 이유는 프로그램을 배울 때 상상력과 목표를 준다고 생각하기 때문이다.

본 서는 기초와 응용 부분으로 나뉘어 있다. 기초 부분의 1장은 객체지향의 전반적인 내용과 C#을 처음 다루는 방법을 설명하였고, 2장에서는 모으미를 통한 프로그래밍 기법을 예를 통해 설명하였다. 3장에서는 이미지와 사운드 및 간단한 애니메이션에 대해 설명하였다. 응용 부분인 4장은 인터넷과 접목할 수 있는 네트워크 대해 설명하였다. 5장은 경로 찾기 예로써 인공지능의 탐색방법을 이용한 지능형 프로그래밍 기법을 설명하였다. 6 장은 데이터베이스와의 연동을 위한 ADO.NET을 기술하였고, 부록은 네트워크를 활용하여 모으미 프로그램을 만들어 누가 청소를 더 잘하는지 실시간으로 알아볼 수 있는 네트워크 모으미 프로젝트에 대해 기술하고 있다.

본 서가 나오기까지 지원해준 경원대학교와 도서출판 그린에 대해 심심한 감사를 드리는 바이며 본 서의 저작을 위해 도와준 경원대학교 전자계산 대학원 인공지능 연구실의 채수한 선생님, 형종, 상홍, 덕용, 효석에게 수고의 감사를 전하고, 항상 용기와 믿음을 주시는 부모님과 아내, 승빈, 승유에게 고마운 마음을 전한다.

2006년 7월
저 자 씀

차례

CHAPTER 3 그래픽

CHAPTER 4 네트워크

CHAPTER 5 경로찾기

CHAPTER 6 ADO.NET

C#

CHAPTER 1

객체지향 프로그래밍이란?

http://www.safiudsigudoijy;fji;yfisr[iwedflje;dlhgdjizxvfsdxcv

1.1 C#의 탄생

C#은 닷넷(.NET) 기술의 중심에 있는 언어로써 닷넷 기술을 구현하기 위해 탄생한 언어라고 할 수 있다. 닷넷이란 윈도우, 웹, 모바일 응용 프로그램을 위한 포괄적인 개발 툴이다. 자바와 유사하게 닷넷 환경에서는 어느 프로그래밍언어로 작성하든 컴파일된 코드(MSIL, Microsoft Intermediate Language)는 같다는 것이 특징이며, 이는 어떠한 운영체제에서도 닷넷 프레임웍이라는 닷넷 환경만 설치되어 있다면 닷넷의 프로그램들이 실행될 수 있게 된다. 여기서 닷넷 프레임웍이란 닷넷 런타임 환경을 말하며, 이는 자바의 가상기계(virtual machine)와 유사한 CLR(Common Language Runtime) 실행환경과, 자바의 패키지와 유사한 BCL(Base Class Library)로 구성된다.

CLS(Common Language Specification)의 일정한 규칙을 따르는 언어라면 어떠한 언어라도 닷넷 프레임웍에서 실행된다. 그리고 CLS를 따르는 언어는 독립적인 닷넷 프레임웍 환경에서 실행된다. 닷넷 프레임웍을 기반으로 실행되는 언어로써 C#, C++, 비주얼베이직, J#, JScript 등이 있다. 이 언어 중 C#은 닷넷 환경 하에서 자바의 강력한 객체지향 특징과 C++의 강력함, 비주얼베이직처럼 쉬운 통합 환경의 세 가지 요소를 모두 지닌 언어라 할 수 있다.

또한 C#은 기본적으로 컴포넌트 기반 언어라고 하는데, 예를 들어 컴포넌트란 기계의 부품이라고 볼 수 있다. 즉, 자동차를 만들 때 자동차 회사에서는 납품받은 부품들을 조립하여 자동차를 만들게 되듯이, 프로그램도 자신이 프로그램 전체를 개발하지 않고 다른 사람이 만든 컴포넌트를 자신의 프로그램에 삽입하여 프로그램을 완성하는 것이다. C#은 이러한 컴포넌트를 구성하고 컴포넌트를 삽입하기에 적당한 컴포넌트 기반 언어이다.

1.2 객체지향 프로그래밍

1.2.1 객체지향적인 원판수집 로봇(모으미)

객체지향을 설명하기 위하여 원판수집 로봇인 "모으미"라는 예제를 들어 설명하고자 한다. 아래의 모으미 예제는 책상위에 흩어진 디스크를 자신과 같은 색깔별로 수집하는 프로그램이다.

로봇의 기능

- **Dummy 로봇** : 로봇은 자기의 색깔을 갖고 있다. 로봇은 자기 손에 아무것도 없을 때 자기와 같은 색의 원판을 들을 수 있으며, 또한 원판을 들고 있을 때 같은 색의 다른 원판을 만나면 자기가 들고 있는 원판을 그 자리에 내려놓을 수 있다. 로봇은 책상의 끝이나 다른 로봇을 만났을 때, 또는 원판을 만나게 되면 임의의 방향으로 회전한다.
- **Smart 로봇** : Dummy 로봇의 기능을 갖고 있다. 같은 색의 로봇이 여러 대 존재하게 될 경우 같은 색 로봇 간의 통신이 가능하다. 각 로봇은 현재 책상 위에 모아 놓은 자기와 같은 색 원판의 최대수를 통신을 통하여 알 수 있다. 원판을 들고 있는 로봇은 책상 위의 자기와 같은 색 원판을 만났을 때 그 자리에 모인 원판의 수를 세어 최대수와 같은 경우에만 원판을 놓게 된다. 원판을 들고 있지 않은 로봇은 책상 위의 자기와 같은 색 원판을 만났을 때 그 자리에 모인 원판의 수를 세어 최대수보다 적은 경우에만 원판을 들게 된다.

다음 그림 1.1은 C#으로 구현한 모으미 프로그램(Listing 3.8 RobotGame.cs) 실행을 위해 초기화시키는 장면이다. 여기서 원판과 로봇의 색깔, 로봇의 수, 원판의 수, 책상의 크기 등을 초기화 할 수 있다.

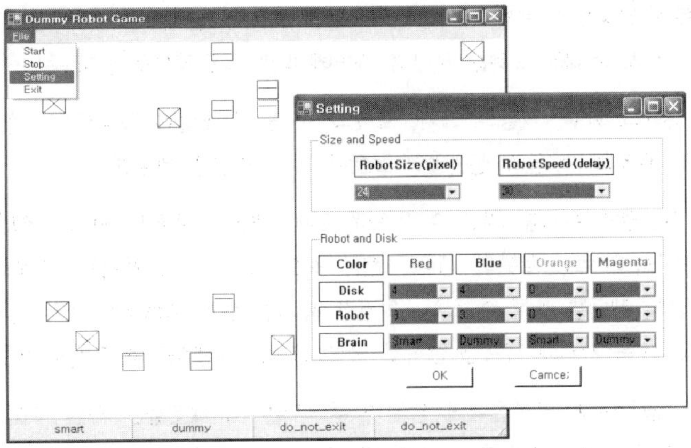

그림 1.1 ➡ 모으미 프로램(RobotGame.cs)의 초기화

다음 그림 1.2는 모으미 프로그램의 실행 첫 장면과 임무 수행 후의 장면을 보여준다. 이 예에서는 빨강과 파랑색의 원판과 로봇을 사용하였으며 원판은 각 색마다 10개, 로봇은 3대를 사용하였다. 또한 빨강색 로봇은 Smart 로봇이고 파랑색 로봇은 Dummy 로봇이다. 실행 결과 Smart 로봇은 Dummy 로봇보다 빠른 시간 안에 문제를 해결하였다.

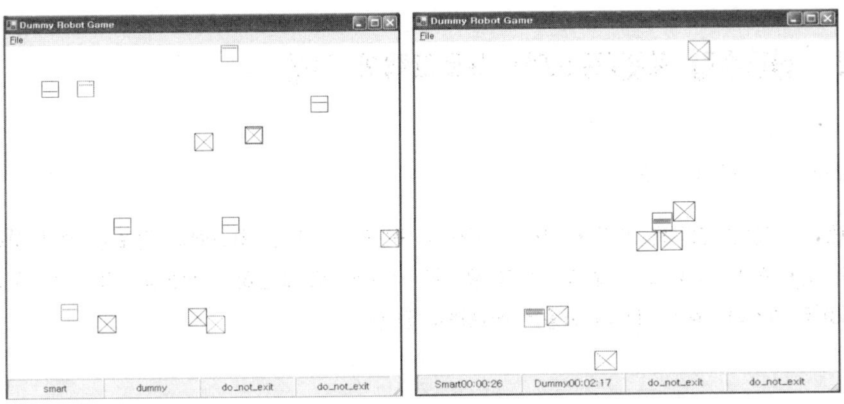

그림 1.2 ➡ 모으미 프로그램(RobotGame.cs)의 실행 중과 실행 후 장면

시간을 충분히 준다면 위의 Dummy 로봇과 Smart 로봇은 주어진 문제를 해결할 수 있다. 물론 Smart 로봇이 좀 더 효율적으로 일을 수행할 수 있다. 여기서 우리는 다음과 같은 몇 가지 사실을 발견할 수 있다.

- 똑같은 로봇은 얼마든지 복제가 가능하다. 일단 로봇이 설계되면 그와 같은 기능의 로봇을 쉽게 복제할 수 있으며 복제된 로봇은 자신의 기능에 따라 독립적으로 일을 수행한다.
- 책상 위의 원판의 개수, 책상의 크기, 로봇의 수 등의 조절이 가능하다. 책상 위의 원판의 개수, 책상의 크기, 로봇의 수 등과 상관없이 로봇은 자기 임무를 완수한다.
- 각 로봇은 자신만의 특기를 가질 수 있으며 이에 대한 표준화된 방식이 정해져 있다. 예를 들어 로봇의 통신기능(Smart 로봇의 경우), 진행 속도, 충돌 시 회전각도, 진행경로나 원판의 위치기억 등 자신만의 기술을 가질 수 있다. 이러한 특기를 갖기 위해서는 미리 규정된 표준화된 내규를 따라야 한다. 이를 지키지 않으면 반칙이 되어 문제를 해결해도 인정받지 못한다.
- 각 로봇은 독립적이다. 로봇들에게 임무가 주어지면 각 로봇들은 다른 로봇의 영향을 받지 않고 독립적으로 자신의 일만 수행한다. 그럼에도 불구하고 공동의 목적인 문제 해결을 완수한다.

이러한 사실은 앞으로 설명할 객체지향적인 성향을 많이 따르고 있다. 프로그램의 규모가 대형화 된다면 여러 인원이 한 가지 목적인 프로그램 개발을 하게 될 것이다. 바로 객체지향은 각 객체가 자신의 임무만 수행하면 전체 프로그램 개발이 완성된다는 개념이라고 볼 수 있으며, 이는 위의 모으미의 임무수행과 그 성향이 비슷하다고 볼 수 있다.

1.2.2 원판수집 로봇(모으미) 프로그램의 구성

로봇의 기능객체의 표현

- **원판** : 일정한 형태를 가지며 각각의 원판과 구분될 수 있는 최소한의 정보와 색상 값이 필요하다. 실세계의 미니디스크 및 디스켓과 유사한 사각형으로 표현하고 색상정보와 크기, 위치에 대한 좌표를 가진다. 원판 자체의 행동은 존재하지 않는다.

원판이 하나 있을 때

원판이 모두 모였을 때(10장으로 한정)

- **로봇** : 각 로봇은 일정한 형태를 가지며 다른 로봇과 구분될 수 있는 최소한의 정보와 색상 값이 필요하다. 실세계의 마이크로 로봇의 형태와 유사한 사각형으로 표현하고 색상정보와 크기를 가지며, 원판과의 구분을 위한 최소한의 표현을 추가한다.

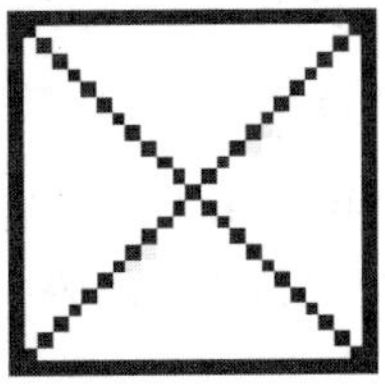

기본 로봇의 모양

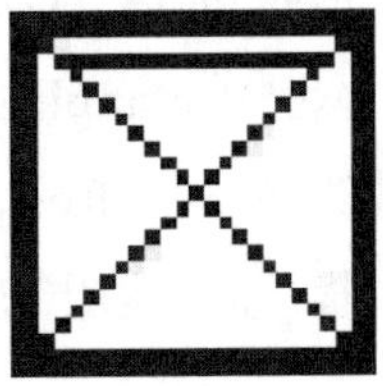

원판을 하나 들고 있는 로봇의 모양

기본 알고리즘

- **Dummy 로봇** : 로봇이 이동 중에 벽이나 다른 로봇, 혹은 원판을 만나면 충돌을 감지한다. 이때 로봇이 자기와 같은 색의 원판과 충돌 시, 로봇이 원판을 들고 있으면 들고 있는 원판을 충돌한 원판 위에 내려놓고, 들고 있지 않으면 충돌한 원판을 집어 들고 새로운 임의의 방향으로 이동한다. 이 외의 충돌에는 원판에 대한 처리 없이 임의의 방향으로 이동한다. 이 작업을 반복하다 보면 결국 같은 색의 원판은 한 지점에 모이게 되고, 모인 원판의 수가 그 색의 전체 원판 수와 같으면 작업을 멈춘다.
- **Smart 로봇** : 같은 색의 원판을 수집하는 로봇이 여러 대 존재하게 될 경우 로봇간의 통신이 가능하다는 가정 하에 효율을 높일 수 있는 정보를 공유하여 불필요한 작업의 반복을 줄임으로서 전체 효율을 향상시킨다. 공유하는 정보는 1) 현재 최대로 쌓인 원판의 수, 2) 같은 색의 로봇들이 들고 있는 원판의 수의 합이다. Smart 로봇이 자기와 같은 색의 원판과 충돌 시 기본 행동양식은 Dummy 로봇과 같으나 다음과 같은 차이점이 있다.
  - 최대로 쌓은 곳에서는 원판을 들지 못한다.
  - 최대로 쌓은 곳에만 원판을 내려놓는다.
  - 최대로 쌓은 개수와 로봇들이 들고 있는 개수의 합이 전체 원판의 수이고, 들고 있는 원판이 없으면 벽과 충돌 시 작업을 멈춘다.

참고로 영화 The Bicentennial Man에 나오는 로봇의 행동양식은 다음과 같다.

로봇 공학의 세 가지 법칙

① 로봇은 인간에게 해를 입혀서는 안되며, 인간에게 해를 끼칠 우려가 있는 행동을 해서도 안된다.
② 로봇은 제①법칙을 위배하지 않는 범위 안에서 인간의 명령에 복종해야만 한다.
③ 로봇은 제①법칙과 제②법칙을 위배하지 않는 범위 안에서 자신의 몸을 보호해야만 한다.

충돌감지

충돌은 로봇을 주체로 하여 로봇과 원판, 로봇과 벽, 로봇과 로봇 간에 발생한다. 프로그램 구현에 있어서 로봇과 원판, 실행공간(벽)이 모두 사각형의 형태를 이루고 있고, C#에서 제공하는 Rectangle 클래스를 이용하여 충돌감지에 활용하였다. 로봇과 원판, 다른 로봇과의 충돌은 Rectangle.InterSectsWith(Rectangle) 메소드를 이용하여 구현하였고, 로봇과 벽과의 충돌은 Rectangle.Contains(Rectangle) 메소드를 이용하여 실행공간으로부터 얻은 사각형의 공간 안에 로봇이 포함되어 있는지를 확인하는 방식으로 구현하였다.

실행 결과

여러 차례 실행 결과 Dummy 로봇에 비해 Smart 로봇의 작업 수행 속도가 더 빠르다는 점과, 로봇의 개수가 많을수록 Smart 로봇의 협력에 의한 효과로 Smart 로봇의 속도가 향상 되고, 좁은 공간보다 넓은 공간에서 두 로봇간의 수행 속도 차이가 커짐을 알 수 있다. 그림 1.3은 모으미 디자인의 한 예이다.

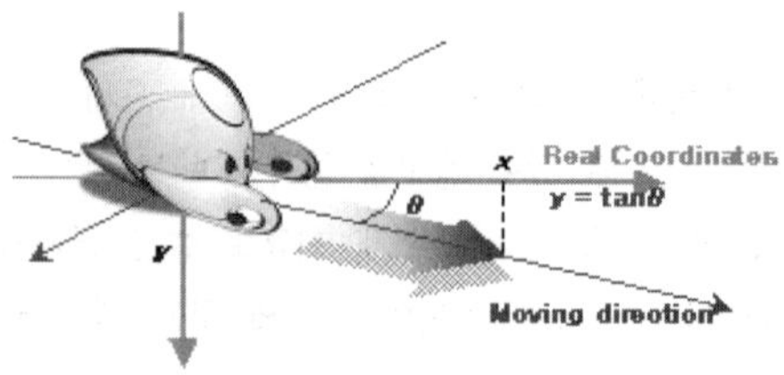

그림 1.3 ➡ 모으미의 모습

1.2.3 객체지향 프로그래밍(Object-Oriented Programming)

객체지향(object-oriented)은 소단위의 컴포넌트들을 사용하여 복잡하고 대형의 시스템을 쉽게 구축할 수 있도록 하는 소프트웨어 모델링 및 개발에 관한 학문 분야를 말한다. 1960년대 말 O. J. Dahl과 Kristen Nygaard는 Simula라고 하는 시뮬레이션 프로그래밍 언어를 소개하였다. 여기서 실세계 실체들을 모의실험하기 위해 객체(objects)라는 개념을 소개하였다. 1970년대 초기에는 Smalltalk라는 프로그래밍 언어가 Alan Kay에 의해 개발되었는데, 실세계 객체 모의실험을 위해 소프트웨어 객체라는 좀 더 진전된 객체 개념으로 응용 프로그램 개발에 사용되었다. 1980년대 중반에는 C++라는 객체지향 프로그래밍 언어가 소개되었다. 객체지향은 최상의 솔루션을 제공하는 것은 아니지만 UI(User Interface) 응용 프로그램과 같이 변화가 많은 프로그램 개발에 매우 적합하다.

C나 포트란, 코볼 등은 전통적인 프로시져지향 프로그래밍 기법을 사용한다. 객체지향 프로그래밍 기법과의 차이점을 모으미를 이용하여 설명하면 다음과 같다. 각 객체인 로봇이나 원판 등은 자신만의 행동양식을 갖고 외부에서 전달되는 메시지 전달에 의해 실행되는 것이다. 따라서 각 객체는 독립적으로 주변 환경에 대처하여 일을 수행할 수 있으며 그 결과 원판수집 임무를 완수하는 것이다. 반면에 프로시져지향 프로그래밍 기법은 주변 상황에 따라 알맞은 프로시져를 호출하여 주어진 임무를 수행한다. 그러나 로봇이나 원판의 수의 증감 등 환경의 변화가 있을 시, 프로시져지향 프로그래밍 기법은 이에 대한 프로그램을 수정하거나 프로시져 실행 순서를 바꾸는 작업에 애로사항이 있는 반면, 객체지향 프로그래밍 기법은 각 로봇이나 원판이 갖고 있는 행동양식만을 수정함으로써 변화에 쉽게 대응할 수 있게 된다.

프로시져 지향 프로그래밍(Procedure-Oriented Programming)

- **충돌감지** : 다음 프로시져를 호출하여 순차적으로 실행한다.
  장애물 발견 → 장애물 인식(벽, 로봇, 원판) → 정지 → 원판처리
- **회전** : 다음 프로시져를 호출하여 순차적으로 실행한다.
  회전각도 결정 → 회전 → 출발
- **주체** : 프로시져(호출, 자료전달, 실행)
- **특징** : 로봇은 프로그래머의 의도대로 실행되며 다양한 로봇을 생성하기가 어렵다.

객체지향 프로그래밍(Object-Oriented Programming)

객체를 생성한 후 다음과 같은 메시지를 전달함으로써 실행을 한다.

- **충돌감지** : 메시지 전달
- **회전** : 메시지 전달
- **원판처리** : 메시지 전달
- **주체** : 객체(메시지 전달에 의한 실행) — 로봇, 원판

■ **특징** : 다양한 로봇을 쉽게 생성하고 각 로봇은 자신의 행동양식대로 독자적인 행동을 할 수 있다.

1.2.4 객체지향의 중요한 개념

Object(객체)

객체 (object)란 현실세계의 모든 것을 말하며, '상태(state) + 행동양식(behavior)'의 형태를 가지고 있다. 프로그램은 이러한 객체들 간의 메시지 전달에 의한 객체들의 상호작용으로 볼 수 있다. 여기서 메시지는 객체간의 통신을 의미하며 이는 객체의 상태를 변화시키고 행동을 요구하게 된다.

원판수집 로봇의 예에서 각 로봇은 하나의 객체가 되는 것이다. 로봇의 현재상태(state)는 로봇이 갖고 있는 변수들에 저장되어 있으며, 회전이나 충돌감지, 원판처리 등의 메시지 전달에 의해서 행동(behavior)을 하게 된다. 이러한 행동은 메소드(method)라 부르는 함수에 의해서 정의된다.

Class(클래스)

클래스(class)는 유사한 객체들의 공통 특성을 지닌 데이터형을 의미한다. 클래스의 데이터형은 일반적인 데이터속성을 정의할 뿐만 아니라 메소드까지 정의할 수 있다. 클래스는 생성될 객체의 설계도로써 데이터를 위한 기억장소는 할당되지 않는다. 클래스는 객체를 생성할 수 있으며 클래스로부터 생성된 객체를 인스턴스(instance)라 한다. 객체 생성시 비로써 데이터에 대한 고유의 기억장소를 할당한다. 클래스는 이어서 설명되는 추상, 상속, 다형성 등의 특징을 가지고 있다.

원판수집 로봇의 예를 든다면, 각 로봇(객체)은 로봇 클래스(설계도)로부터 생성될 수 있다. 각 생성된 로봇은 회전하는 방법이나 충돌감지 방법, 또는 원판처리 방법에 대한 자신의 고유한 방법을 사용하여 작동한다. Dummy 로봇이나 Smart 로봇과 같이 그 행동양식을 달리함으로써 각 객체의 고유한 특징을 갖게 된다.

Abstraction(추상화)

추상화(abstraction)는 어느 객체들의 집합에서 서로 연관성이 있는 공통의 특징들을 표현하기 위한 공식적 서술이다. 프로그램 관점에서 보면 이는 한 클래스의 '상태(state) +

행동양식(behavior)'에 대한 속성을 명시하는 것이다. 예를 들어 스택은 push( ), pop( ), empty( ), top( ) 등의 메소드가 필요하게 되는데, 스택을 구현하려면 이 4가지 메소드를 사용하라는 명세를 서술한 것이 바로 추상화이다. 이는 마치 논문을 다 읽지 않고 요약문만 보아도 그 논문의 내용이 어떠하리라는 것을 알 수 있는 원리와 비슷하다. 따라서 어느 클래스의 추상화를 보면 그 프로그램이 어떠한 메소드를 사용하며 어떠한 변수를 사용하여 접근해야 하는지를 알 수 있게 된다.

원판수집 로봇의 예를 든다면, 로봇에 대한 추상화에는 이 로봇을 구현하기 위한 회전이나 충돌감지, 원판처리 메소드들과 변수들이 서술된다. 따라서 어느 프로그래머가 또 다른 로봇을 구현할 때 추상화에 서술된 메소드들과 변수를 사용하여 구현하여야 하며, 이를 통하여 새로 구현된 로봇이 기존의 로봇들과 함께 공동의 목표를 위해 실행할 수 있게 된다. 따라서 여러 프로그래머가 공동으로 작업을 하기 위해서는 이러한 추상화는 필수적이며, 각 프로그래머는 메소드의 구현을 독립적으로 작성함으로써 자신만의 특징 있는 로봇을 생성할 수 있다.

Encapsulation(캡슐화)

캡슐화(encapsulation)는 추상화를 구현하는 상세한 사항들을 감추는데 초점을 맞춰 포장하는 것을 의미한다. 즉 객체가 무엇인지, 무슨 일을 하는지, 또 어떻게 구현되었는지를 서술하기 위하여 사용된 사항들을 잘 포장하여 외부에서 안 보이도록 하는 일이다. 클래스 내의 데이터에 접근을 시도할 때는 클래스 훼손을 막기 위해 오직 인터페이스를 통해서만 내부 데이터에 접근 할 수 있다. 따라서 재사용의 가능성과 신뢰성을 기할 수 있다.

클래스 = 객체 + 추상화 + 캡슐화

원판수집 로봇의 예를 든다면, 같은 색의 로봇이 여러 대 존재하게 될 경우 같은 색 로봇 간의 통신이 가능하며 각 로봇은 현재 책상 위에 모아 놓은 원판의 최대수를 통신을 통하여 알 수 있다. 이 최대 수는 매우 중요한 의미를 갖기 때문에 그 값을 수정하기 위해서는 특별한 방법을 통해서만 가능하다. 또한 그 수의 증감방법에 대하여는 외부에서 알 필요가 없다.

Inheritance(상속)

상속(inheritance)은 새로운 표현을 정의하기 위하여 현존하는 표현을 재사용하기 위한 방법을 말한다. 그림 1.4에서 보면 상위 클래스(base class)인 로봇으로부터 하위 클래스인 Dummy 로봇, Smart 로봇, Intelligent 로봇이 생성되고 있다. 따라서 Dummy 로봇, Smart 로봇, Intelligent 로봇은 상위 클래스인 로봇 클래스에서 정의된 모든 속성을 상속받아 코드를 재사용 할 수 있으며 자신만의 특징을 갖는 필드와 메소드를 추가하거나 변경할 수 있다. 따라서 원판처리( )와 같은 메소드를 다시 작성하지 않고 이를 상속받아 사용할 수 있다. 바로 이러한 속성의 추가나 변경이 일반 프로그래밍에서의 함수 라이브러리와 다른 점이다. 객체지향 프로그램에서는 클래스 라이브러리를 제공하여 상속을 할 수 있게 한다.

Polymorphism(다형성)

다형성(polymorphism)은 현존하는 표현을 변화시키는 것을 의미한다. 같은 명세서로 새로운 구현방법을 가질 수 있다. 즉 명세서는 많은 구현방법을 가지고 있다는 뜻이다. 그림 1.4의 회전( )이라는 메소드는 다양한 자료형의 매개변수를 가질 수 있어서 하나의 이름으로 다양하게 이용할 수 있다. 즉 회전( ) 메소드 이름은 같지만 각 로봇은 회전하는 방법이 서로 다를 수 있다는 말이다. 회전( )이라는 메소드를 각기 상속받았다면 그 메소드는 서로 비슷하지만 다르게 재정의하여야 한다. 그러나 외부에서 회전( )이라는 메시지만 전달하면 Dummy 로봇과 Smart 로봇은 자신의 방법대로 회전을 하게 된다. 이와 같이 회전( )이라는 메소드가 생성된 객체에 따라 여러 형식을 갖게 되는 것을 다형성이라 한다.

이러한 캡슐화, 상속, 다형성 등의 개념들은 일관성과 생산성의 향상, 변화에 대한 대처 능력, 그리고 문제해결 효과에 대한 복잡성(complexity) 등을 용이하게 만들어 준다. 또한 다형성을 갖기 위해서는 상속을 받아야 하고 캡슐화에는 상속과 다형성이 뒷받침해 주어야 하므로 서로 밀접한 관계가 있다.

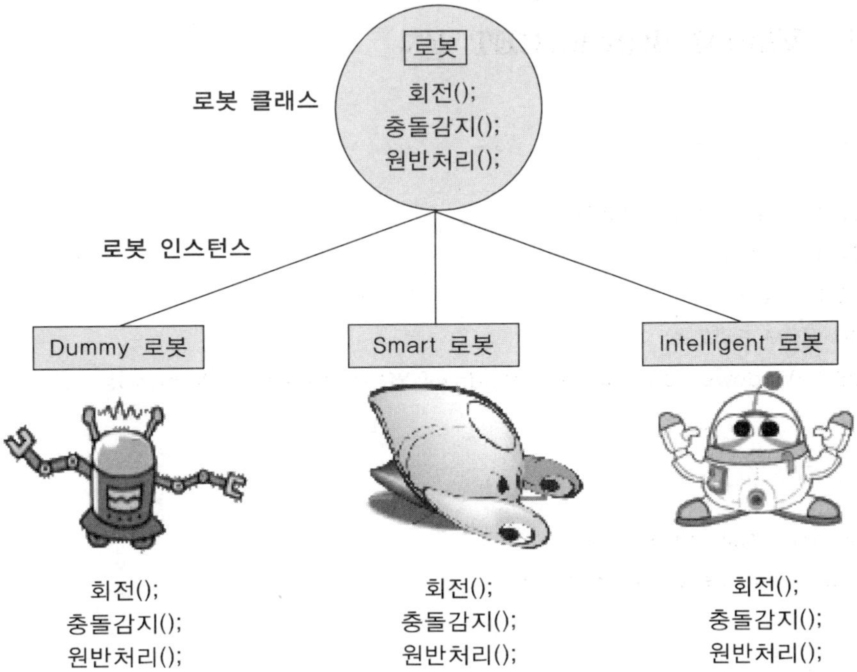

그림 1.4 ➡ 모으미의 상속성과 다형성

1.3 C# 기초 다지기

C#은 마이크로소프트사에서 개발된 언어로써 닷넷(.NET) 환경에 가장 최적화된 언어이다. C#은 컴포넌트 지향의 언어이며 CLR(Common Language Runtime)이라는 환경에서 작동하는 특징을 가지고 있다. CLR은 자바에서의 가상기계(virtual machine)에 해당하는 실행 엔진으로 닷넷 애플리케이션 프로그램들은 실행 시 CLR 위에 올려져서 실행된다. CLR은 닷넷 런타임 규약인 CLS(Common Language Specification)에 맞추어 작성된 기존의 COBOL, Basic, C++ 등의 프로그램도 실행해주는 환경을 제공해준다.

1.3.1 Visual Studio.NET 설치

시스템 요구 사항

- CPU : Pentium Ⅲ 733 이상
- RAM : 256MB
- HDD : 4GB
- CD-ROM 드라이브
- OS : Windows 2000 Server, Windows XP Professional, Windows 2003 Server

설치 구성 요소

- IIS(인터넷 정보 서비스)
- Front Page Server Extensions

설치 순서

① Window CD를 이용하여 구성요소를 설치한 뒤 한글 Visual Studio.NET을 넣고 설치를 시작한다.

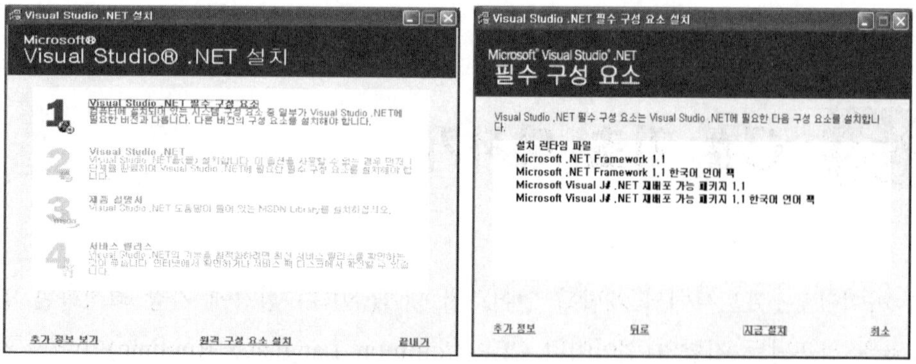

그림 1.5 ➡ VS.NET 설치 및 필수 구성 요소 설치 화면

② 첫 번째 단계는 Visual Studio .NET 필수 구성 요소 이다. 사용권 계약에 동의하고 계속을 클릭하면 설치가 진행된다. 이 단계에서는 .NET Framework 등이 설치된다.
이 과정에서 시스템을 재부팅 하는 경우가 생기는데 자동적으로 처리해주기 위해서 미리 사용자와 암호를 설정할 수 있다.

③ .NET 필수 구성 요소를 설치하고 나면 두 번째 단계는 Visual Studio .NET 2003을 설치하는 단계이다. 사용권 계약에 대한 동의를 하고 첨부된 시리얼 키를 입력한 후 계속을 클릭한다. 경로를 지정하고 설치할 항목을 선택한 뒤에 지금 설치를 클릭하면 설치가 진행된다.

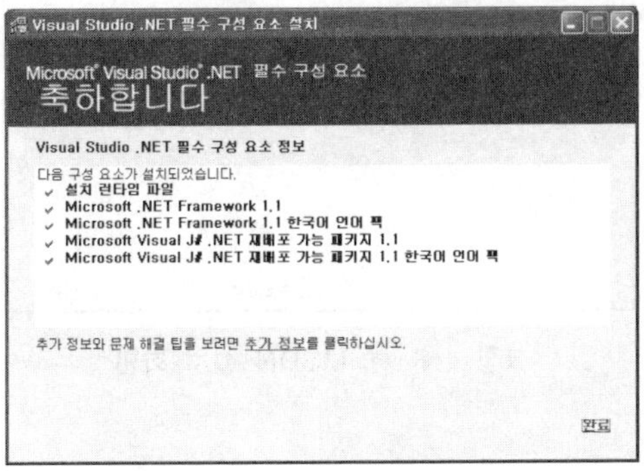

그림 1.6 ➡ 필수 구성 요소 설치 완료

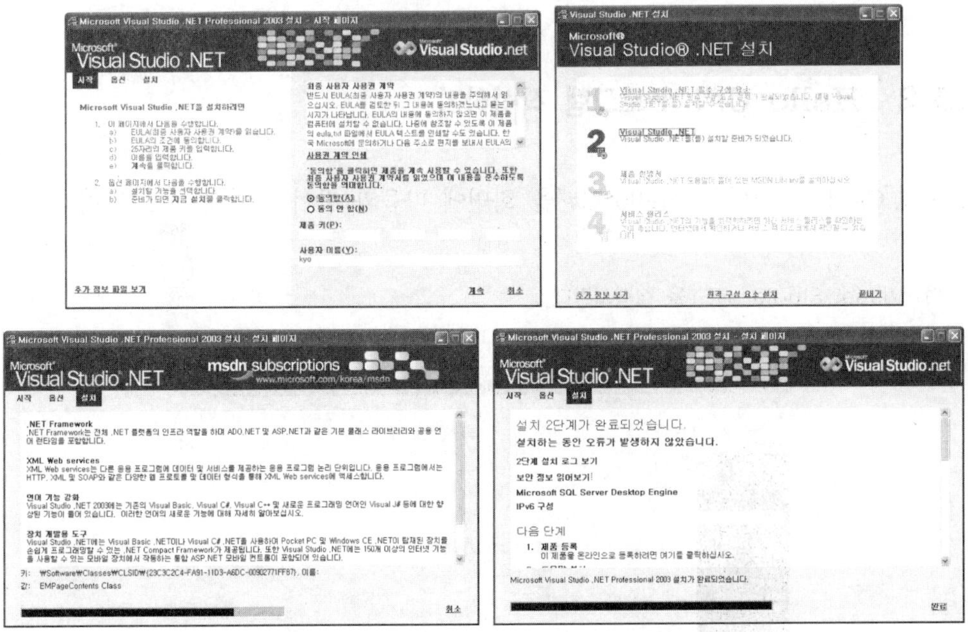

그림 1.7 ➡ VS.NET 설치 진행 화면

④ 설치가 성공적으로 끝나면 다음 단계는 도움말 기능인 MSDN을 설치하는 단계이다. 사용권 계약에 대한 동의를 하고 나서 다음을 클릭하면 설치가 진행된다.

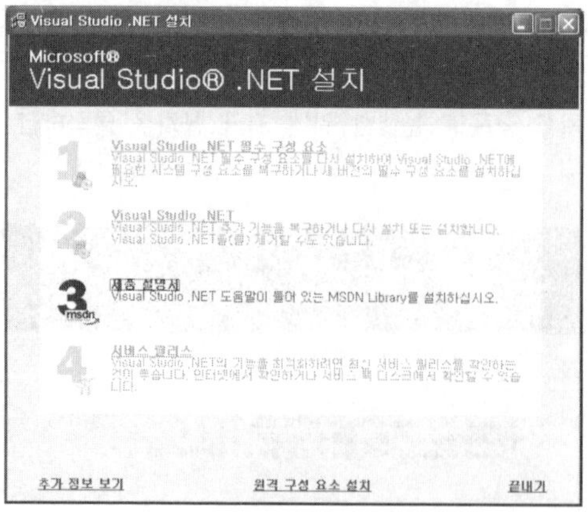

그림 1.8 ➡ MSDN 설치 화면

⑤ 설치가 완료되면 마지막으로 서비스 릴리스를 확인하는데 이 단계는 Microsoft Windows Update를 통하여 설치할 수 있다.

1.3.2 Hello C#! 프로그램 작성하기

자, 이제 C#의 첫 만남을 “Hello C#”을 화면에 다음과 같이 출력해 보도록 하자.

① Visual Studio .NET을 실행시킨다.

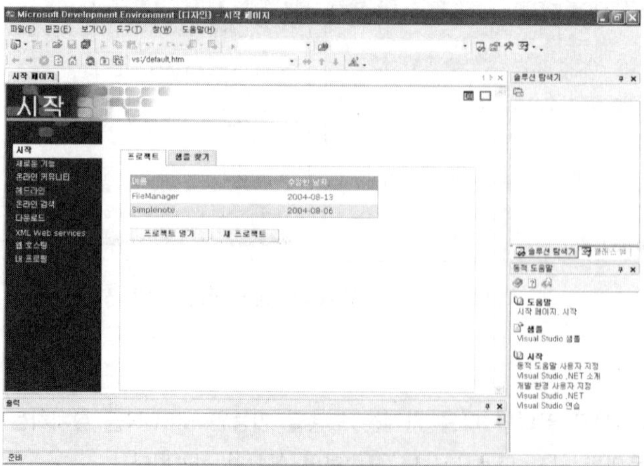

그림 1.9 ➡ 시작 화면

② 파일 메뉴 → 새로만들기 → 프로젝트를 클릭한다. 다음 Visual C# 프로젝트를 선택 후 다음 그림 오른쪽에 보이는 템플릿에서 콘솔 응용 프로그램을 선택한 뒤, 이름에 Hellocs를 입력한다.

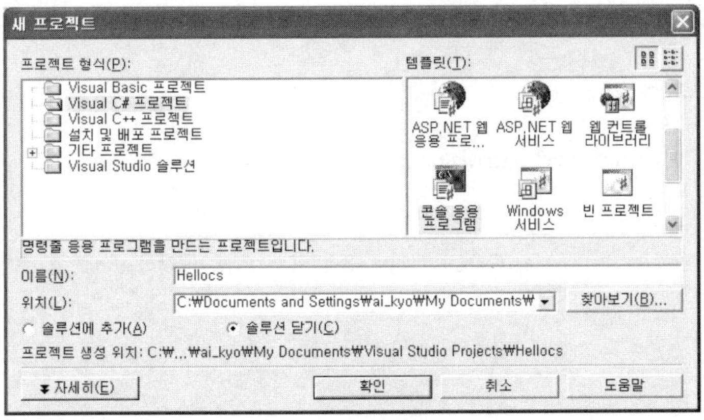

그림 1.10 ➡ 프로젝트 생성 화면

③ 프로젝트가 생성되고 디폴트로 코드가 생성되면 솔루션 탐색기에서 Class1.cs를 선택한다. 속성에서 파일 이름을 Hellocs.cs로 변경한다.

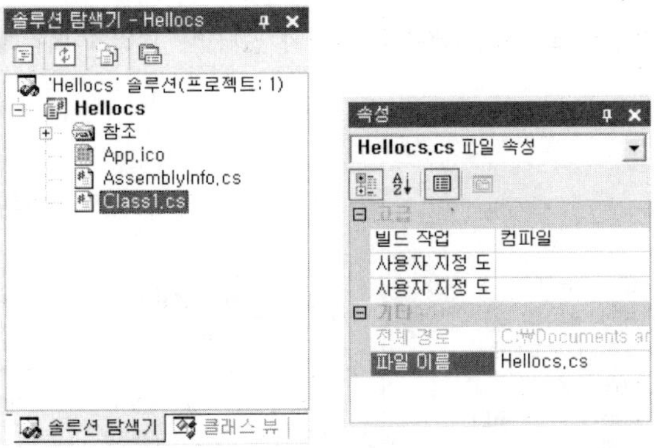

그림 1.11 ➡ 클래스 명 변경 화면

Listing 1.1 ≫ Hello.cs

```
using System;

namespace Hellocs
{
    class Class1
    {
            static void Main(string[] args)
            {
                    //
                    // TODO: 여기에 응용 프로그램을 시작하는 코드를 추가합니다.
                    //
            }
    }
}
```

④ Main() 함수에 다음과 같은 코드를 입력한다.

```
static void Main(string[] args)
{
    Console.WriteLine("Hello C#");
}
```

⑤ 빌드 메뉴에서 솔루션 빌드를 실행한다. 에러가 없다면 디버그 메뉴에서 시작을 선택하여 실행한다.

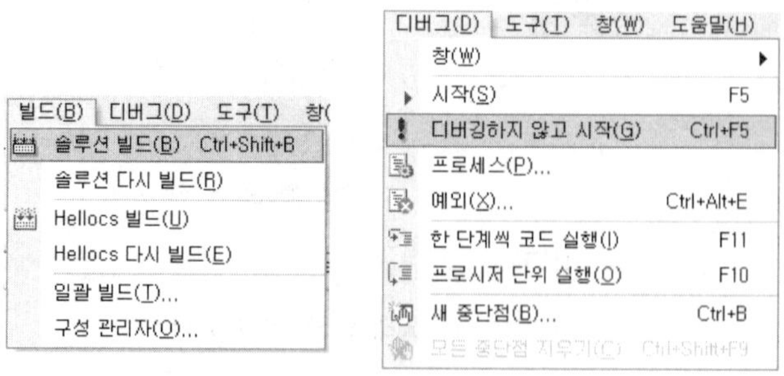

그림 1.12 ➡ 프로젝트 실행

⑥ 정상적으로 실행되면 Console 창이 나타났다가 사라진다. 디버그 메뉴에서 디버깅 하지 않고 시작을 선택하면 아래와 같은 화면이 뜬다.

그림 1.13 ➡ 프로그램 실행 화면

1.3.3 Main( ) 메소드 알고 지나가기

C#에서 메소드는 독립적으로 호출될 수 없으며, 반드시 객체의 일부분으로 호출된다. 단, 예외로써 Main( ) 메소드가 있는데, 이 메소드는 C# 프로그램을 실행할 때 자동으로 실행되는 유일한 메소드이며 CLR에서 최초로 호출되는 메소드이다. Main( ) 메소드는 다음과 같이 작성될 수 있다.

Listing 1.1 ≫ Hello.cs의 일부분

```
static void Main(string[] args)
{
    Console.WriteLine("Hello C#");
}
```

Main 메소드를 보면 다른 메소드와 다른 점이 있다. 바로 static이라는 키워드가 붙어 있다는 점이다. static은 객체생성 없이도 메소드 호출을 가능하게 한다. 따라서 Main() 메소드에는 static을 붙여야 한다. 즉 객체를 생성하지 않고 클래스 안의 메소드(클래스 메소드)를 직접 접근할 수 있다(예 : Math.Pow( )). 메소드의 몸체를 구분하기 위해서는 중괄호({})를 사용하며 몸체 안에서 문장이 끝낼 때에는 세미콜론(;)을 이용하여 문장이 끝났음을 알린다.

1.3.4 프로젝트 생성(Template)

이번에는 프로젝트를 생성할 때 사용되는 여러 가지 템플릿에 대해 알아보도록 하겠다. 템플릿이란 쉽게 말해 어떠한 프로젝트를 생성할지를 선택하는 것이다. Visual C#에서는 여러 가지 템플릿을 지원하고 있는데 그 종류와 특징은 다음과 같다.

Windows 응용 프로그램

- Windows Forms에 관련된 대부분의 솔루션은 Windows 응용 프로그램을 기초로 한다. 사용자 인터페이스를 사용하여 응용 프로그램을 만드는 프로젝트이다.

클래스 라이브러리

- 다른 응용 프로그램에서 사용할 클래스를 만드는 프로젝트이다. 여기서 만들어진 클래스를 가지고 다른 응용 프로그램이나 프로젝트에서 참조하여 사용할 수 있도록 해준다.

Windows 컨트롤 라이브러리

- Windows 응용 프로그램에서 사용할 컨트롤을 만드는 프로젝트이다. Forms에 관련된 여러 컨트롤(버튼, 라벨, 텍스트박스 등)을 생성한 뒤 라이브러리 형식으로 제공되며 다른 응용 프로그램이나 프로젝트에서 참조하여 사용할 수 있도록 해준다.

ASP.NET 웹 응용 프로그램

- 웹 사용자 인터페이스를 사용하여 응용 프로그램을 만드는 프로젝트이다. 웹을 이용한 솔루션을 개발하고자 할 때 이 프로젝트를 기반으로 하여 작성하게 된다.

ASP.NET 웹 서비스

- 다른 응용 프로그램에서 사용할 XML Web services를 만드는 프로젝트이다. 응용 프로그램이나 프로젝트에서 웹에 관련된 서비스를 이용하고자 할 경우 이 프로젝트에서 만든 솔루션을 참조하여 사용할 수 있다.

웹 컨트롤 라이브러리

- 웹 응용 프로그램에 사용할 컨트롤을 만드는 프로젝트이다. 웹을 이용한 솔루션을 개발할 때 이 프로젝트에서 컨트롤을 작성하고 라이브러리로 만들어 다른 프로젝트에서 참조할 수 있도록 해준다.

콘솔 응용 프로그램

- 명령 줄 응용 프로그램을 만드는 프로젝트이다. 콘솔 창을 이용하여 컴파일하고 실행할 수 있다.

Windows 서비스

- Windows용 서비스를 만드는 프로젝트이다. Windows를 기반으로 하는 솔루션을 개발할 경우 관련된 서비스들을 이 프로젝트에서 작성한 뒤 다른 프로젝트에서 참조할 수 있게 해준다.

빈 프로젝트

- 로컬 응용 프로그램을 만드는 빈 프로젝트이다.

빈 웹 프로젝트

- 웹 응용 프로그램을 만드는 빈 프로젝트이다.

기존 폴더의 새 프로젝트

- 기존 폴더에 만들어지는 빈 프로젝트이다.

/연/습/문/제/

1. 객체지향의 의미를 서술하고 프로그램이 아닌 우리 주변에서 객체지향의 예를 들어 기술하시오.

2. 모으미와 유사하게 어느 특정한 임무를 수행하는 로봇을 만들고 그 행동양식을 서술하라.

CHAPTER 2
모으미를 통한 프로그래밍 기법

http://www.safiudsigudoijy;fji;yfisr[iwedflje;dlhgdjizxvfsdxcv

2.1 C#의 기본 구조

2.1.1 변수

프로그램이 작동되려면 데이터의 입출력이 빈번히 일어나게 되며 이러한 데이터를 임시로 기억시킬 장소가 필요하게 된다. 변수는 프로그램에서 정보를 저장하는데 이름을 붙여 사용하는 메모리의 일부분이며 자료형과 값을 갖는다. 프로그래머는 이를 위하여 데이터의 기억 장소가 필요함을 미리 알려서 컴파일러로 하여금 프로그램 수행 시에 필요한 기억장소를 마련할 수 있도록 하는데 이것을 "변수를 선언한다"라고 한다. 저장되어질 데이터는 여러 종류가 있어서 변수를 선언할 때 저장될 데이터의 형태도 함께 알려주어야 한다. C#에는 값(value)형과 참조(reference)형의 변수가 있다.

2.1.2 자료형(Data Type)

변수는 자료형(data type)이라는 데이터 형태를 가지고 있다. C#에서 자료형은 크게 값형과 참조형으로 나누어진다. 값형은 변수 자신이 저장될 메모리상의 실질적인 공간을 가지고 생성되며 복사를 하더라도 기존의 값에 영향을 주지 않는다. 이에 반해 참조형은 데이터가 있는 곳의 위치 정보, 즉 메모리의 주소값을 가지게 된다. 따라서 복사를 하게 되면 두 개의 참조형 변수가 하나의 데이터를 가리키기 때문에 하나의 변수값을 변경하면 다른 변수도 바뀐 값을 가지게 된다. 값형에는 표 2.1과 같은 기본자료형, 열거형, 구조체가 있으며, 참조형에는 클래스, 인터페이스, 델리게이트, 배열 등이 있다.

표 2.1 ➡ 기본자료형의 종류와 범위

기본자료형	키워드	크기	범 위
가장 작은 정수형	sbyte	1 byte	−128 ~ 127
가장 작은 정수형	byte	1 byte	0 ~ 255
작은 정수형	short	2 byte	−32768 ~ 32767
작은 정수형	ushort	2 byte	0 ~ 65535
정수형	int	4 byte	−214783648 ~ 2147483647
정수형	uint	4 byte	0 ~ 4294967295
큰 정수형	long	8 byte	−9223372036854775808 ~ 9223372036854775807
큰 정수형	ulong	8 byte	0 ~ 18446744073709551615
유니코드 문자	char	2 byte	U+0000 ~ U+ffff
부동 소수점형	float	4 byte	±1.5 x 10−45 ~ ±3.4 x 1038
큰 부동 소수점형	double	8 byte	±5.0 x 10−324 ~ ±1.7 x 10308
논리형	bool	1 bit	true, false
십진형	decimal	8 byte	1.0 x 10−28 ~ 약 7.9 x 1028

열거형은 이름을 갖는 정적 정수형 상수이다. 여기서 상수란 변수와 달리 한번 설정되면 변경할 수 없는 수를 말한다. 열거형을 선언할 때는 enum이라는 키워드를 사용하여야 한다. 다음은 Weeks라는 열거형의 생성과 사용 예를 보여준다.

Listing 2.1 ≫ EnumTest.cs

```
using System;
class EnumTest
{
    enum Weeks{Sun,Mon,Tue,Wed,Thu,Fri,Sat};
    static void Main(string[] args)
    {
            Console.WriteLine(Weeks.Sun+" = "+(int)Weeks.Sun);
    }
}
```

결과값

```
Sun = 0
```

위 예제에서 Weeks.Sun은 문자열로 인식이 되기 때문에 "Sun"이라는 문자열이 출력이 된다. 하지만 (int)Weeks.Sun은 정수형으로 형변환되어 0이라는 정수 값이 출력이 된다. 열거형의 초기 값은 0부터 시작하여 1씩 증가하게 된다.

다음으로 구조체에 대해 설명하도록 하겠다. 구조체는 하나의 데이터 타입에 2개 이상의 자료형을 또는 메소드를 담을 수 있다. 이러한 점에서 구조체 형태는 클래스와 유사하게 보인다. 하지만 클래스는 참조형이고 구조체는 값형이라는 큰 차이점을 가지고 있다. 그렇다면 여러분은 "클래스와 유사한 구조체는 왜 필요한 것인가?"라는 의문이 생길 것이다. 그 이유는 클래스의 크기가 아주 작을 경우 클래스 인스턴스의 공간적인 낭비, 참조 때문에 발생하는 시간적인 낭비가 일어날 수 있다. 이러한 경우 메모리에 직접 접근할 수 있는 구조체를 사용하면 그 낭비를 막을 수 있다.

다음 예제는 구조체의 선언, 생성의 예를 보여주는 프로그램이다.

Listing 2.2 ≫ diskStruct.cs

```
using System;
struct Disk
{
    public int width;      //디스크 너비
    public int height;     //디스크 높이
    public int area(){return width*height;}   //디스크의 넓이
}
class diskStruct
{
    static void Main(string[] args)
    {
        Disk disk;      //구조체 변수선언
        disk.height=4;
        disk.width=5;
        Console.WriteLine("Disk의 넓이는 "+disk.area());
    }
}
```

결과값

```
Disk의 넓이는 20
```

참조형 변수에는 C#의 기본 내장형인 object와 string형이 있다. C#에서 사용되는 모든 변수는 object 자료형에서 파생된 자료형으로 어떠한 값이든 저장할 수 있다. 하지만 object 형들끼리의 연산은 허용되지 않는다.

```
object a = 1;        // 정수형 선언
object b = 'a';      // 문자열 선언
object c = 3.24f;    // 부동 소수점형 선언
```

string형은 문자열에 관련된 변수로 char형은 하나의 문자만을 저장할 수 있지만 string형은 "abc" 같은 여러 개의 문자열을 한번에 저장할 수 있다. char형은 ' '를 사용하지만 string 형은 " "를 사용한다.

```
string a = "A";
string b = "ABC";     // 여러 개의 문자열 선언 가능
string c = a + b;     // c는 "AABC" 라는 값을 가지게 된다.
```

2.1.3 변수선언

C#에서 변수를 사용하기 위해서는 먼저 변수선언을 해주어야 한다. 변수선언(declaration)이란 데이터를 저장하기 위해 자료형에 해당하는 메모리를 할당해 달라고 부탁하는 것이다. 둘째, 변수를 다른 변수들과 구분할 수 있도록 이름을 만들어주어야 하는데 이를 식별자라고 한다. 변수를 선언할 때 다음과 같은 구조를 따른다.

자료형(varibleType) 변수이름(variableName);

변수 선언 예

```
int i=30;               // 32 bits 정수값 ,값을 배정
int i,j,k;              // 여러 개 동시 선언
bool bl=true;           // 1 bit 사용, default는 false(0)
char ch='a';            // 16 bits 사용, default는 '\u0000'(유니코드)
byte b=1;               // 8 bits 사용, -128~127 사이의 정수값, default는 0
short s=2;              // 16 bits 정수값, default는 0
long l=8;               // 64 bits 정수값, default는 0
float f=4.0f;           // 32 bits 실수값, default는 0.0, f를 붙임에 주의
double f=8.0;           // 64 bits 실수값, default는 0.0
string myName="C#";
```

식별자(user-defined identifier)란 사용자가 임의로 만드는 클래스 이름, 변수 이름, 메소드 이름들을 말한다. 다시 말해 '사용자 정의 명칭'이라고 한다. 아래의 코드에서 식별자는 Robot, Main, args, xStep, yStep 등이다.

```
using System;
class Robot {
    public static void Main(String[] args){
            int angle, xStep, yStep;
    }
}
```

식별자를 만들 때는 다음과 같이 몇 가지 지켜야 할 사항이 있다.

① 대소문자를 구분하고, 길이는 제한이 없다.

② 영문자, 한글, 밑줄(_), 달러($)를 사용할 수 있다. 그러나 숫자로 시작해서는 안 된다. 따라서 변수는 문자로 시작되며 밑줄(_), 달러($)도 문자로 취급한다.

③ 아래 표 2.2에 있는 키워드(keyword)는 사용할 수 없다.

표 2.2 ➡ C#에서 사용하는 키워드(예약어)

bool	byte	char	float	uint	ulong
ushort	decimal	int	sbyte	short	void
double	long	string	object	null	true
false	out	ref	params	public	private
protected	internal	class	interface	struct	enum
delecate	event	return	as	is	do
while	foreach	in	for	if	else
switch	case	default	break	goto	continue
try	catch	throw	finally	operator	explicit
implicit	this	base	abstract	virtual	override
namespace	using	new	const	checked	unchecked
unsafe	fixed	stackalloc	extern	sealed	sizeof
volatile	static	lock	readonly	typeof	

2.1.4 변수 초기화 해주기

디스크의 가로, 세로, 높이를 이용하여 부피를 구하는 프로그램을 작성하려 한다. 우선 가로, 세로, 높이의 값을 가질 변수 width, height, depth를 변수를 int형으로 선언해준다.

```
int width = 6;
int height = 9;
int depth = 10;
```

위와 같은 명령어를 사용해주면 변수의 초기화가 된다. int형의 vol이라는 변수를 선언하고 vol 변수에 가로, 세로, 높이 값을 곱해서 초기화(①) 해준다.

Listing 2.3 ≫ Disk.cs

```
using System;

class Disk {
    public Disk() {}
    static void Main(string[] args)      {
        int width = 6;
        int height = 9;
        int depth = 10;
        Disk Disk = new Disk();
        int vol = width*height*depth; // ①
        Console.WriteLine("Disk의 부피는="+vol);
        } // End of Main()
    } // End of Class Disk
```

결과값

```
Disk의 부피는 540
```

2.1.5 연산자(Operators)

식(expression)으로 나타내는 프로그램은 연산자(operator)와 피연산자(operand)로 구성된다. 연산자는 그 기능에 따라 다음과 같이 구분된다.

산술 연산자(Arithmetic Operators)

가감승제나 나머지계산 등을 산술연산이라고 하며 C#에서는 +(더하기), −(빼기), /(나누기), *(곱하기), %(나머지)와 같은 기호를 사용하여 연산을 나타낸다. % 연산자는 나누기를 한 후 나머지 값을 반환해주는 연산자이다. 예를 들면 4 % 3의 연산을 하면, 4/3의 나머지 1이란 값이 반환되게 된다.

배정 연산자(Assignment Operators)

배정(치환, 대입 등으로도 번역) 연산자는 '='이란 기호를 사용하여 나타내며 '='을 중심으로 오른쪽에 할당된 변수나 상수의 값을 왼쪽의 변수 값에 대입하기 위해 사용된다. 예를 들어 width = 4 오른쪽의 4 값이 width에 배정된다. 다음 표는 프로그램의 간략화를 위해서 배정 연산자와 다른 연산자를 결합한 것이다.

표 2.3 ➡ 다른 연산자와의 결합

연 산 자	설 명
+=, −=, *=, /=, %=	산술연산자와의 결합, x+=y 〈=〉 x=x+y
〈〈=, 〉〉=, 〉〉〉=, &=, |=, ^=	비트연산자와의 결합, x〈〈=y 〈=〉 x=x〈〈y
&=, |=, ^=	논리연산자와의 결합, x&=y 〈=〉 x=x&y

증감 연산자(Increment and Decrement Operators)

증가/감소 연산자는 변수의 앞이나 뒤에서 변수의 값을 증가시키거나 감소시킬 때 사용되는 연산자이다. 증감 연산자는 사용하는 위치에 따라 전위형과 후위형의 두 가지 방법으로 나눌 수 있다. 전위형으로 나타내면 변수의 값에 대해 먼저 증감 연산을 수행한 후, 변화된 변수의 값을 참조하여 그 변수가 포함된 연산식에 적용이 되고, 후위형으로 나타내면 변수의 값을 참조하여 연산식에 먼저 적용을 한 후, 변수의 값에 대해 증감 연산을 수행한다는 것이다. 증감 연산자에 대해 정리하면 다음과 같다.

표 2.4 ➡ 증감 연산자

연 산 자	연 산 식	설 명
++	op++	op값을 참조 후 1증가
	++op	op값을 1증가 후 참조
−−	op−−	op값을 참조 후 1감소
	−−op	op값을 1감소 후 참조

비교 연산자(Relational Operators)

비교 연산자는 값을 평가하여 true나 false값을 반환한다. 비교 연산자는 다음 표 2.5와 같다.

표 2.5 ➡ 비교 연산자

연 산 자	설 명
<	오른쪽이 왼쪽보다 클 경우 true
<=	오른쪽이 왼쪽보다 크거나 같을 경우 true
>	왼쪽이 오른쪽보다 클 경우 true
>=	왼쪽이 오른쪽보다 크거나 같을 경우 true
==	오른쪽과 왼쪽이 같을 경우 true
!=	오른쪽과 왼쪽이 같지 않을 경우 true

비트 연산자(Bitwise Operators)

비트 단위로 연산할 수 있는 연산자들을 제공한다. 이러한 비트 단위 연산자는 정수 타입인 int, long, short, char, byte에 적용할 수 있다. 비교 연산자는 다음 표와 같다.

표 2.6 ➡ 비트 연산자

연 산 자	설 명
>>	a>>b: 00011000>>3 → 00000011 오른쪽으로 b 개수 이동, 왼쪽에 a의 부호 비트가 채워진다.
<<	a<<b: 10000011<<3 → 00011111 왼쪽으로 b 개수 이동, 오른쪽에 a의 부호 비트가 채워진다.
>>>	a>>>b: 00011000>>>3 → 00000011 b 개수 만큼 오른쪽으로 비트 이동, 왼쪽에 0이 채워진다.
&	비트 단위의 논리곱(AND)
|	비트 단위의 논리합(OR)
^	비트 단위의 배타적 논리합(XOR)
~	비트 단위의 보수, ~1: 11111110 (십진수 -2, 2의 보수 표기법)

논리 연산자(Logical Operators)

논리 연산자는 두 피연산자의 논리적 관계를 나타낸다. ^, &, |는 피연산자의 유형에 따라 논리 연산자와 비트 연산자로 사용될 수 있다. 다음은 논리 연산자의 설명이다.

표 2.7 ➡ 논리 연산자

연 산 자	설 명
&&	a&&b: a, b가 모두 true이면 true and 기능, a가 false이면 b는 검사하지 않는다.
| |	a| |b: a, b 둘 중 하나가 true이면 true or 기능, a가 true이면 b는 검사하지 않는다.
!	!a: a가 true이면 false, false이면 true not 기능
^	a^b: a, b 가 다르면 true, 같으면 false xor 기능
&	a&b: a, b가 모두 true이면 true and 기능, &&와 같으나 a, b를 모두 검사
|	a|b: a, b 둘 중 하나가 true이면 true or 기능, ||와 같으나 a, b를 모두 검사

조건 연산자(Conditional Operators)

조건 연산자는 식 내에서 if-else 문과 같은 조건문의 기능을 하는 연산자로 식?op1:op2의 형식으로 세 개의 피연산자를 갖는다. 즉, if 식 then op1 else op2와 같은 기능을 한다. 다음은 이에 대한 예를 보여 준다.

식 ? op1:op2

- max = x>y ? x:y // x가 y보다 크면 max는 x이고 그렇지 않으면 y이다.

캐스트 연산자(Cast Operator)와 형 변환(Type Conversion)

캐스트 연산자는 객체의 값을 특정한 자료형으로 바꾸는데 사용한다. 또한 연산에서 피연산자의 자료형이 일치해야 하는데 그렇지 않을 경우 자동 형변환이 되거나 호환이 안 될 경우 오류가 발생한다. 형식과 예는 다음과 같다.

(자료형)식

```
int i;
float f;
i = (int) (4.0/3.0);        // i = 1, 소수점은 잘린다.
f = (float) i;              // f = 1.0, 소수점 첨가
```

```
f = i + 1.5f;          // i는 1.0으로 자동 형 변환이 된다.
```

연산순위(priority of operators)

식 안에 여러 연산자가 같이 있다면 연산자의 연산순위대로 연산의 순서가 정해진다. 같은 연산순위의 연산자는 왼쪽에서 오른쪽으로 연산이 된다. 다음 표는 연산자들의 연산순위를 정리한 것이다.

표 2.8 ➡ 연산순위

연산순위	연 산 자	설 명
1	[] . (인수) op++, op--	[]: 배열, . : 객체 멤버 참조, (인수) : 메소드 호출, op++ op-- : 후위증감
2	++op --op + - ! ~	++op --op : 전위증감, + - : 양수와 음수
3	new (자료형)	new : 객체생성, (자료형) : 캐스트
4	* / %	* / % : 산술
5	+ -	+ - : 산술
6	〈〈 〉〉 〉〉〉	비트
7	〈 〈= 〉 =〉 instanceof	비교
8	== !=	비교
9	&	비트, 논리
10	^	비트, 논리
11	|	비트, 논리
12	&&	논리
13	||	논리
14	? :	조건
15	= += -= *= /= %= &= |= ^= 〉〉= 〈〈= 〉〉〉=	배정, 결합

/연/습/문/제/

1. 다음 그림과 같이 bit operation을 할 수 있는 프로그램을 C#을 이용하여 작성하라. 실행을 위해 필요한 메소드는 다음과 같다.

- text1.Text : text1 창의 string을 가지고 온다.
- int.Parse() : string을 integer로 변환, text 창에 입력된 string을 integer로 변환
- ToString() : integer를 string으로 변환, text 창에 출력되려면 integer를 string으로 변환
- Math.Pow(a,b) : a^b를 할 때 사용하며 double형으로 return, integer 형으로 사용하려면 (int)를 앞에 붙여 형 변환

1) 십진수를 입력받아 2진수로 출력 : bitwise operator만 사용

2) 왼쪽부터 1-32 자리의 비트 값을 출력 : bitwise operator와 Math.pow(a, b) 사용

3) 오른쪽으로 입력된 자리수 만큼 이동 : bitwise operator만 사용

4) 왼쪽으로 입력된 자리수 만큼 이동 : bitwise operator만 사용

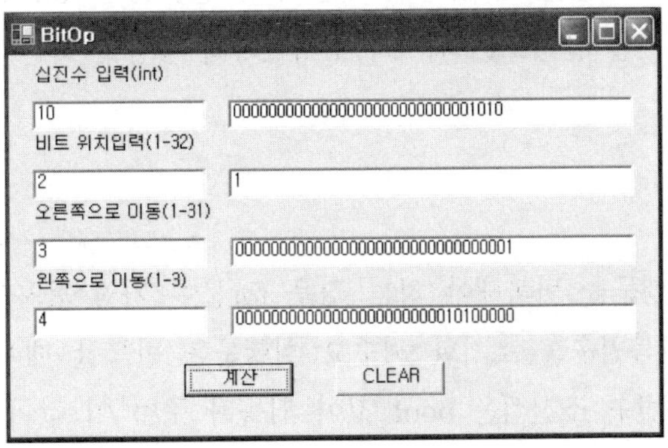

2.2 제어문

제어문(control statements)은 프로그램의 실행순서를 정해주는 명령문을 말한다. 일반적으로 프로그램 코드의 순서대로 진행되지만 제어문을 통하여 이를 바꿀 수 있다. C#에서 제공하는 제어문은 같은 명령문을 필요한 횟수만큼 반복하는 반복문과 조건에 따라 선택을 하게 되는 조건문, 비정상적인 제어의 흐름을 알려주는 예외처리문 및 프로그램 실행순서를 지정된 곳으로 옮겨주는 분기문 등이 있다.

2.2.1 반복문(Loop Statements)

반복문(loop statements)은 문장 하나 또는 문장 블록을 특정 조건을 만족하는 동안 반복해서 실행할 수 있도록 해준다. 예를 들면 1부터 100까지의 합을 구하는 프로그램처럼 같은 작업을 반복 수행할 때 유용한 구문이다. 종류로는 for, while, do while문이 있다. 이들은 반복조건을 물어보는 위치와 반복변수의 증감을 하는 방법에 따라 그 특징을 나눌 수 있다.

for

정해진 횟수만큼 실행문을 반복해야 하는 경우 for문이 가장 유용하게 사용된다. for문의 초기 실행 시 반복변수를 초기화 해주고 실행문을 반복할 때마다 반복변수의 값이 증감하게 된다. 반복변수 조건식은 bool 값이 되돌려 주며 이 값이 참이면 반복문은 다시 반복을 하고 거짓이면 반복문을 빠져 나오게 된다. 여기서 실행문이 하나일 경우 블록을 나타내는 {}은 생략해도 된다(다음의 while, do while, if문 등에서도 적용됨). for문의 형식은 다음과 같다.

```
for (반복변수 초기화;반복변수 조건식;반복변수의 값 증감식){
      실행문;
      }
```

다음 ForTest.cs는 for문을 이용하여 1에서 10까지의 짝수와 홀수의 합을 각각 구하는 프로그램이다. 아래의 for문 ①에서 반복변수 조건식에 증가 연산자를 이용하여 증가시키면 반복변수의 증가를 명시하지 않아도 무방하다. 물론 반복변수의 초기화 및 조건식을 생략하고 몸체 안에서 해결해도 되나 for(; ;)와 같이 구성요소는 갖추어야한다(단, for(;;){}은 무한 반복임).

Listing 2.4 ≫ ForTest.cs

```
using System;

class ForTest {
    public ForTest() {} // End of Constructor
    static void Main(string[] args) {
        ForTest ForTest = new ForTest();
        int odd = 0 , even = 0;
        for(int i=1; i<=10; i++){   // ①(for(int i=1;i++<=10;)으로 대체 가능
            if((i % 2) == 0)
                    even = even + i;
            else
                    odd = odd + i;
            }
        Console.WriteLine("홀수의 합 = " + odd);
        Console.WriteLine("짝수의 합 = " + even);
        } // End of Main()
    } // End of Class ForTest
```

결과값

```
홀수의 합 = 25
짝수의 합 = 30
```

while

while의 사전적 의미를 보면 '~동안'이라는 의미로 해석된다. while은 조건식이 만족할 동안 수행하게 된다. 조건식이 참이면 문장이나 블록을 반복적으로 수행하게 되지만 반복 실행 도중 조건식이 거짓이 되면 while문을 빠져 나오게 된다. 다음의 do while문과 다른 점은 실행문을 실행하기 전에 조건식을 검사하는 점이다. do while문은 실행문을 수행한 후 조건식을 검사한다. while문의 형식은 다음과 같다.

```
while(조건식){
    실행문;
    }
```

다음 WhileTest.cs는 앞의 예를 while문을 이용하여 홀수와 짝수의 합을 구하는 프로그램이다. ForTest.cs와 다른 점은 n의 선언 및 초기화(①)를 while문에 앞서 하고 있으며 n의 증가(②)를 while 몸체 안에서 실행하고 있는 점이다.

Listing 2.5 ≫ WhileTest.cs

```
using System;
class WhileTest {
        static void Main(string[] args) {
        int n=1, odd = 0, even = 0; // ① int n=1
        while (n <= 10) {
            if((n % 2) == 0)
                even = even + n;
            else
                odd = odd + n;
            n++; // ② n++
            }
            Console.WriteLine("홀수의 합 = " + odd);
            Console.WriteLine("짝수의 합 = " + even);
        }
    }
```

do while

do while문은 while문과 달리 실행문을 수행한 후 조건식을 검사한다.

```
do{
    실행문;
    }while(조건식);
```

다음 예제 DoWhileTset.cs는 do while문을 이용하여 짝수와 홀수의 합을 구하는 프로그램이다.

Listing 2.6 ≫ DoWhileTset.cs

```
using System;

class DoWhileTest {
        static void Main(string[] args) {
            int n=1, odd =0, even = 0;
            do{
                if((n % 2) == 0)
```

```
            even = even + n;
        else
            odd = odd + n;
        n++;
    } while (n <= 10);
    Console.WriteLine("홀수의 합 = " + odd);
    Console.WriteLine("짝수의 합 = " + even);
}
```

중첩 반복문(Nested Loops)

중첩 반복문(nested loops)은 반복문 안에 다시 반복문이 실행되는 것을 의미한다. 주로 2차원 이상의 배열을 다룰 때 많이 사용되며 이 경우 배열의 첨자들이 반복문의 반복변수가 된다. 다음의 예 NestLoop.cs는 1~10의 합을 10번 더하는 방법을 중첩 반복문으로 구현한 것이다.

Listing 2.7 ≫ NestLoop.cs

```
using System;

class NestLoop {
    static void Main(string[] args) {
        int sum = 0;
        for (int i=1; i<=10; i++){
                for (int j=1; j<=10; j++)
                        sum = sum + j;
                }
        Console.WriteLine(sum);
        } // End of Main()
    }
```

결과값

```
550
```

2.2.2 조건문

if-else

if문은 조건식의 조건을 검사해서 참일 경우에는 if문 다음의 몸체인 실행문 1을 수행하게 되고, 거짓일 경우 if 문 다음의 몸체를 수행하지 않고 다음 실행문으로 가게 되거나 else 문이 있는 경우 실행문 2가 수행된다. 실행해야 하는 문장이 한 문장 이상이면 중괄호{}를 사용하여 여러 개의 실행문을 하나의 블록으로 묶어 준다.

```
if (조건식){
    실행문 1;}
else [if (조건식)]{
   실행문 2;}
```

예를 들어 우리가 선택한 로봇의 사이즈를 알려주는 프로그램을 작성하려 한다. 크기가 30 이상이면 사이즈가 큰 로봇이라고 메시지를 보내주고 30 미만이면 사이즈가 작은 로봇이라는 메시지를 보내주는 프로그램을 if-else 문을 이용하여 작성해 보자.

Listing 2.8 ≫ RobotSize.cs

```
using System;
class RobotSize
{
    public RobotSize(){} // End of Constructor
    static void Main(string[] args)
    {
        RobotSize RobotSize = new RobotSize();
        int Size= 27;
        if(Size<30)
           Console.WriteLine(Size+" size의 크기는 작은 로봇");
        else
           Console.WriteLine(Size+" size의 크기는 큰 로봇");
        } // End of Main()
    } // End of Class RobotSize
}
```

결과값

```
27 size의 크기는 작은 로봇
```

switch문

switch문은 C#에서 다중 조건을 판단할 때 유용하게 사용하는 구문이다. switch (식)에서 식의 값이 판단 조건으로 사용된다. case 상수의 상수값(변수는 쓸 수 없다)과 switch (식)에서 식의 값이 같은 곳의 실행문이 수행되고 break문을 만나서 switch문을 빠져 나간다(break가 없는 경우 모든 case문을 검사함). 만일 식의 값이 case문 상수에 없을 경우에는 default로 지정된 실행문을 수행하고 case문을 종료한다. 형식은 다음과 같다.

```
switch (식){
    case 상수1: 실행문 1;
    case 상수2: 실행문 2;
    ...
    case 상수 n: 실행문 n;
    default: 실행문;
    }
```

예를 들어 0부터 30까지 숫자 중에서 로봇의 사이즈를 알려주는 프로그램을 작성하려고 한다. RobotSize1.cs의 ①은 i 값이 23과 24 두 가지에 대해 같은 프린트문을 실행하는 방법이다.

Listing 2.9 ≫ RobotSize1.cs

```
using System;

public class RobotSize1{
    public RobotSize1(){ } // End of Constructor
    static void Main(string[] args) {
        RobotSize1 RobotSize1 = new RobotSize1();
        for(int i=0;i<31;i++)
        {
            switch(i){
                case 23:

                case 24: // ①23과 24 사이즈의 경우
                    Console.WriteLine(i+" 사이즈의 로보트1");
                    break;
                case 27:
                    Console.WriteLine(i+" 사이즈의 로보트2");
                    break;
                case 30:
                    Console.WriteLine(i+" 사이즈의 로보트3");
                    break;
            }
        }
    } // End of Main()
} // End of Class RobotSize1
```

결과값

```
23사이즈의 로보트1
24사이즈의 로보트1
27사이즈의 로보트2
30사이즈의 로보트3
```

break

break문은 반복문과 switch문에서 사용된다. break문을 만나면 반복문이나 몸체 밖으로 빠져 나오게 된다. "break labelName;"과 같이 labelName으로 명명한 레이블이 있으면 그 레이블명(labelName:)이 있는 곳으로 제어를 옮길 수도 있다. 단, switch문에서는 레이블이 있는 break문은 사용할 수 없다.

/연/습/문/제/

1. 1) 다음 그림과 같이 시작 값부터 마지막 값까지의 합을 보여주는 프로그램을 작성하라.

2) 시작 값을 1, 마지막 값을 0으로 하면 어떤 결과가 나오는가?

3) if문과 break문을 사용하여 sum의 값이 입력받은 특정값을 초과하면 프로그램이 끝나도록 수정하라.

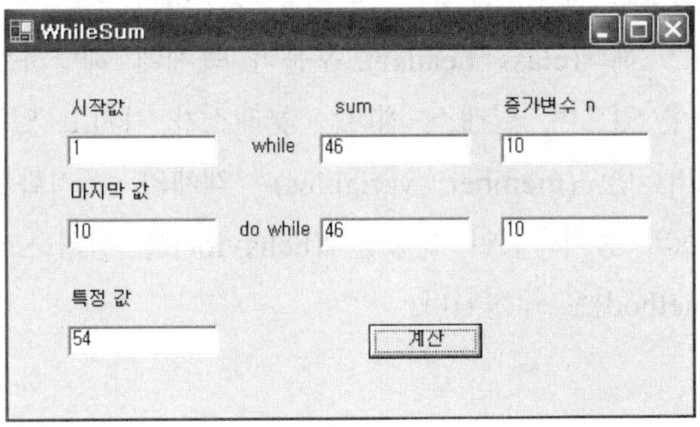

2.3 클래스

클래스(class)란 어떠한 종류의 객체에 대한 틀이다. 클래스 정의를 이용하여 해당 클래스 유형의 객체를 틀에서 벽돌을 찍어내듯 만들 수 있다. 이런 과정을 객체생성 이라고 하며 이 과정을 통해 클래스의 인스턴스가 생성된다. C# 프로그램의 시작은 클래스의 정의로부터 시작된다. 다음 클래스의 인스턴스인 객체를 생성한다. 클래스로부터 생성된 객체는 그 클래스의 모든 요소인 메소드와 변수를 이용할 수 있다.

클래스는 동일한 속성과 메소드를 가진 객체를 생성하기 위한 프로토 타입이다. 클래스를 선언하는 클래스 헤더(class header) 부분과 몸체에 해당하는 클래스 멤버(class member)로 구분할 수 있으며, 클래스 멤버는 클래스가 가지고 있는 속성을 정의(데이터의 구조)하는 멤버 변수(member variables), 객체의 초기화를 담당하는 생성자(constructor), 클래스의 동적속성인 행동양식(behavior)을 정의하고 데이터를 조작 및 변환시키는 메소드(method)로 구성된다.

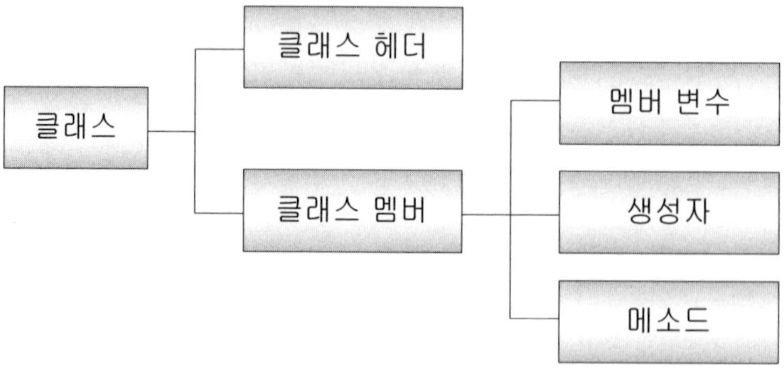

그림 2.1 ➡ 클래스의 구성

클래스와 객체, 인스턴스를 다시 정리하면 다음과 같다.

- 클래스 = 데이터의 구조 + 메소드
- 인스턴스(객체) = 생성자에 의해서 클래스로부터 생성된 객체 (데이터 + 메소드)

다음 그림 2.2는 클래스와 객체의 예를 모으미를 통해 보여주고 있다.

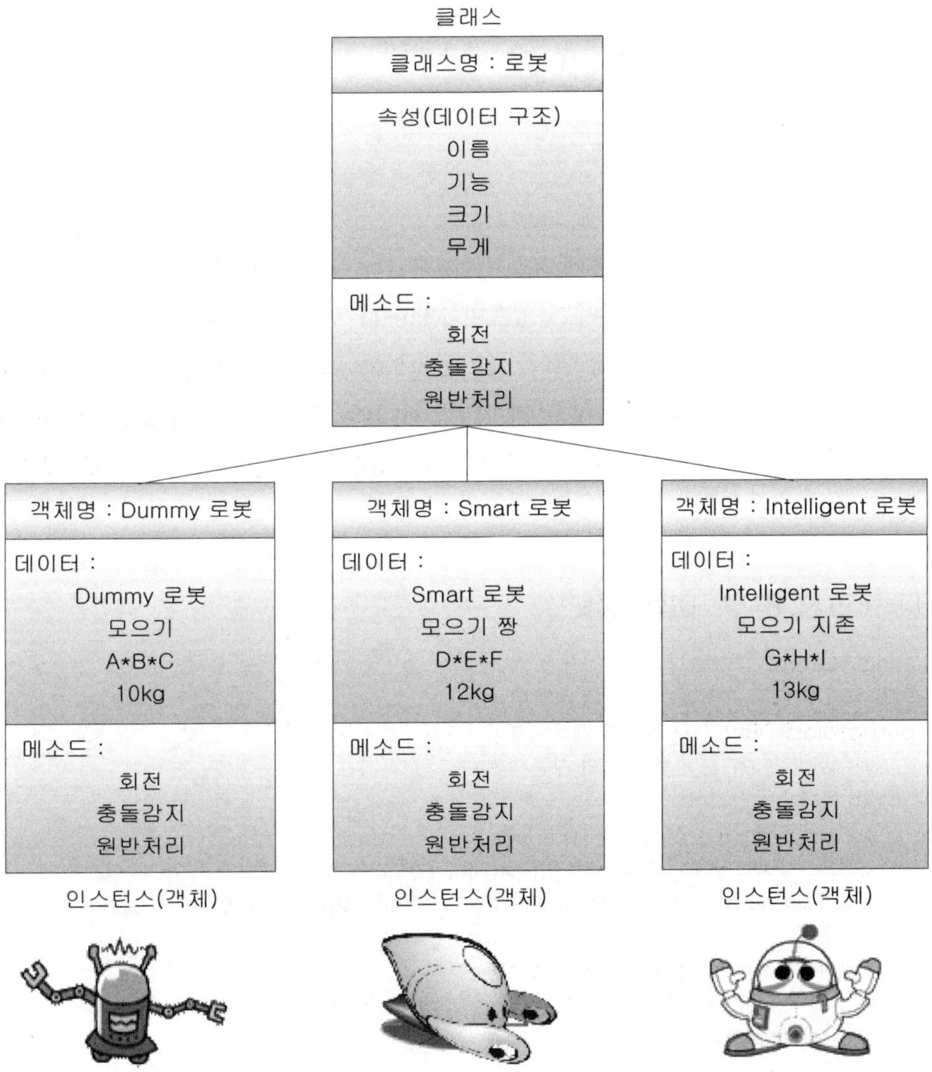

그림 2.2 ➡ 클래스와 객체

다음은 클래스의 일반적인 구조를 나타낸 것이다.

```
[public/abstract] class Class-name{ // 클래스 헤더 부분
    type1 변수이름 =  초기값;  // 멤버 변수 정의 부분
    ...
```

```
Class-name1(args1) {  // 생성자 정의 부분
        ... // 생성되는 객체의 초기화 과정을 기술
}
...
mtype mName1(margs1){ //메소드 정의 부분
        ... //메소드 기술
}
...
}
```

다음 Disk1.cs는 클래스의 구조에 따라 작성한 디스크의 넓이를 구하는 프로그램이다. Main( )과 area( ) 메소드를 정의하고 있으며 Main () 안에서 area( ) 메소드를 호출하여 화면에 디스크의 넓이를 출력하게 된다. ① area(5,6) 메소드가 호출될 때 인수로 두 개의 정수형의 변수가 사용되는데 첫 번째 인수 값(5)의 사본이 ② area(int a, int b)의 첫 번째 매개변수 a의 값이 되고, 두 번째 인수 값(6)의 사본이 두 번째 매개변수 b의 값이 된다.

Listing 2.10 ≫ Disk1.cs

```
using System;

public class Disk1 { // 클래스 헤더 부분
    int width;  // 멤버 변수 정의 부분
    int height;
    public Disk1(){ } // 생성자 정의 부분
    public static void Main(string[] args) { //메소드 정의 부분
        Console.WriteLine("디스크의 넓이 = "+area(5,6)); //① area(5,6)
        }
    public static int area(int a, int b){
                // 메소드 정의 부분, ② area(int a, int b)
        return a*b;
        }
}
```

결과값

```
디스크의 넓이 = 30
```

다음 예제 DiskNoRet.cs 는 area() 메소드의 반환값이 없는 경우를 보여주고 있다. 이 경우 ① void 형을 갖는 메소드로 선언을 해준다. 따라서 area() 메소드 안에서 출

력을 하도록 수정되었다.

Listing 2.11 ≫ DiskNoRet.cs

```
using System;

public class DiskNoRet {
    int width, height;
    public static void Main(string[] args) {
            area(5,6);
    }
    public static void area(int a, int b) {
            // ①void로 선언하면 리턴값 없음
    Console.WriteLine("디스크의 넓이 = "+ a*b);
    }
}
```

결과값

```
디스크의 넓이 = 30
```

클래스 메소드와 인스턴스 메소드의 차이점

메소드는 클래스 메소드(class method)와 인스턴스 메소드(instance method, 또는 객체 메소드)로 구분된다. 클래스 메소드는 클래스에서 동작하는 전역 메소드이며 인스턴스 메소드는 단순히 메소드라고 하는데 생성된 인스턴스에 대해서만 동작하는 메소드를 의미한다. 클래스 메소드는 객체를 생성하지 않고도 전역적으로 사용할 수 있는 메소드이며 정의 시 static 키워드를 사용한다. 이는 클래스 메소드가 포함된 인스턴스가 여러 개 생성되어도 클래스 메소드는 오직 하나만 존재함을 의미한다.

또한 클래스 메소드는 앞으로 다룰 인스턴스 변수, 인스턴스 메소드나 this 키워드를 사용할 수 없다. 반면에 인스턴스 메소드는 객체가 생성될 때마다 만들어지기 때문에 반드시 생성된 객체 이름을 통하여만 참조할 수 있다. 다음은 이들의 일반적인 정의와 호출방법을 보여주고 있다.

클래스 메소드인 경우 static 키워드 사용
인스턴스인수 사용가능

```
public  static  int  area(myDisk d) {
   return  d.width*d.height;
```

인스턴스 인수의 인스턴스 변수를 지정

클래스 메소드 정의 방법

인스턴스 메소드인 경우 static 키워드 필요 없음
인스턴스 인수 사용불가

```
public int area() {
   return width*height;
```

인스턴스 인수의 인스턴스 변수로 가정

인스턴스 메소드 정의 방법

다음은 클래스 메소드와 인스턴스 메소드의 호출 방식의 다른 점을 보여주고 있다.

```
클래스이름.area(disk1)
```

인스턴스 인수를 준다.
클래스 메소드가 속한 클래스의 이름

클래스 메소드 호출 방법

```
disk1.area(  )
```

인스턴스 인수를 주지 않는다.
인스턴스 메소드는 인스턴스 타켓을 가짐

인스턴스 메소드 호출 방법

다음 Disk2.cs는 클래스 메소드의 정의 ③과 인스턴스 메소드의 정의(①, ②) 및 호출(④, ⑤, ⑥)의 예를 보여준다. 특이사항은 위에서 설명한 ④ myDisk.area(disk1) 클래스 메소드 호출 방법이다. 클래스 메소드는 반드시 클래스 명으로 호출을 하여야 한다. 반면 인스턴스 메소드는 ⑤ disk1.area( )나 ⑥ disk1.area(disk1)와 같이 인스턴스 명으로 호출하여야 한다. 이는 static으로 선언된 ③ area(myDisk d)는 전역적으로 쓸 수 있는 메소드이며 객체생성과 관계없이 호출될 수 있음을 보여준다. 그러나 인스턴스 메소드는 객체생성을 통해서만 접근이 가능하다는 것이다.

Listing 2.12 ≫ Disk2.cs

```
using System;

class myDisk{
    public int width=5, height=5;  // 기본사이즈 5*5
    public int area(){return width*height;} //① area()
    public int area2(myDisk d){ return d.width*d.height;}
                //② area(myDisk d)
    public static int area(myDisk d){ return d.width*d.height;}
                //③ area(myDisk d)
    }
public  class Disk2{
public static void Main(string[] args){
    myDisk disk1 = new myDisk();
    Console.WriteLine("클래스 메소드 넓이 = " + myDisk.area(disk1));
                //④ myDisk.area(disk1)
    Console.WriteLine("인스턴스 메소드1 넓이 = " + disk1.area());
                  // ⑤ disk1.area()
    Console.WriteLine("인스턴스 메소드2 넓이 = " + disk1.area2(disk1));}
                 // ⑥ disk1.area(disk1)

    }
```

결과값

```
디스크의 넓이 = 25
디스크의 넓이 = 25
디스크의 넓이 = 25
```

2.4 CLR(Common Language Runtime)과 메모리의 관계

변수가 생성되면 메모리에 저장되게 된다. 메모리는 운영체제가 프로그램을 실행시킬 때 발생하는 모든 종류의 데이터를 저장하기 위한 데이터 저장소라 할 수 있다. 이러한 데이터는 몇 가지로 구분할 수 있다.

- **프로그램 코드** : C# 형식의 소스코드(source code)는 C# 컴파일러에 의해 .class 형식의 바이트코드(byte code)를 생성한다. 이를 실행시키기 위해 CLR은 필요한 클래스만 기계어(machine code)로 변환 후 메모리에 로드 시킨다.
- **임시 데이터** : 어떤 특정 메소드를 실행할 때 필요한 데이터로서, 매개변수, 지역 변수, 리턴값 등이 있다. 이러한 임시 데이터는 메소드를 수행할 때 데이터를 저장할 공간을 생성하고, 메소드의 수행이 끝나면 그 이전의 상태로 원상복귀 된다.
- **동적 데이터** : 프로그램에서 필요할 때 임의로 생성하는 데이터로서 객체 등을 저장한다.

위와 같은 여러 가지 데이터의 특징을 위해 C#은 데이터를 저장하기 위한 메모리를 각 데이터의 특성에 맞게 제공하고 있다. 변수 전달 방식에 있어서는 기본형(primitive type)은 call-by-value 형식을 따르며 참조형(reference type)인 객체는 call-by-reference 형식을 따른다. 지금부터 CLR에서 제공해 주고 있는 메모리 모델에 대해 살펴보도록 하자.

2.4.1 CLR의 메모리 모델

CLR은 현재 실행되고 있는 C# 프로그램의 메소드, 객체, 또는 각종 변수들을 저장하기 위한 메모리 공간을 제공하고 있다. 즉, CLR에서 현재 실행되고 있는 프로그램의 각 구성요소를 위한 메모리 모델을 제공해주고 있고, 이러한 메모리 모델은 기본적으로 다음과 같이 세 가지 논리적인 영역으로 나누어진다.

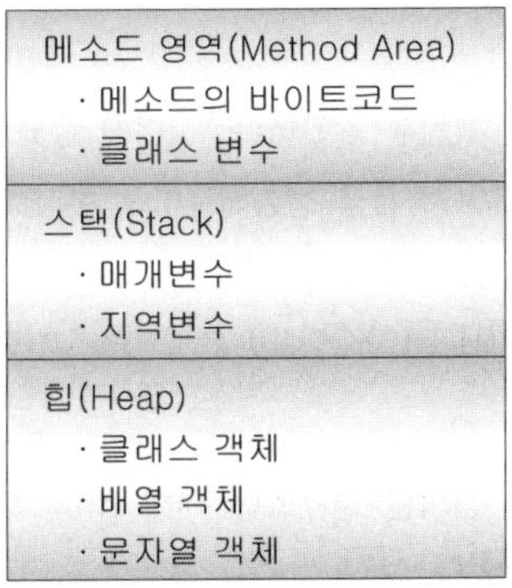

그림 2.3 ➡ CLR의 메모리 모델

- **메소드 영역(method area)** : C# 프로그램을 구성하고 있는 클래스의 메소드에 대한 바이트코드를 저장하기 위해 사용하는 메모리 공간이다. 또는, 클래스 내에 선언되어 있는 멤버 변수 중에서 static으로 선언되어 있는 클래스 변수(또는 static 변수)가 위치한다.
- **스택(stack)** : 메소드가 호출되어 수행될 때, 메소드가 갖는 매개변수, 메소드 내에 선언된 지역변수, 임시변수, 반환값 등을 저장하기 위해 스택이라는 저장공간을 이용한다. 메소드의 매개변수, 지역 변수, 임시변수, 반환값 등은 메소드가 호출되어 수행될 때만 필요하므로, 메소드 호출과 함께 이들을 저장하기 위한 메모리 공간(스택 프레임)이 할당되고, 메소드의 수행을 마치면 더 이상 필요하지 않으므로 할당되었던 스택 프레임은 다시 시스템에 반환된다.
- **힙(heap)** : C#에서 객체를 저장할 때 사용하는 메모리 공간이다. 주로 new 연산자를 이용하여 생성된 객체들이 저장되는 공간이다.

2.4.2 힙과 객체의 생성

힙(heap)이란, 프로그램 상에서 데이터를 저장하기 위해 동적(가변적)으로 할당하여 쓸 수 있도록 미리 예약해 놓은 메모리 구조를 말한다. 다시 말해서, 프로그램에서 필요할 때마다 할당하여 사용하고 더 이상 필요 없을 때 반환할 수 있는 메모리를 힙이라 한다. C#은 힙을 이용하여 더 이상 사용되지 않는 메모리를 free-storage list에 돌려주는 가비지수집(자투리모음, garbage collection)이라는 기능을 가지고 있다.

C#에서는 new 연산자를 사용하여 클래스의 인스턴스를 생성하게 된다. 이 때, 생성된 인스턴스를 소프트웨어 객체, 줄여서 객체라고 부른다. 힙은 동적(가변적) 메모리 할당을 위해서, 즉 새롭게 생성되는 객체를 위한 메모리 공간이라 할 수 있다. C#에서는

두 가지의 객체가 있다.

- **배열 객체 :** C#에서는 배열을 객체로 취급한다. 따라서 C# 에서 배열을 생성하기 위해서는 다음과 같이 new 연산자를 이용하여 배열을 생성해주어야 한다.

```
int[] maxcount = new int[4];
```

- **인스턴스 혹은 객체 :** C#에서 정의된 클래스에 대해 new 연산자를 이용하여 생성된 인스턴스를 클래스 인스턴스 혹은 객체라 한다.

```
myDisk disk1 = new myDisk()
```

2.4.3 배열(arrays)

배열(array)은 같은 종류의 데이터가 하나의 이름으로 표시되는 데이터의 묶음이며 집합이다. 배열에 포함되어 있는 데이터들을 배열 요소라 하며, 배열의 위치를 나타내는 인덱스(index)와 배열명을 이용하면 해당 배열 요소에 접근할 수 있다. 프로그램에서 배열을 사용하는 이유는 자료를 효율적으로 관리하기 위함이다.

배열의 선언

배열을 사용하기 위해서는 우선 배열을 선언하고 배열의 메모리를 할당해야 배열 요소를 사용할 수 있다. 배열 선언 형식은 다음과 같다.

```
데이터형[] 배열명;
```

배열의 특징은 같은 종류의 데이터 형의 묶음이다. 따라서 어떤 종류의 데이터 형을 사용할 것인가를 먼저 정해주고 해당 배열을 지칭하는 배열명을 지정해주어야 한다. 이 때, 데이터 형은 기본형뿐만 아니라 클래스 인스턴스도 가능하며 참조형(reference type)이다.

예를 들면 각 로봇의 최대수를 저장하기 위한 maxcount라는 배열은 다음과 같이 선언해준다. C#에서는 배열 선언 시 배열의 크기를 명시하지 않는다.

```
int[] maxcount;
```

배열의 메모리 할당

배열은 데이터의 묶음이기 때문에 사용하기 전에 반드시 메모리를 할당해 주어야 한다. 만일 메모리를 할당하지 않고 바로 사용하면 에러가 발생하다. 방법은 객체를 만드는 방법과 유사하다. 배열도 객체이므로 new 키워드를 사용한다.

```
maxcount = new int[4]
```

new int[4]는 원소의 개수가 4개인 정수형 배열을 만들라는 의미이고 maxcount = new int[4]는 maxcount라는 이름의 int 배열을 참조한다.

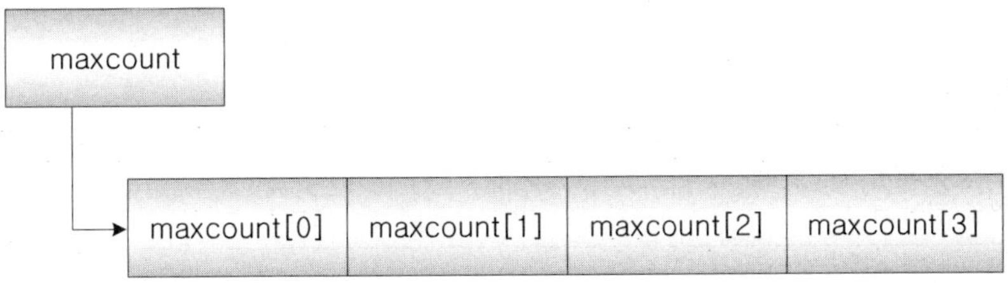

그림 2.4 ➡ 배열 참조

위의 그림 2.4와 같이 각각의 원소에 번호를 붙여서 원소를 구분하는데 번호는 0부터 시작한다(zero-based arrays). 배열의 원소는 4개이므로 0부터 3까지 매긴다. 선언과 할당을 한번에 해주고 싶다면 다음과 같이 사용하면 된다.

```
int maxcount[] = new int[4];
```

배열의 초기화

배열은 선언과 동시에 초기화 할 수 있으며, 요소의 개수를 정할 수 있는데, 배열 선언 다음에 등호를 붙이고 중괄호 안에 요소 값을 나열하면 된다. 예를 들면 다음과 같다.

```
int maxcount[] = {10, 15, 20, 25}
```

Listing 2.13 ≫ ArrayTest.cs

```
using System;

public class ArrayTest{
    public static void Main(string[] args) {
        int[] maxcount = new int[4];
        maxcount[0] = 10;
        maxcount[1] = 15;
        maxcount[2] = 20;
        maxcount[3] = 25;
        Console.WriteLine("선택한 로봇 크기 = "+ maxcount[2]);
        Console.WriteLine("배열의 길이 = "+ maxcount.Length);
        }
}
```

결과값

```
선택한 로봇의 크기 = 20
배열의 길이 = 4
```

다차원 배열

C#에서 사용할 수 있는 모든 자료형에 대한 배열의 선언이 가능하다. 심지어 클래스에 대한 배열도 선언하고 생성하여 사용할 수 있으며 배열에 대한 배열도 선언하고 생성하여 사용할 수 있다.

만일 5년 동안의 강우량을 분석하려고 한다면, 매년은 12개월이고, 이것이 5년이므로 총 60개의 원소를 갖는 배열을 선언해야 된다. 그러나 60년 동안의 데이터를 저장하려고 할 때, 크기 60의 배열을 선언하여 사용하는 것은 그리 효율적이지 못하다. 보다 효율적이고 나은 해결 방법은 12개월에 대한 배열을 5년 동안이므로 5개를 잡아준다. 이를 하나의 배열로 표현하면 12개짜리 배열에 대한 5개짜리 배열을 잡아주는 것이다.

배열에 대한 배열, 즉 2차원 배열을 선언하기 위해서는 다음과 같이 선언하면 된다. new 연산자를 이용하여 배열을 생성할 때는 배열의 크기를 명시하지만, 배열을 생성하고 초기 값을 지정해 줄 때는 배열의 크기를 C#에서 내부적으로 자동으로 결정한다.

■ 다차원 배열의 선언과 생성:

```
int[,] a;
a = new int[2,3];
a[0,0] = 10;
```

■ 다차원 배열의 선언, 생성, 그리고 초기화:

```
int[,] a = { {1,2,3}, {1,2,3} };
```

■ 다차원 배열의 길이:

```
a.Length: 배열 a가 갖는 전체 원소의 개수 (예에서는 6)
a.GetLength(0): 배열 a가 갖는 행의 개수 (예에서는 2)
a.GetLength(1): 배열 a가 갖는 열의 개수 (예에서는 3)
```

가변 배열

아래의 a라는 배열은 2차원 배열이 아니라 1차원 배열을 그냥 합쳐놓은 것이다. 다만 일반적인 배열과 달리 a[0]이라는 방에 숫자나 문자가 아닌 정해지지 않은 크기의 배열이 들어가 있다고 생각하면 될 것이다.

■ 가변 배열의 선언과 생성

```
int[][] a;
a = new int[3][];
```

■ 가변 배열의 선언, 생성, 그리고 초기화:

```
int[][] a = { new int[]{1,2,3}, new int[]{1,2,}, new int[]{1,2,3,4} };
```

■ 가변 배열의 길이:

```
a.Length: 배열 a가 갖는 전체 원소의 개수 (예에서는 9)
a[0].Length: a[0] 배열이 갖는 원소의 개수 (예에서는 3)
a[1].Length: a[1] 배열이 갖는 원소의 개수 (예에서는 2)
a[2].Length: a[2] 배열이 갖는 원소의 개수 (예에서는 4)
```

위와 같이 배열 객체를 잡았을 경우, 이 배열 객체가 C#의 메모리 상에는 다음 그림 2.5와 같이 위치하게 된다. 예를 들어 a[0]를 참조할 때 a[0]라는 변수는 임시로 스택에 저장된다. a가 가리키는 주소는 힙에 저장된 a라는 배열 객체의 시작주소를 참조한다. i에 저장된 첫 번째 요소인 a[0]은 다시 1차원의 배열인 a[0] 객체의 시작주소를 참조하게 된다. 이와 같이 2차원 배열은 배열 객체에 대한 배열로 표현한다. 마찬가지로, 3차원 배열은 2차원 배열 객체에 대한 배열이다.

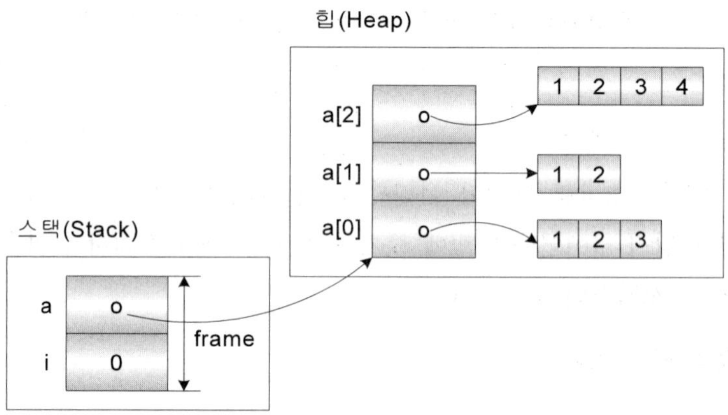

그림 2.5 ➡ 다차원 배열과 C#의 메모리 모델

다음에 나오는 예제 MultiArray.cs는 다차원 배열의 선언, 생성, 초기화(①)를 하고 배열의 길이(②)와 각 요소를 출력(③)하는 프로그램이다.

Listing 2.14 ≫ MultiArray.cs

```
using System;
class MultiArray
{
   public static void Main(string[] args)
   {
      int i, j;
      int[][] a = { new int[] {11,12,13}
                  , new int[] {21,22,23,24}
                  , new int[] {31,32,33}}; // ①
      Console.WriteLine("a.length="+a.GetLength(0));
      for (i=0; i<a.GetLength(0); i++)
      {
         Console.Write("a["+i+"].length="+a[i].Length+",  Elements:"); // ②
         for (j=0; j<a[i].Length; j++)
            Console.Write(" a["+i+"]["+j+"]="+a[i][j]); // ③
         Console.WriteLine();
      }
   }
}
```

결과값

```
a.length=3
a[0].length=3, Elements: a[0][0]=11 a[0][1]=12 a[0][2]=13
a[1].length=4, Elements: a[1][0]=21 a[1][1]=22 a[1][2]=23 a[1][3]=24
a[2].length=3, Elements: a[2][0]=31 a[2][1]=32 a[2][2]=33
```

문자배열 및 string 클래스

C#에서는 문자배열(char[ ])은 기본 자료형이지만 string은 이미 정의되어 있는 string 클래스의 객체이며 참조 자료형이다. 문자 배열과 string 클래스 참조형 변수를 사용하는 방법은 다음과 같다. 문자열을 "Hello"와 같이 선언하면 이 문자열의 끝에는 자동으로 문자열의 끝을 나타내는 '\0'이 추가된다.

```
char[] chr = {'H', 'e', 'l', 'l', 'o'};
string str = "Hello";
```

2.5 클래스 변수와 인스턴스(객체) 변수

클래스변수(class variable)는 전역적으로 어떤 변수의 값을 전달할 때 사용된다. 전체 프로그램 내에서 사용하는 어느 상수를 여기저기 만들어 사용하게 된다면 프로그램이 변화할 때마다 프로그래머는 그곳을 정확하게 기억하거나 찾아서 고쳐주어야 하는데 그 중에 하나라도 고치지 않으면 에러가 발생할 우려가 있다. 그러한 문제점을 보완하고 프로그램을 좀더 안전하게 유지하기 위해 전역 변수의 개념을 사용한다. 클래스변수는 클래스의 모든 객체가 공유 하지만, 특정 객체가 아니라 클래스에 속하므로 클래스변수라고 한다.

지역변수와 달리 클래스변수는 클래스가 존재하는 한 계속 존재한다. 클래스변수는 클래스 정의 몸체 안에서 static이라는 키워드를 사용하여 선언하며 메소드 정의 몸체에서는 선언하지 않는다. 다음 Disk3.cs의 myDisk 클래스는 static으로 선언된 클래스변수 ① count = 0을 가지고 있다. myDisk 객체가 여러 개 생성되어도 클래스변수 count는 오직 하나이다. 따라서 모든 객체는 이 클래스변수를 공유하게 된다. 이 예에서는 원판이 생성된 개수를 모든 클래스에서 공유하고 싶을 때 유용하다.

클래스변수를 다른 클래스에서 참조할 때는 클래스변수가 있는 클래스 이름, 필드선택 연산자(.)와 클래스변수를 사용한다. 다음 예에서 ⑨ myDisk.count는 myDisk클래스의 count 클래스변수를 참조하는 예이다. 이 값은 myDisk 객체를 생성할 때마다 ④ count++에 의해서 1씩 증가한다. 바뀐 값은 그 값을 계속 유지하게 된다.

인스턴스변수(instance variable)는 객체가 생성될 때마다 생성되는 변수를 의미한다. 객체가 생성될 때 클래스변수 이외의 변수가 생성되는데 이를 인스턴스변수라고 한다. 따라서 같은 이름의 인스턴수변수가 생성된 객체에 의해 만들어질 수 있으나 이들은 각각 다른 값을 가질 수 있다. 다음 Disk3.cs의 width와 height는 인스턴스변수이다. 여기서는 disk1과 disk2 두 개의 객체가 생성(⑤, ⑥)되는데 각 각 width = 5와 height = 5로 초기화(③)된 두 개의 인스턴스변수를 갖게 된다. disk2의 width와 height = 5는 ⑦

width = 6과 ⑧ height = 6으로 변경되며 따라서 disk1의 width = 5와 height = 5와는 다른 값을 가질 수 있다.

Listing 2.15 ≫ Disk3.cs

```
using System;
class myDisk
{
    public static int count=0; // ① count=0 클래스 변수선언과 초기화
    public int width, height;  // ② 인스턴스 변수 선언
    public myDisk()
    {
            width=5; height=5; // ③ 인스턴스 변수 초기화
            count++; // ④ count++, 객체생성시 1 증가
    }
    public int area() {return width*height;}
}
class Disk3
{
    static void Main(string[] args)
    {
      myDisk disk1 = new myDisk(); // ⑤ myDisk 클래스의 객체 disk1을 생성
      myDisk disk2 = new myDisk(); // ⑥ myDisk 클래스의 객체 disk2를 생성
      disk2.width=6; // ⑦ 객체 disk2를 통해 width 변수에 접근하여 변경한다
      disk2.height=6; // ⑧ 객체 disk2를 통해 height 변수에 접근하여 변경한다
      Console.WriteLine("생성된 디스크 객체의 수="+myDisk.count);
      // ⑨ myDisk.count
          Console.WriteLine("disk1의 넓이="+disk1.area());
      Console.WriteLine("disk2의 넓이="+disk2.area());
    }
}
```

결과값

```
생성된 디스크 객체의 수 = 2
disk1의 넓이 = 25
disk2의 넓이 = 36
```

2.6 생성자(constructors)

생성자(constructors)는 클래스로부터 객체(인스턴스)가 생성될 때 객체의 초기화 과정을 기술하는 특수한 메소드이며 객체가 생성될 때 한 번만 수행된다. 생성자는 프로그램에 의해 직접 호출되지 않고 객체를 생성하는 new 연산자에 의해 자동으로 호출된다.

초기화는 주로 인스턴스변수를 초기화할 필요가 있을 때 사용하며 생성자의 이름은 반드시 클래스의 이름과 동일해야 한다. 다른 일반 메소드는 메소드 이름 앞에 메소드 호출 시 되돌려 주는 자료형을 반드시 써야 하지만 생성자는 되돌려 주는 값이 없으므로 반환형을 쓰지 않는다. 생성자는 다음과 같은 형태로 해당 클래스 내에서 정의되며 이를 이용하여 객체를 생성한다. 다음은 생성자 정의와 생성자를 호출하여 객체를 생성하는 형식을 보여준다.

```
class 클래스이름{
    [public/private/protected] 클래스이름(매개변수){ //생성자정의, 생성자이름=클래스이름
        ... //초기화 문장들
    }
```

```
① 클래스이름 객체이름; //객체선언
② new 클래스이름(매개변수); //생성자 호출; 메모리 할당; 객체변수 초기화
③ 클래스이름 객체이름 = new 클래스이름(매개변수); ①과 ②를 한 문장으로
```

위의 ①처럼 선언을 해주면 클래스이름 형의 객체이름 객체가 선언된다. 객체의 선언만으로 객체가 생성되는 것은 아니다. 객체가 메모리 상에서 생성되기 위해서는 ②처럼 선언된 객체를 명시적으로 new 연산자를 사용하여 생성시켜야 한다. 명시적으로 생성시킨다는 것은 컴파일 시간에 변수를 위한 필요한 메모리를 할당하는 것이다. ③은 ①과 ②를 한 문장으로 합친 것이다.

생성자는 기본생성자와 사용자가 정의한 생성자로 구분된다. 기본생성자란 다음과 같이 클래스 안에 생성자정의 부분이 없는 경우이다. 이 경우에도 생성자 myDisk(){ }

(①)가 있는 것처럼 생성자 호출을 하여 객체를 생성할 수가 있으며 이를 기본생성자라고 한다.

다음 프로그램 DiskInstance.cs는 기본생성자(①)와 생성자(②)를 갖고 있으며 ③ myDisk disk1 = new myDisk()와 ④ myDisk disk2 = new myDisk(7, 8)에 의해 각각 호출되어 disk1와 disk2 객체가 생성된다.

Listing 2.16 ≫ DiskInstance.cs

```
using System;
class myDisk {
    public int width=5, height=6;
    public myDisk(){}
    //①기본생성자정의(매개변수 없음), 반환형 없음, 생성자이름=클래스이름
    public myDisk(int a, int b)
    {//②매개변수가 있는 생성자정의
            width=a;
            height=b;
    }
    public int area() {return width*height; }
}
class DiskInstance
{
    public static void Main(string[] args)
    {
      myDisk disk1 = new myDisk(); //③ myDisk()을 호출하여 객체 생성
      myDisk disk2 = new myDisk(7,8); //④ myDisk(7,8)을 호출하여 객체 생성
      //      myDisk disk2 = disk1; //⑤ disk2는 disk1을 가리키게 된다
      Console.WriteLine(disk1.area());
      Console.WriteLine(disk2.area());
    }
}
```

결과값

```
30
56
```

클래스 자체는 객체를 정의한 것에 불과하고, 실제로 사용하기 위해서는 메모리에 올라와야 한다. 객체는 그 객체의 주소를 가지고 있으며 위 예제의 경우 disk1과 disk2는

각각 그 객체의 시작주소를 갖게 된다. 만일 위 예제의 ⑤와 같이disk2에 disk1의 값을 배정하면 결국 두 개의 객체는 결국 같은 객체가 된다. 이런 경우 disk1 객체의 속성값을 변화시켜주면 disk2의 값도 자동적으로 변하게 된다. 그림 2.6에서 myDisk의 객체인 disk1과 disk2는 결국 같은 객체를 가리키게 된다. 프로그램에서 ④문 대신 ⑤문을 추가하면 그 결과는 다음과 같다.

결과값

```
30
30
```

그림 2.6 ➡ 인스턴스 변수의 특성

2.6.1 생성자 오버로딩(constructor overloading)

클래스는 여러 개의 생성자를 가질 수 있다. 여러 개의 생성자를 사용한다는 의미는 같은 이름의 생성자를 여러 개 중복(overloading)하여 정의할 수 있다는 의미이다. 여러 개의 생성자를 사용할 때 생성자의 이름은 같지만, 생성자가 갖는 매개 변수의 형과 개수는 달라야 한다. 이는 C#의 다형성(polymorphism)을 실현하는 방법 중의 하나이다. 사용자는 생성자 오버로딩(constructor overloading)을 이용하여 특정 클래스의 객체를 다양한 형태로 초기화하여 사용할 수 있다.

다음 프로그램 DiskOverloading.cs는 4개의 생성자(①, ②, ③, ④)를 갖고 있다. 이들은 ⑤, ⑥, ⑦에 의해 호출되는데 이 때 매개변수의 형과 개수가 맞는 ②, ③, ④가 각 각 호출되어 매개변수에 따른 인스턴스변수가 초기화된다.

Listing 2.17 ≫ DiskOverloading.cs

```
using System;

public class myDisk
{
   public int width, height,depth;
   public myDisk() { width=5; height=6; depth=3;} //①
   public myDisk(int a) {width=a; } //②
   public myDisk(int a,int b) {width=a; height=b;} //③
   public myDisk(int a, int b, int c) {width=a; height=b; depth=c; } //④
   public int area() {return width*height; }
}
public class DiskOverloading
{
   public static void Main(string[] argv)
   {
      myDisk disk1 = new myDisk(5); //⑤ ①을 호출
      myDisk disk2 = new myDisk(4, 5); //⑥ ②를 호출
      myDisk disk3 = new myDisk(8, 6, 8); // ⑦ ③을 호출
      Console.WriteLine("Disk1:"+disk1.width);
      Console.WriteLine("Disk2: "+disk2.width+ ", 세로=" +disk2.height);
      Console.WriteLine("Disk3: 가로=" + disk3.width+", 세로=" +
                        disk3.height + ", 높이="+disk3.depth);
   }
}
```

결과값

```
disk1 : 가로 = 5
disk2 : 가로 = 4, 세로 = 5
disk3 : 가로 = 8, 세로 = 6, 높이 = 8
```

2.6.2 상속(inheritance)

상속(inheritance)이란 일반적으로 부모의 것을 자식이 물려받는 것을 의미한다. C#에서의 상속도 이와 같이 일반적인 클래스로부터 좀 더 특수한 클래스를 만들 때 사용되는 개념이다. 상속되어 생성되는 클래스는 이미 작성된 일반적인 클래스의 모든 요소를 자동으로 상속받고, 특정한 일을 위해 필요로 하는 요소가 추가된다.

상속은 객체들 간의 IsA 관계를 갖게 한다. IsA 관계는 한 클래스가 다른 클래스의 서브타입이나 특수한 형태가 되는 것을 말한다. 예를 들어 Smart 로봇 클래스는 일반적인 로봇 클래스와 IsA 관계가 성립한다. Smart 로봇 클래스는 일반적인 로봇 클래스로부터 모든 기능을 물려받고 자기만의 특수한 "원판의 최대값"을 이용하여 모으미의 기능을 향상시키고 있는 것이다. 참고로 객체 간에는 HasA 관계가 있는데 이는 로봇 클래스가 회전이나 충돌감지 클래스를 갖고 있다면 소유관계가 성립하여 HasA 관계가 성립되지만 로봇 클래스가 회전이나 충돌감지 클래스는 아니므로 IsA 관계는 성립되지 않는다.

현실 세계와 마찬가지로 부모 객체가 잘 만들어 졌다면, 자식 객체는 별로 하는 일 없이 개발시간이나 노력이 엄청나게 절약될 것이다. 상속은 객체지향 언어의 장점인 모듈의 재사용과 코드의 간결성을 제공하는 중요한 특성을 가지고 있다.

상속하기

C#에서 상속을 표현할 때 콜론(:) 사용한다. 이는 부모클래스의 객체변수나 메소드를 자식클래스에서 자동적으로 사용할 수 있게 한다. C#은 기본적으로 단일 상속을 허용하는데 이는 하나의 부모클래스로부터만 상속받는다는 의미이다.

```
class 자식클래스 : 부모클래스 {
    ...
}
```

다음 예 DiskInheitance.cs는 클래스의 변수와 메소드를 상속한 예이다. Disk에서 Disk1으로, Disk1에서 Disk2로 직렬 상속이 되었으므로 Disk2클래스에선 위에서 상속해준 클래스의 변수와 메소드를 모두 사용할 수 있다. 상속을 해준 클래스를 상위 클래스라 하고 상속을 받은 클래스는 하위클래스라고 한다. Disk1의 상위클래스는 Disk가 되고 Disk의 하위클래스는 Disk1이 된다. 다음 프로그램의 ④는 Disk2의 객체인 d를 생성하게 되는데 d의 상위클래스인 Disk와 Disk1의 ① width, ② height 변수와 ③ area() 메소드를 상속받아 사용할 수 있다.

Listing 2.18 ≫ DiskInheritance.cs

```
using System;
class Disk {public int width=5; } //① width
class Disk1 : Disk
{
    public int height=6; //② height
    public int area() {return width*height; } //③ area
}
class Disk2 : Disk1
{
    public int depth=5;
    public int vol() {return  area()*depth;}
}
public class DiskInheritance
{
    public static void Main(string[] argv)
    {
        Disk2 d = new Disk2(); //④ d
        Console.WriteLine("디스크의 너비 = " + d.width);
        Console.WriteLine("디스크의 높이="+d.height+ ", 디스크의 넓이 = "+d.area());
        Console.WriteLine("디스크의 깊이 = " + d.depth+ ", 디스크의 부피= "+d.vol());
    }
}
```

결과값

```
디스크의 너비 = 5
디스크의 높이 = 6, 디스크의 넓이 = 30
디스크의 깊이 = 5, 디스크의 부피 = 150
```

base

아래 프로그램 Diskbase.cs는 상위클래스와 하위클래스가 서로 같은 변수이름을 사용할 때 하위클래스에 의해 상위클래스의 변수는 가려지게 된다. Disk1에서 int형으로 선언된 ① height는 Disk2 클래스에서 같은 이름으로 선언된 int 형의 ③ height에 의해 가려지게 되며 이를 오버라이딩(overriding)이라고 한다. 따라서 Disk2 클래스의 ③ height 값이 우선적으로 적용되게 된다. 메소드도 같은 방식에 의해 오버라이딩이 된다.

콜론(:)을 사용하여 상속받는 경우 하위클래스에서 base라는 키워드를 사용하여 하위클래스에 의해 오버라이딩이 되어 가려진 상위클래스의 객체변수나 메소드에 접근할 수 있다. 상위클래스의 생성자를 호출하기 위해 사용되기도 한다.

- **base.객체변수**

  상위클래스의 객체변수를 사용한다. 현재 객체에서 오버라이딩이 되어 가려진 상위객체의 변수를 사용할 수 있다. 다음 예에서 ⑥ base.height는 현재 생성된 Disk2 객체의 ③ height가 아닌 상위객체인 Disk1 객체의 ① height 값인 6을 갖는다.

- **base.메소드이름(매개변수)**

  상위클래스의 메소드를 호출한다. 현재 객체에서 오버라이딩이 되어 가려진 상위객체의 메소드를 사용할 수 있다. 다음 예에서 ⑦ base.area는 현재 생성된 Disk2 객체의 ⑤ area(int w, int h)가 아닌 상위객체인 Disk1 객체의 ② area()를 호출한다.

- **base(매개변수)**

  상위클래스의 생성자를 호출한다. 여기서 주의할 점은 base(매개변수)는 하위객체의 생성자 바로 다음 줄에 위치하여야 한다. 다음 프로그램에서 ④ base(w)의 위치를 보면 public Disk2(int w) 생성자 바로 밑 첫줄에 위치함을 볼 수 있으며 상위클래스인 Disk1(w) 객체가 생성된다. 또한 base(w)가 없다면 자동적으로 상위클래스의 매개변수가 없는 기본생성자인 Disk1() 객체가 생성된다.

Listing 2.19 ≫ Diskbase.cs

```
using System;
class Disk {
   public int width=0;
   public Disk(){Console.WriteLine("Disk 객체가 생성 되었습니다"); }
}
class Disk1 : Disk
{
   public int height=6; // ① height
   public Disk1(){Console.WriteLine("Disk1 객체가 생성 되었습니다");}
   public Disk1(int w){
      width=w; // width를 갱신하게 된다
      Console.WriteLine("Disk1(w) 객체가 생성 되었습니다");
   }
   public int area() {return width*height; } // ② area()
}

class Disk2 : Disk1
{
   public new int height=8; // ③ height
   public int depth=7;
   public Disk2(){ }
```

```
    public Disk2(int w){
       base.width=5;// ④ 상위객체 Disk1(height) 생성, 없을 시 Disk1() 자동생성
       Console.WriteLine("Disk2 객체가 생성되었습니다");
    }
    public int area(int w, int h) {return width*height; }
                // ⑤ area(int w, int h)
    public int vol() {
       Console.WriteLine("Disk1의 height: " + base.height);// ⑥ base.height
       Console.WriteLine("Disk2의 height: " + height);
       return  base.area()*depth;
    }// ⑦ base.area
    public int vol(int w, int h) {return  area(w,h)*depth; }
 }
 public class Diskbase
 {
    public static void Main(string[] args)
    {
       Disk2 d = new Disk2(5);
       Console.WriteLine("width = " + d.width);
       Console.WriteLine("depth = " + d.depth);
       Console.WriteLine("상위 vol() = "+d.vol());
       Console.WriteLine("하위 vol(d.width,d.height)="+
                                                 d.vol(d.width, d.height));
    }
 }
```

결과값

```
Disk 객체가 생성 되었습니다
Disk1 객체가 생성 되었습니다
Disk2 객체가 생성 되었습니다
width = 5
depth = 7
Disk1의 height: 6
Disk2의 height: 8
상위 vol() = 210
하위 vol(d.width, d.height) = 280
```

this

C#에서 현재 실행 중인 객체가 가지고 있는 변수 또는 메소드를 직접 참조할 때 this 키워드를 사용한다. this 키워드는 객체 자신에 대한 참조값을 가지며 메소드 내에서만 사용된다. 즉 this는 현재 실행 중인 메소드를 호출한 객체를 가리킨다. 매개변수와 객체

자신이 가지고 있는 변수의 이름이 같을 경우 이를 구분하기 위해 자신이 가지고 있는 변수 앞에 this를 사용한다. 객체 자신에 대한 참조값을 메소드에 전달하거나 리턴 해주기 위해 사용하기도 한다. this를 사용함으로 얻을 수 있는 장점은 모호하지 않고 좀더 명확한 프로그램을 작성할 수 있다는 점이다. this는 다음과 같은 형식으로 사용된다.

■ **this.객체변수**

현재 메소드를 호출한 객체의 객체변수를 사용한다. 다음 프로그램 DiskThis.cs의

```
Disk2(int depth){this.depth = depth;} // ③ this.depth 변수
```

③에서 this.depth의 depth는 Disk2클래스에서 선언된 depth를 의미한다. 반면 매개변수 (int depth)의 depth는 ⑧ Disk2(8)의 매개변수인 8 값을 의미한다. 이 두 depth를 구분하기 위해 this.depth를 사용한 것이다.

■ **this.메소드이름(매개변수)**

현재 메소드를 호출한 객체의 메소드를 호출한다. 다음 프로그램 DiskThis.cs의

```
public int vol(){return this.area(this)*depth;}// ④ this.area(this)
```

④에서 this.area(this) 메소드는 ①과 ④의 area(Disk d) 메소드 중 ④ area(Disk d) 메소드를 호출함을 명시한 것이다. 만일 상위클래스의 ① area(Disk d) 메소드를 호출하려면 ⑤에서와 같이 base를 사용해야 한다.

■ **this(매개변수)**

객체를 생성할 때, 자신의 클래스에 있으면서 매개변수의 내용에 해당하는 객체를 생성한다. base와 마찬가지로 this(매개변수)는 객체의 생성자 바로 다음 줄에 위치하여야 한다. 다음 예에서

```
Disk2 d1 = new Disk2();//⑦
```

이 d1을 생성 시 매개변수가 없는 기본 생성자를 호출하면

```
public Disk2(){this(7);} // ② this 생성자
```

로부터 ③ Disk2(7)을 다시 호출하게 된다.

Listing 2.20 ≫ DiskThis.cs

```
using System;
class Disk
{
   public int width=5;
   public Disk(){}
}
class Disk1 : Disk
{
   public int height=6;
   public Disk1(){}
   public int area(Disk d) {return this.width*this.height*100;}
         // ① 상위 area(Disk d)
}
class Disk2 : Disk1
{
   public int depth=0;
   public Disk2(int depth){this.depth = depth;} // ② this.depth 변수
   public new int area(Disk d) {return this.width*this.height;}
         // ③ 하위 area(Disk d)
   public int vol() {return this.area(this)*depth;}
         // ④ this.area(this) 메소드
   public int vol(int f) {return  base.area(this)*depth*10;}
      // ⑤ base.area(this) 메소드
}
public class DiskThis
{
   public static void Main(string[] argv)
   {
      Disk2 d1 = new Disk2(7); // ⑥
      Console.WriteLine("d1 width="+d1.width+
                                    " height="+d1.height+"depth="+d1.depth);
      Console.WriteLine("d1.vol(m^3) = "+d1.vol());
      Console.WriteLine("d1.vol(cm^3) = "+ d1.vol(1));
   }
}
```

결과값

```
d1 width=5 height=6 depth=7
d1.vol(m^3) = 210
d1.vol(cm^3) = 210000
```

2.7 접근 한정자(access modifier)

객체지향 개념에서는 객체가 갖는 상태 정보에 대해 접근 및 변경할 수 있는 메소드를 제공해 줌으로써 객체가 갖는 상태 정보에 대한 잘못된 접근 또는 변경을 막을 수 있다. 또한, 상태 정보를 나타내는 변수, 또는 행동이나 접근 및 변경을 위한 메소드에 대한 접근 권한을 지정해 줌으로써 객체가 갖는 데이터에 대한 정보은닉(information hiding) 혹은 캡슐화(encapsulation)를 가능하도록 한다. C#에서는 객체가 갖는 변수 또는 메소드에 대한 접근 권한을 지정하도록 하기 위해 다음과 같은 네 가지 종류의 접근 한정자(access modifier)를 제공하고 있다.

- **public** : 같은 클래스, 하위클래스, 또는 같은 namespace 내에 있는 어떤 클래스에서도 접근할 수 있다. 이 접근 권한은 클래스 또는 객체의 외부 인터페이스를 제공해 줄 때 주로 사용한다. 일반적으로 public의 사용을 줄이는 것이 좋은 설계기법 중에 하나이다.
- **private** : 같은 클래스 내에서만 접근가능 하며 하위클래스에도 상속되지 않는다. 이 접근 권한으로 지정된 변수 또는 메소드를 다른 객체에서 참조하거나 사용하는 것이 불가능하고, 자신의 클래스 내에 있는 메소드에서만 참조하거나 사용할 수 있다. 클래스가 제공하는 기능을 내부적으로 구현할 때 주로 사용하고, 이렇게 함으로써 완벽한 정보은닉이 가능하다.
- **protected** : 클래스 내부에서나 모든 파생 클래스에서 접근하는 것이 가능하다. 다른 곳에서는 접근하는 것이 불가능 하다.
- **protected internal** : 현재의 어셈블리에서나 포함하고 있는 클래스에서 파생된 타입들 내에서만 접근이 가능하다.

다음 프로그램 DiskAccess.cs는 접근 한정자를 사용하여 변수값을 사용하고 있다. 최하위 객체인 ③ Disk2의 depth는 private로 선언되어 있기 때문에 다른 클래스에서 그 값의 접근이 불가능하다. 단지 ④ Disk2(int dep) 객체가 생성될 때 depth가 dep 값으로 초기화 된다. 이 값을 얻어내거나 다른 값으로 바꾸고 싶을 때에는 반드시 ⑤ getdepth( )와 ⑥ setdepth( ) 메소드를 통해야 하는데 이들을 각각 획득자(getter)와 지정자(setter)라고 한다. 만일 초기화된 depth 값을 변경시키지 않기로 결정했다면 지정자인 setdepth() 메소드를 제거하면 된다. 이외의 ① public으로 선언된 width나 ② protected로 선언된 height는 DiskAccess 객체에서의 접근이 가능하다.

Listing 2.21 ≫ DiskAccess.cs

```
using System;

class Disk
{
   public int width=5; // ① public 접근 한정자
   public Disk(){}
}
class Disk1 : Disk
{
   protected internal int height=6;  // ② protected 접근 한정자
   public Disk1(){}
   public int area() {   return width*height;  }
}
class Disk2 : Disk1
{
   private int depth=7; // ③ private 접근 한정자
   public Disk2(int dep)
   {  // ④
     depth = dep;
   }
   public int getdepth()
   {// ⑤ getter: 이 메소드를 통하여 depth의 값을 얻는다
      return depth;
   }
   public void setdepth(int dep)
   {// ⑥ setter: 이 메소드를 통하여 depth의 값을 변경
      depth = dep;
   }
  public int vol(){
     return  area()*depth;
   }
}
public class DiskAccess
{
   public static void Main(string[] argv)
   {
      Disk2 d = new Disk2(8);
      Console.WriteLine("d width = " + d.width); // ⑦ public access
      Console.WriteLine("d height = " + d.height + ", area = " + d.area());
      d.setdepth(9);
            // ⑧ private access; setter 호출: depth 값 변경을 메소드를 통해  구현
      Console.WriteLine ("d depth = " +d.getdepth()+ ", vol = "+d.vol());
```

```
        } // getter 호출
    }
```

결과값

```
width = 5
height = 6, area = 30
depth = 9, vol = 270
```

2.8 추상클래스와 추상메소드

추상클래스(abstract class)는 상위클래스로써 하위클래스들이 갖고 있는 메소드들을 선언만 하여 하위클래스가 어떤 기능을 갖고 있어야 하는지를 알려주며, 선언된 메소드를 하위클래스에서 구현하라는 지침 제시의 역할을 하는 클래스이다. 여기서 추상(abstract)이라는 단어는 이 클래스가 프로그램의 전체적인 기능이 요약되어 간략하게 표현이 되어 있다는 뜻과 객체지향의 주요 개념 중에 하나인 추상화(abstraction)와 관련되어 있다.

추상클래스는 객체(또는 인스턴스)를 생성할 수 없는 클래스이며, 메소드의 이름만 선언하고 어떻게 구현되는지는 정의하지 않는 추상메소드(abstract method)를 갖고 있다. 이 추상클래스를 상속받는 하위클래스에서 구현 시키도록 하는 것이다. 따라서 추상클래스로부터 상속받는 하위클래스는 추상클래스에서 구현하지 못한 부분들을 완전하게 구현해 주어야만 하며 이를 구현하지 않는다면 오류가 발생한다. 만일 추상클래스의 하위클래스가 추상클래스에서 선언된 추상메소드를 전부 구현하지 못한다면 하위클래스 역시 다시 추상클래스가 되며, 이 클래스의 하위클래스에서 구현하지 못한 추상메소드를 반드시 구현해 주어야 한다.

추상클래스와 추상메소드는 클래스와 메소드의 앞에 abstract 키워드를 사용하여 다음과 같이 선언할 수 있다.

```
abstract class 클래스이름 {
    abstract 반환자료형 메소드이름(); // 메소드의 몸체는 없음
    }
```

다음 예제 프로그램 DiskAbstract.cs에서 ① Disk와 ④ Disk1 클래스는 추상클래스이다. ① Disk 클래스는 abstract으로 선언된 ② area()와 ③ vol()의 추상메소드를 포함하기 때문이다. ④ Disk1의 경우는 ⑤ area()를 정의하고 있지만 아직도 ③ vol() 메소드는 정의하고 있지 않다. 따라서 ④ Disk1도 상속받은 ③ vol() 추상메소드를 갖고 있으므로 추상클래스로 선언하여야 한다. Disk와 Disk1 추상클래스를 상속받은 Disk2는 Disk1에서 상속받은 ⑤ area()와 자체적으로 정의한 ⑦ vol() 메소드를 모두 갖고 있기 때문에 더 이상 추상클래스가 아니다. 이와 같이 추상클래스의 두 추상메소드인 ② area()와 ③ vol()은 반드시 하위클래스에서 오버라이딩이 되어야 한다. 또한 추상클래스인 ① Disk는 getwidth()와 setwidth(int wid)처럼 일반적인 메소드도 정의할 수 있다.

그림 2.7은 이 프로그램의 추상클래스 상속관계를 보여주고 있다.

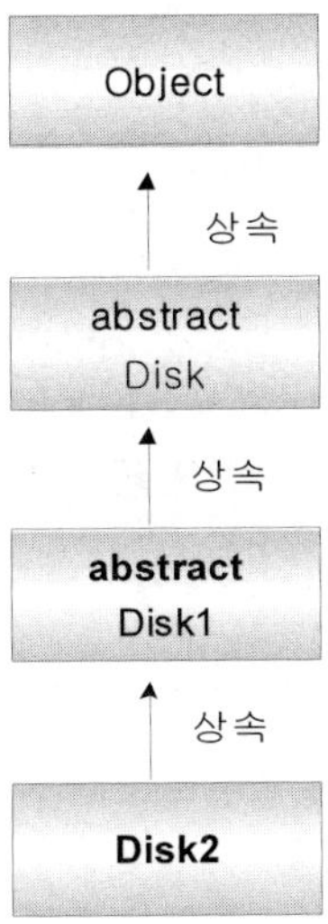

그림 2.7 ➡ 추상클래스의 상속관계

Listing 2.22 ≫ DiskAbstract.cs

```
using System;
abstract class Disk
{   //① abstract, 추상클래스
    private int width=5;
    public int getwidth(){return width;}  // getter
    public void setwidth(int wid){width = wid;} // setter
    public abstract int area(); // ② 추상메소드, 하위 객체에서 오버라이딩
    public abstract int vol(); // ③ 추상메소드, 하위 객체에서 오버라이딩
}
abstract class Disk1 : Disk
{
    // ④ vol()을 정의하지 않았으므로 abstract 클래스
    protected internal int height=6;
    public override int area() { return getwidth()*height;}// ⑤
}
class Disk2 : Disk1
{
    private int depth=7;
    public Disk2(int dep){ depth = dep;}
    public int getdepth() {return depth;}// getter
    public void setdepth(int dep) { depth = dep;} // setter
    public override int vol() { return  area()*depth;} // ⑦
}
public class DiskAbstract
{
    public static void Main(string[] argv)
    {
        Disk2 d = new Disk2(8);
        Console.WriteLine("d width = " + d.getwidth());
        Console.WriteLine("d height = " + d.height + ", area = " + d.area());
        Console.WriteLine("d depth = " +d.getdepth()+ ", vol = "+d.vol()); }
}
```

결과값

```
d width = 5
d height = 6, area = 30
d depth = 9, vol = 210
```

2.9 인터페이스(interface)

인터페이스(interface)는 추상메소드만 모아놓은 자신에게서 상속 받을 클래스가 구현해야 할 기능을 나열해 놓은 것으로 객체 생성을 할 수 없는 구조체이다. 추상클래스와 같이 상속개념을 가지고 있어서 인터페이스 간에 상속을 통해서 계층을 이룰 수 있다. 인터페이스의 특징은 다중상속 개념을 위해 여러 개의 인터페이스를 상속받을 수 있다. 일반적으로 상속받는 클래스가 한 개일 때 단일상속(single inheritance)이라고 하고 두 개 이상일 때 다중상속(multiple inheritance)이라고 한다. C++ 언어 등에서는 다중상속이 허용되고 있지만 C#에서는 프로그래밍을 단순하게 하기 위해 단일상속만을 허용한다. 이를 극복하기 위한 방안으로 인터페이스를 사용한다.

인터페이스를 상속받은 클래스에서는 추상클래스와 마찬가지로 인터페이스에서 정의된 모든 메소드를 구현(정의)해 주어야 한다. 이러한 관계를 "클래스가 인터페이스를 구현한다"라고 한다. 따라서 인터페이스로부터 상속받은 클래스는 인터페이스의 모든 메소드를 구현해 주어야하며, 모든 메소드가 구현되지 않을 경우 이 클래스는 추상클래스로 선언되어야 한다. 인터페이스의 특징을 정리하면 다음과 같다.

- new 키워드를 이용하여 객체화 할 수 없다.
- 필드를 가질 수 없다.
- object 클래스의 하위클래스인 추상클래스와 달리 최상위클래스가 될 수 있다.
- 클래스는 일반적인 단일상속(:)과 여러 개의 인터페이스를 동시에 상속받을 수 있다.
- 몸체가 있는 일반 메소드를 포함하면 안 된다.

인터페이스는 다음과 같이 인터페이스이름 앞에 interface 키워드를 사용하여 선언하며 상위 인터페이스를 상속받을 때 콜론(:)을 사용한다.

```
[public] interface 인터페이스이름 [ : 상위인터페이스이름]{
    메소드선언;
}
```

다음은 클래스가 인터페이스를 구현하는 형식을 보여준다.

```
클래스이름 [ : 상위클래스이름] , 인터페이스이름1[,인터페이스이름2, ...]] {
    ...
    }
```

다음 프로그램 DiskInterface.cs는 인터페이스를 사용한 예이다 ① interface DiskAreaVol은 메소드 ② area( )와 ③ vol( )을 선언하고 있으며 ④ NoDisk는 ① DiskAreaVol을 상속받고 ⑤ communication( )을 선언한 인터페이스이다.

⑥ Disk2 클래스는 Disk1을 상속받고 ④ NoDisk를 구현하고 있다. 여기서 ⑦ area( )와 ⑧ vol( )을 정의(구현)하고 있지만 아직도 ⑤ communication( )은 구현하지 못하고 있다. 따라서 ⑥ Disk2 클래스는 앞에 abstract을 붙여 추상클래스로 만들어야 한다. Disk2 클래스를 상속받은 최종 클래스 ⑨ Disk3에서 이 ⑩ communication( )은 구현되고 있다.

DiskInterface에서 생성된 객체 d는 생성 시 noDisk의 값을 4로 초기화시키고 있다. 그림 2.8은 이 프로그램의 인터페이스 상속관계를 표현한 것이다.

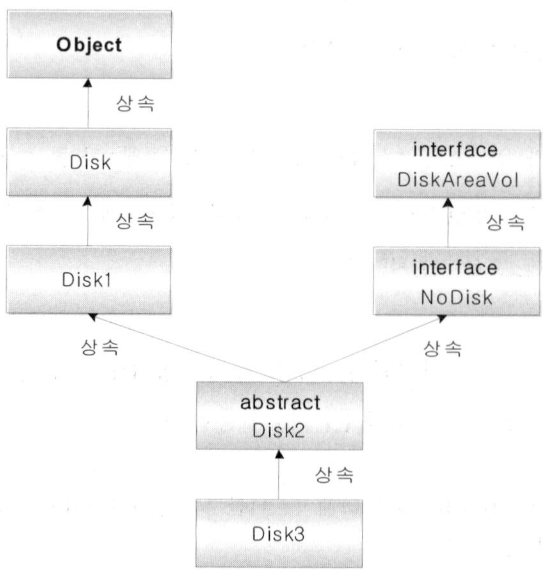

그림 2.8 ➡ 인터페이스의 상속관계

Listing 2.23 ≫ DiskInterface.cs

```
using System;
class Disk {
   public int width=5;
   public Disk(){}
}
class Disk1 : Disk
{
   protected int height=6;
   public Disk1(){}
}
interface  DiskAreaVol  // ①
{   //interface, 생성자 없음, 최상위(object 클래스 없음)
   int area(); // ②
   int vol();  // ③
}
interface NoDisk : DiskAreaVol
{   // ④ interface를 상속
   int communication();//⑤
}
abstract class Disk2 : Disk1, DiskAreaVol     // ⑥
{        //Disk1, DiskAreaVol를 상속
   public int depth=7;
   public Disk2(){}
   public int area() { return width*height;} // ⑦
   public int vol() { return  area()*depth;} // ⑧
}
class Disk3 : Disk2
{  // ⑨ Disk3
    public int noDisk;
    public Disk3(int noDisk){ this.noDisk = noDisk;}
    public int communication() { return  noDisk;} //⑩ communication()
}
public class DiskInterface
{
    public static void Main(string[] args)
        {
              Disk3 d = new Disk3(4);
              Console.WriteLine("area = " + d.area());
              Console.WriteLine("vol = "+d.vol());
              Console.WriteLine("noDisk = "+d.communication());
        }
}
```

결과값

```
area = 30
vol = 210
noDisk = 4
```

2.10 델리게이트(Delegate)

2.10.1 델리게이트란?

델리게이트(deligate) 키워드의 사전적 의미는 어떤 것을 대신해 주거나 대표할 수 있는 사람, 위임 받은 사람을 뜻하며, C#에서는 이미 정의된 다른 메소드를 호출할 때 사용한다. 새로운 메소드형을 구현하는 것이 아니고 메소드형을 선언하는 것으로 다른 메소드를 대신해준다. C/C++에서 보았던 함수 포인터와 비슷하며, 안전한 함수 포인터라는 의미로 세이프 함수 포인터(safe function pointer)라고 부르기도 한다. 델리게이트의 선언 방법은 아래의 예와 같다.

```
[public/private/protected] delegate 반환형 델리게이트 명(매개변수);
ex) public delegate void DeleTest(int n); //①
```

2.10.2 델리게이트 연산

델리게이트에서는 메소드형이 같은 델리게이트 간의 연산이 허용 된다. 예를 들어 델리게이트 A, B를 정의한 경우 A와 B를 연산할 수 있다. 델리게이트 A와 B를 더해서 그 결과를 C에 할당한 경우, 델리게이트 C를 호출하면 A와 B를 동시에 호출하게 된다. 또한 델리게이트 하나로 여러 델리게이트를 동시에 호출할 수 있으며, 하나의 델리게이트에 여러 개의 동일한 메소드들을 연결하여 여러 메소드를 호출할 수도 있다.

델리게이트 연산의 예는 다음과 같다. + 연산은 리스트에 추가, – 연산은 리스트에서 제거하는 것이다.

```
deleTest = new DeleTest(d.setNodisk);
deleTest += new DeleTest(d.setWidth); //델리게이트 객체에 d.setWidth추가
deleTest -= new DeleTest(d.setHeight); //델리게이트 객체에 d.setHeight제거
```

다음 2.24 Delegate.cs는 기존 Disk3 클래스에 ② setHeight(int height), ③ setWidth(int width), ④ setNoDisk(int noDisk)를 추가하였다. 또한 메소드들을 추가하거나 제거하여 하나의 델리게이트를 호출하면 해당 메소드의 값들을 한번에 바꾸는 예를 보여준다. 메소드를 연결하고 제거하는 방법은 위에 서술한 +와 – 연산자를 이용하였다. 다음 2.24 Delegate.cs 는 델리게이트를 사용하기 전과 ②, ③, ④번 메소드를 연결하여 해당 값들을 10으로 변경한 후의 값, ③과 ④번 메소드의 해당 값을 5로 수정한 결과를 보여주고 있다.

Listing 2.24 ≫ DiskDelegate.cs

```
using System;

public delegate void DeleTest(int n); // ① 델리게이트 선언
class Disk {
   public int width=5;
   public Disk(){}
}
class Disk1 : Disk {
   protected int height=6;
   public Disk1(){}
}
interface  DiskAreaVol {
   int area(); int vol();
}
interface NoDisk : DiskAreaVol{
   int communication();
}
abstract class Disk2 : Disk1, DiskAreaVol
{
```

```
    public int depth=7;
    public Disk2(){}
    public int area() { return width*height;}
    public int vol() { return  area()*depth;}
}

class Disk3 : Disk2
{
    public int noDisk;
    public Disk3(int noDisk){ this.noDisk = noDisk;}
    public void setHeight(int height){this.height = height;}// ②
    public void setWidth(int width){this.width = width;}       // ③
    public void setNodisk(int noDisk){this.noDisk = noDisk;}  // ④
    public int communication() { return  noDisk;}
}

class DiskDelfate
{
    static void Main(string[] args){
        DeleTest deleTest;     //델리게이트 객체
        Disk3 d = new Disk3(3);  //noDisk값을 3으로 설정

        Console.WriteLine("delegate 사용전");
        Console.WriteLine("area = " + d.area());
        Console.WriteLine("vol = "+d.vol());
        Console.WriteLine("noDisk = "+d.communication());

        deleTest = new DeleTest(d.setNodisk); // ⑤
        deleTest += new DeleTest(d.setWidth); // ⑥
        deleTest += new DeleTest(d.setHeight);// ⑦
        deleTest(10);     // ⑧ noDisk,width,height값을 10으로 변경

        Console.WriteLine("noDisk, width, height값 변경후");
        Console.WriteLine("area = " + d.area());
        Console.WriteLine("vol = "+d.vol());
        Console.WriteLine("noDisk = "+d.communication());

        deleTest -= new DeleTest(d.setHeight); // ⑧
        deleTest(5);      // ⑩ noDisk,width값을 5로 변경

        Console.WriteLine("noDisk, width값 변경후");
        Console.WriteLine("area = " + d.area());
        Console.WriteLine("vol = "+d.vol());
        Console.WriteLine("noDisk = "+d.communication());
```

```
    }
}
```

결과값

```
delegate 사용전
area = 30
vol = 210
noDisk = 3
noDisk, width, height값 변경 후
area = 100
vol = 700
noDisk = 3
noDisk, width값 변경 후
area = 50
vol = 350
noDisk = 3
```

2.11 입출력(input/output)

일반적으로 입출력이란 저장 장치에 있는 파일로부터 데이터를 읽거나 쓰는 작업을 말한다. C#에서의 모든 데이터의 입출력은 스트림(stream)이라는 개념에 의해 이루어진다. 스트림이란 단어의 뜻이 "흐르는 물"을 의미하듯이 연속된 일련의 데이터를 일컫는 말이다. 데이터 입출력시 모든 데이터를 형태와는 관계없이 연속된 바이트의 흐름으로 전송을 하는 것이 스트림 입출력 모델의 기본 개념이다.

이러한 입출력 연산을 위한 클래스는 System.IO 네임스페이스에서 정의하고 있다. 표준 입출력을 위해 Input Stream과 Output Stream이 있다. 이들은 각각 키보드 입력, 화면 출력, 오류 메시지 출력을 위한 스트림이다. 그림 2.9의 구조도에서 보듯이 stream 클래스는 필요에 따라서 입력과 출력을 동시에 할 수 있지만, TextReader와 BinaryReader 클래스는 입력에만 쓰이고 TextWriter와 BinaryWriter는 출력에만 쓰인다.

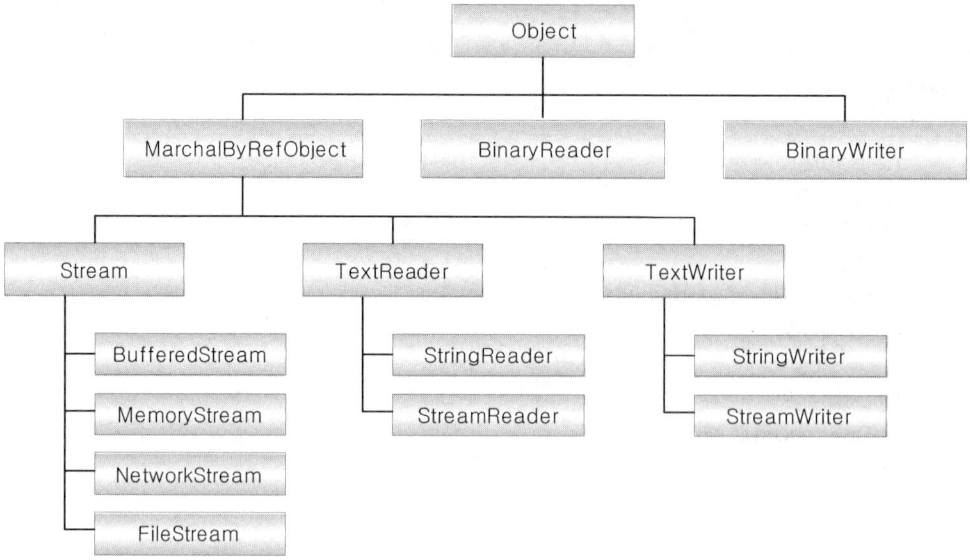

그림 2.9 ➡ 입출력 스트림의 상속 구조도

기본적으로 스트림은 다음과 같은 두 가지 종류가 있다.

- **바이트 스트림(byte-stream) 입출력 :** 바이트, 바이트 배열, 정수, 실수, 문자 등의 입출력. Stream 클래스와 이들의 하위클래스를 통해서 제공되는 바이트 스트림(byte streams) 표준 입출력. 8비트 크기를 갖는 바이트들의 스트림이 입출력된다.

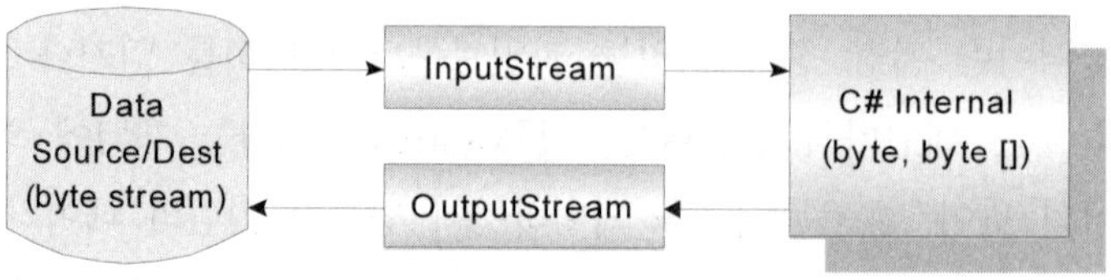

그림 2.10 ➡ 바이트 입출력 스트림의 개념도

- **문자 스트림(character-stream) 입출력 :** 문자, 문자 배열, 문자열 등의 입출력. StringReader, StringWriter 클래스와 이들의 하위클래스에 의해 구현. 16비트 크기를 갖는 유니코드 문자들의 스트림이 입출력된다.

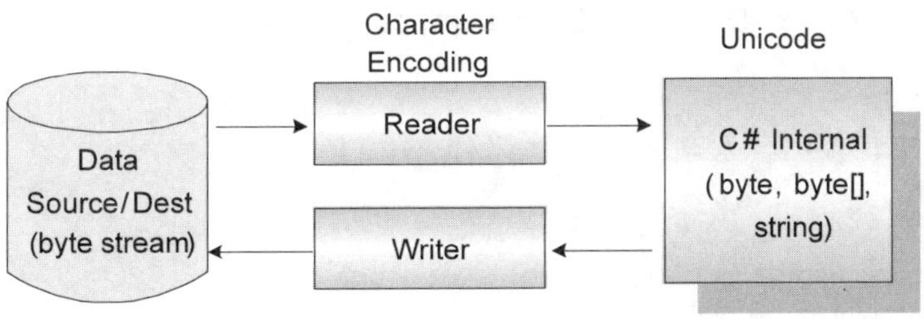

그림 2.11 ➡ 문자 입출력 스트림의 개념도

다음 프로그램 DiskFileIOStream.cs는 문자열로 된 input1.txt 파일을 입력받아 output1.txt 파일에 결과 값을 문자열로 저장하는 예를 보여주고 있다. 입출력을 다루기 위해서는 Sytem.IO 네임스페이스의 클래스들을 사용하여야 한다. 이 클래스들은 ① using System.IO;를 프로그램 처음에 정의함으로 사용할 수 있다.

파일로부터 데이터를 입력받기 위해서는 먼저

- string path에 파일이 있는 경로를 지정한다.
- input1.txt 파일로부터 파일 입력스트림(② FileStream) 객체인 fs2를 생성한다.
- 다음 stream을 이용하여 입력스트림 판독기(③ StreamReader) 객체인 r을 생성한다. 이는 stream 바이트로부터 운영체제에 따른 문자들로 바꾸기 위함이다.
- r을 이용하여 파일로부터 하나의 Line을 읽어온 뒤 이를 Split을 이용하여 문자열 단위로 분리한다.

문자열 데이터를 파일로 출력하기 위해서는

- string path 에 파일을 저장할 경로를 지정한다.
- 파일 출력스트림(④ FileStream) 객체인 fs와 출력파일 output1.txt를 생성한다.
- 다음 outStream을 이용하여 출력스트림(⑤ StreamWriter) 객체인 w를 생성한다.
- ⑥ w.WriteLine() 메소드를 이용하여 output1.txt에 출력한다.
- ⑦ r.close(), w.close(): 입출력파일의 스트림이 끝나면 닫아준다.

Listing 2.25 ≫ DiskFileIOStream.cs

```
using System;
using System.IO;      //①
class Disk
{
   public int width=5;
   public Disk(){}
}
class Disk1 : Disk
{
   protected int height=6;
   public Disk1(){}
}
interface  DiskAreaVol
{ //interface, 생성자 없음, 최상위(object 클래스 없음)
   int area();
   int vol();
}
class Disk2 : Disk1 , DiskAreaVol
{// DiskAreaVol
   public int depth=7;
   public Disk2(){}
   public int area() {return width*height;}
   public int vol() {return  area()*depth;}
}
class Disk3 : Disk2
{
   public string robotName;
   public Disk3(string robotName, int w, int h, int d){
      this.robotName = robotName;
      this.width = w;
      this.height = h;
      this.depth = d;
   }
}
class DiskFileIOStream
{
   static void Main(string[] args)
   {
      string path = "input.txt";
      FileStream fs2 =
         new FileStream(path,FileMode.OpenOrCreate, FileAccess.Read);//②
      StreamReader r =
```

```
                new StreamReader(fs2,System.Text.Encoding.Default);    //③
        r.BaseStream.Seek(0, SeekOrigin.Begin);
        string space ="";
        string[] input = new string[4];
        path = "output.txt";
        FileStream fs = new  FileStream(path,FileMode.Create);    //④
        StreamWriter w = new StreamWriter(fs);       //⑤
        w.BaseStream.Seek(0, SeekOrigin.End);
        while (r.Peek() > -1) {
            space = r.ReadLine();
            input = space.Split(' ');
            string robotName = input[0];
            int width = int.Parse(input[1]);
            int height = int.Parse(input[2]);
            int depth = int.Parse(input[3]);
            Disk3 d1 = new Disk3(robotName, width, height, depth);

            Console.WriteLine("{0} {1} {2} {3} vol =
                        {4}",d1.robotName,width,height,depth,d1.vol());

            w.WriteLine("{0} {1} {2} {3} vol =
                        {4}",d1.robotName,width,height,depth,d1.vol());
            //⑥
            w.Flush();
        }
        r.Close();       //⑦
        w.Close();
    }
}
```

결과값

```
Dummy Robot 5 6 7 vol = 210
Smart Robot 4 5 6 vol = 120
Intelligent Robot 3 4 5 vol = 60
• input1.data 파일의 내용
  "Dummy Robot" 5 6 7
  "Smart Robot" 4 5 6
  "Intelligent Robot" 3 4 5
• output1.data 파일의 내용
  Dummy Robot vol = 210
  Smart Robot vol = 120
  Intelligent Robot vol = 60
```

/ 연 / 습 / 문 / 제 /

1. DiskInterface.cs를 이용하여 다음을 만족하는 프로그램을 작성하시오.

1) 다음과 같이 객체 d1과 d2 두 개를 생성하면서 noDisk 값을 초기화시킨다.

```
Disk3 d1 = new Disk3(8);  Disk3 d2 = new Disk3(4);
```

2) Main () 메소드에서 d1과 d2 객체의 noDisk 값 중에서 큰 값을 출력하라.

2. 1) 다음 창과 같은 형식대로 입력받아 파일로 저장하고(저장 버튼으로 한 번만 저장함)

2) 검색을 누르면 1)에서 저장한 파일을 읽고 다음 창에 출력하는 프로그램을 작성하시오.

- text1.Text = "문자열" ;
- text1창에 "문자열" 을 출력

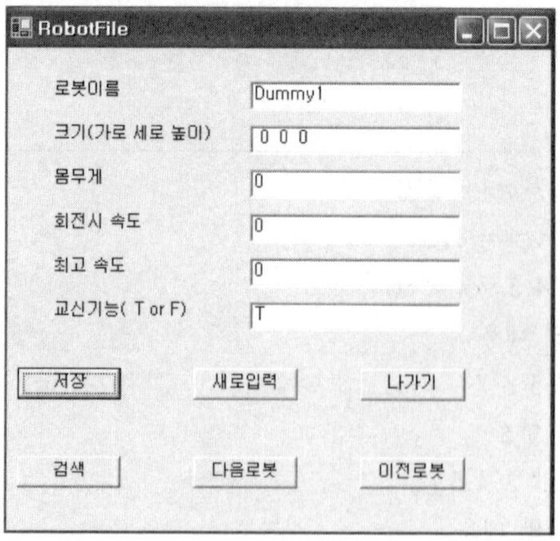

2.12 네임스페이스

2.12.1 네임스페이스

네임스페이스(namespace)는 서로 관련이 있는 클래스 또는 인터페이스들을 묶어 놓은 묶음이다. 네임스페이스를 사용하여 계층적인 형태로 클래스들을 사용할 수 있다. 따라서 다른 그룹에 속한 클래스 이름 간의 충돌을 사전에 막아주며, 이를 통해 캡슐화의 개념을 구현할 수 있다. 복잡한 프로그램 작성이나 프로그램의 재사용을 위해 네임스페이스를 사용함으로써 편리하고 효율적인 프로그램을 작성하고 관리할 수 있다. 보안적인 면에서도 네임스페이스 단위의 접근 권한을 지정할 수 있으며, 이를 통하여 클래스만 있는 경우보다 더욱 제한된 접근 권한을 제어할 수 있다.

2.12.2 using 문장

C# 프로그램에서는 어떤 클래스를 사용하기 위해 using문을 사용하여 현재 프로그램에 포함해 주어야 한다. using문은 외부 클래스를 사용해야 할 때 필요한 클래스를 불러들이는 역할을 하게 된다. using문은 반드시 클래스를 정의하기 전에 선언되어야 한다. 컴파일 하기 전에 어떤 외부 클래스가 사용될지를 알아야 하기 때문이다. 클래스를 포함하기 위해 using 문 다음에 네임스페이스 이름과 클래스 이름을 기술해 주어야 한다. 여기서 (.)은 디렉토리를 나타내는 (\)를 의미한다.

특정 클래스 포함하기

- using 네임스페이스.클래스이름:

```
사용 예)
using System.IO;
using System.Collections;
```

2.12.3 System.Collections

C#의 라이브러리는 객체 저장 측면에서 컬렉션(Collection)유형을 제공하고 있다. 이 컬렉션 유형 클래스들의 특징은 데이터를 보관할 수 있으며 수정, 삭제, 삽입, 검색 등의 기능을 제공하다는 점이다. 또한 배열과 달리 데이터를 삽입했을 때 동적으로 메모리가 늘어난다는 특징을 가지고 있다. 이 절에서는 이러한 컬렉션 유형의 Stack, Queue, ArrayList 등에 대해 알아보도록 하겠다.

ArrayList 클래스

ArrayList는 객체 배열의 크기가 동적으로 조절되는 클래스로 자바의 벡터와 유사하다. 내부적으로는 Object형 배열을 가지며, 배열의 크기가 할당된 것보다 더 필요한 경우 더 큰 배열로 대체가 된다.

ArrayList도 객체를 생성할 수 있으며 생성 방법은 다음과 같다.

- ArrayList disk new ArrayList() : disk ArrayList 객체 생성(기본크기로 생성)
- ArrayList disk new ArrayList(30) : disk ArrayList 객체 생성(크기 30으로 생성)

ArrayList클래스는 여러 가지 편리한 다음과 같은 메소드를 지원하고 있다.

다음 2.27 DiskArrayList.cs는 ArrayList 클래스를 이용하여 구현한 프로그램이다. ① ArrayList robotArray를 생성하고 있으며 readF에서 ⑤ ArrayList a로 저장된 객체를 반환 받게 된다. ArrayList에 원소를 저장할 때는 ⑥ a.Add(d)를 사용한다. ② foreach(Disk4 temp in robotArray) 문을 통해 robotArray의 요소가 마지막까지 반복문을 수행한다. 꺼내진 요소는 화면에 출력되고 volume 값에 더해간다. 이 값을 꺼내진 요소의 수인 noObj로 나누면 volume의 평균값이 나오고 이를 출력하게 된다.

표 2.11 ➡ ArrayList 클래스의 주요 메소드

반환형	형 식	예
void	Add(Object obj)	disk.Add(disk1): disk의 요소에 disk1을 추가
void	AddRange(ICollection c)	disk.AddRange(iCollection): disk의 끝에 ICollection의 요소를 복사
void	Clear()	disk.Clear(): disk의 모든 요소를 삭제
Object	Clone	disk.Clone(): disk의 단순 복사본을 만듬
bool	Contains(Object obj)	disk.Contains(disk1): disk에 disk1의 존재여부 확인
IEnumerator	GetEnumerator()	disk.GetEnumerator(): disk의 반복할 수 있는 열거자를 반환
Object	Insert(int inx,Object obj)	disk.Insert(2,disk1): disk의 해당 인덱스(0부터 시작)에 disk1을 삽입
void	Remove(Object obj)	disk.Remove(disk1): disk의 요소에서 disk1을 삭제
void	RemoveAt(int inx)	disk.RemoveAt(1): disk의 1인덱스를 삭제
void	RemoveRange(int inx,int n)	disk.Range(1,3): disk의 1 ~ 4인덱스까지 삭제
void	Reverse(int inx,int n)	disk.Reverse(1,3): disk의 1 ~ 4인덱스까지 순서를 역으로 바꿈
void	Sort(int inx,int n,ICollection c)	disk.Sort(0,3,null): disk의 0 ~ 3인덱스까지 정렬
void	TrimToSize()	disk.TrimToSize(): disk의 실제요소 수로 사이즈를 설정

Listing 2.26 ≫ Disk4.cs

```
using System;
class Disk
{
   public int width=5;
   public Disk(){}
}
class Disk1 : Disk
{
   protected int height=6;
   public Disk1(){}
}
interface  DiskAreaVol
{ //interface, 생성자 없음, 최상위(object 클래스 없음)
   int area();
```

```
    int vol();
}
class Disk2 : Disk1 , DiskAreaVol
{// DiskAreaVol
    public int depth=7;
    public Disk2(){}
    public int area() {return width*height;}
    public int vol() {return  area()*depth;}
}
class Disk4 : Disk2
{
    public string robotName;
    public int number;
    public string specialFunc;
    public Disk4(string robotName,int n,int w,int h,int d,string F)
    {// ①
        this.robotName = robotName;
        this.number = n;
        this.width = w;
        this.height = h;
        this.depth = d;
        this.specialFunc = F;
    }
    public string readVar()
    {// ② readVar() 출력문 생성, 반환
        return (robotName + "\t\t"+ number + "\t "+ width +"\t"+ height
                + "\t" + depth + "\t" + vol() + "\t" + specialFunc );
    }
}
```

Listing 2.27 ≫ DiskArrayList.cs

```
using System;
using System.IO;
using System.Collections;
class DiskArrayList
{
    static void Main(string[] args)
    {
      double sumVol = 0, noObj = 0;
      ArrayList robotArray = readF.readData1("input2.data");// ① ArrayList
      Console.WriteLine("로봇이름     번호    width   height  depth   volume    기능");
      Console.WriteLine("--------------------------------------------
                                                  ------------------");
```

```
        foreach(Disk4 temp in robotArray){ // ② foreach
            Console.WriteLine(temp.readVar());
            sumVol = sumVol + (double)temp.vol();
            noObj++ ;
        }
        Console.WriteLine("--------------------------------------------
                                                    ----------------------");
        Console.Write("volume 평균"+"\t\t\t\t");
        Console.Write(sumVol/noObj+"      ");
        Console.WriteLine("\n");
    }
}
class readF
{
    public static ArrayList readData1(String name)
    { // ③ readData1
        ArrayList a = new ArrayList(); // ⑤
        FileStream fs2 =
            new FileStream(name,FileMode.OpenOrCreate, FileAccess.Read);
        StreamReader r =
                new StreamReader(fs2,System.Text.Encoding.Default);
        r.BaseStream.Seek(0, SeekOrigin.Begin);
        string space ="";
        string[] input = new string[6];
        while (r.Peek() > -1)
        {
            space = r.ReadLine();
            input = space.Split(' ');
            string robotName = input[0];
            int number = int.Parse(input[1]);
            int width = int.Parse(input[2]);
            int height = int.Parse(input[3]);
            int depth = int.Parse(input[4]);
            string sf = input[5];
            Disk4 d = new Disk4(robotName, number, width, height, depth,sf);
            a.Add(d); // ⑥
        }
        r.Close();
        return a;
    }
}//end of readF
```

결과값

로봇이름	번호	width	height	depth	volume	특수기능
Dummy	1	5	6	7	210	
Intel.	2	4	5	6	120	통신기능
Smart	3	3	4	5	60	통신기능
Super	4	3	4	5	60	통신 및 복제기능
volume 평균					112.5	

스택(Stack) 클래스

스택(Stack)은 LIFO(Last In First Out) 방식으로 객체를 추가 삭제하는 자료구조이다. 즉 스택에 가장 나중에 저장한 데이터가 가장 먼저 배출된다. 이 Stack 클래스의 주요 메소드를 살펴보면 다음과 같다.

- Stack() : 스택을 생성
- Peek() : 스택의 top에 있는 원소를 얻음
- Pop() : 스택의 top에 있는 원소를 제거하면서 얻음
- Push(Object item) : 스택의 top에 원소를 저장

다음 2.28 DiskStack.cs는 Stack 클래스를 이용하여 구현한 프로그램이다. 결과의 순서를 보면 위의 DiskArrayList와는 다를 것을 알 수 있을 것이다. 그 이유는 스택은 나중에 저장한 객체가 먼저 꺼내져 출력되기 때문이다.

① Stack robotStack을 생성하고 있으며 readF에서 ⑤ Stacks로 저장된 객체를 반환받게 된다. 스택에 원소를 저장할 때는 ⑥ s.Push(d)를 사용한다. ② while(robotStack.Count > 0) 문을 통해 robotStack의 원소가 없을 때까지 반복문을 수행한다. ③ robotStack.Pop()을 사용하여 위에서부터 객체를 꺼내 화면에 출력하고 volume 값을 더해간다. 이 값을 꺼내진 객체의 수인 noObj로 나눈 volume 평균값을 출력하게 된다.

Listing 2.28 ≫ DiskStack.cs

```
using System;
using System.IO;
```

```
using System.Collections;

class DiskStack
{
    static void Main(string[] args)
    {
        double sumVol = 0, noObj = 0;
        Stack robotStack = readF.readData1("input2.data"); // ① Stack
        Console.WriteLine("로봇이름     번호    width    height  depth    volume     기능");
        Console.WriteLine("--------------------------------------------
                                                   --------------------");

        while((robotStack.Count > 0)){ // ② while
            Disk4 temp = (Disk4)robotStack.Pop(); // ③ robotStack.pop()
            Console.WriteLine(temp.readVar());
            sumVol = sumVol + (double)temp.vol();
            noObj++ ;
        }
        Console.WriteLine("--------------------------------------------
                                                   ----------------------");

        Console.Write("volume 평균"+"\t\t\t\t");
        Console.Write(sumVol/noObj+"      ");
        Console.WriteLine("\n");
    }
}
class readF
{
    public static Stack readData1(String name)
    { // ⑥ readData1
        Stack s = new Stack();
        FileStream fs2 =
            new FileStream(name,FileMode.OpenOrCreate,  FileAccess.Read);
        StreamReader r =
                new StreamReader(fs2,System.Text.Encoding.Default);
        r.BaseStream.Seek(0, SeekOrigin.Begin);
        string space ="";
        string[] input = new string[6];
        while (r.Peek() > -1)
        {
            space = r.ReadLine();
            input = space.Split(' ');
            string robotName = input[0];
            int number = int.Parse(input[1]);
            int width = int.Parse(input[2]);
            int height = int.Parse(input[3]);
```

```
            int depth = int.Parse(input[4]);
            string sf = input[5];
            Disk4 d = new Disk4(robotName, number, width, height, depth,sf);
            s.Push(d);
        }
        r.Close();
        return s;
    }
}//end of readF
```

결과값

로봇이름	번호	width	height	depth	volume	기능
Super	4	3	4	5	60	통신 및 복제기능
Intel.	3	3	4	5	60	통신기능
Smart	2	4	5	6	120	통신기능
Dummy	1	5	6	7	210	
volume 평균					112.5	

큐(Queue) 클래스

큐(queue)는 FIFO(First In First Out)처리를 사용한다. 즉 큐에 처음 넣은 항목이 큐에서 처음 나오는 항목이 된다. 은행에서 고객들의 줄을 생각해면 처음 고객 뒤에 다음 고객이 줄을 서게 되고 첫 고객이 일을 마치게 되면 먼저 줄 앞에서 빠져 나오게 되는 것과 같은 원리이다. 큐 클래스의 주요 메소드는 다음과 같다.

- **Queue() : 큐 객체 생성**
- **Dequeue() : 큐 맨 앞의 원소를 반환하고 제거**
- **Enqueue(Object item) : 큐 맨 뒤에 원소를 저장**

다음 2.29 DiskQueue.cs는 Queue 클래스의 메소드를 이용하여 구현한 프로그램이다. 결과의 순서를 보면 먼저 들어간 원소가 먼저 꺼내져서 출력됨을 확인할 수 있다.

① Queue robotQueue를 생성하고 있으며 readF에서 ⑤ Queue q로 저장된 객체를 반환 받게 된다. 큐 robotQueue에 원소를 저장할 때는 ④ q.Enqueue(d)를 사용한다.

② while(robotQueue.Count>0) 문을 통해 robotQueue의 원소가 없을 때까지 반복문을 수행한다. ③ robotQueue.Dequeue()를 사용하여 큐의 앞에서부터 객체를 꺼내고 제거한 후, 화면에 출력하고 volume 값을 더해간다. 이 volume 값을 꺼내진 객체의 수인 noObj로 나누면

volume의 평균값이 나오고 이를 출력하게 된다.

Listing 2.29 ≫ DiskQueue.cs

```
class DiskQueue{
  static void Main(string[] args)
  {
     double sumVol = 0, noObj = 0;
     Queue robotQueue = readF.readData1("input.data"); // ① Queue
     Console.WriteLine("로봇이름    번호   width  height depth  volume  기능");
     Console.WriteLine("-----------------------------------------
                                          ------------------");
     while((robotQueue.Count > 0))
     { // ② while
        Disk4 temp=(Disk4)robotQueue.Dequeue(); //③ robotQueue.Dequeue()
        Console.WriteLine(temp.readVar());
        sumVol = sumVol + (double)temp.vol();
        noObj++ ;
     }
     Console.WriteLine("-----------------------------------------
                                          ------------------");
     Console.Write("volume 평균"+"\t\t\t\t\t");
     Console.Write(sumVol/noObj+"     ");
     Console.WriteLine("\n");
  }
}
class readF
{
  public static Queue readData1(String name)
  {
     Queue q = new Queue();
     FileStream fs2 =
    new FileStream(name,FileMode.OpenOrCreate,  FileAccess.Read);
     StreamReader r= new StreamReader(fs2,System.Text.Encoding.Default);
     r.BaseStream.Seek(0, SeekOrigin.Begin);
     string space =" ";
     string[] input = new string[6];
      while (r.Peek() > -1) {
         space = r.ReadLine();
         input = space.Split(' ');
         string robotName = input[0];
         int number = int.Parse(input[1]);
         int width = int.Parse(input[2]);
         int height = int.Parse(input[3]);
```

```
            int depth = int.Parse(input[4]);
            string sf = input[5];
            Disk4 d = new Disk4(robotName, number, width, height, depth,sf);
            q.Enqueue(d); //④
        }
        r.Close();
        return q;    //⑤
    }
}//end of readF
```

결과값

로봇이름	번호	width	height	depth	volume	특수기능
Dummy	1	5	6	7	210	
Intel.	2	4	5	6	120	통신기능
Smart	3	3	4	5	60	통신기능
Super	4	3	4	5	60	통신 및 복제기능
volume 평균					112.5	

해쉬테이블(Hashtable) 클래스

해쉬테이블(Hashtable) 클래스는 키와 값의 쌍으로 이루어진 자료구조이다. 어떤 값을 저장할 때, 그 값에 대한 키(key)를 같이 저장하며 저장 후 특정 값을 찾기 위해서는 주어진 키를 이용하여 찾게 된다.

Hashtable은 다음과 같이 생성할 수 있다.

- **Hashtable()** : 해쉬테이블을 디폴트 크기로 생성
- **Hashtable(int capacity)** : 해쉬테이블을 주어진 크기에 맞게 생성

Hashtable 클래스에서 정의하고 있는 주요 메소드에 대해 살펴보면 다음 표 2.12와 같다.

다음 프로그램 DiskHashtable.cs는 hashTable의 사용 예를 보여주고 있다. ① readData1("input.data")에 의해서 ④ readData1이 호출되면 ⑤ while 문에 의해 input.data 파일이 한 줄씩 읽히게 된다. 한 줄의 입력이 끝나면 이를 매개변수로 Disk4.cs에서 정의한 ⑥ Disk4 객체인 d를 생성하고 ⑦ Add(robotName, d)를 이용하여 해쉬테이블 h에 추가한다. 따라서 4줄의 입력에 따라 4개의 Disk4 객체가 생성되어

표 2.12 ➡ 해쉬테이블 클래스의 주요메소드

반환형	형 식	예
void	clear()	h.clear() :해쉬테이블 h의 key 값이 없도록 지운다.
bool	containsKey (Object key)	h.containsKey ("Dummy") : 해쉬테이블 h의 key가 "Dummy" key를 포함하는 지를 알려준다.
bool	containsValue (Object key)	h.containsValue ("robot") : 해쉬테이블 h의 value가 "robot" value를 포함하는지를 알려준다.
Object	해쉬객체명.Keys	h.keys : 해쉬테이블 h의 key값을 얻음
Object	해쉬객체명 [Object key]	h["Dummy"] : h에서 주어진 key에 해당하는 값을 얻음
Object	Add(Object key, Object value)	h.Add(robotName, d) : 해쉬테이블 h에 robotName key를 이용하여 d 값을 저장
void	remove (Object key)	h.remove(robotName) : robotName key에 해당하는 원소 제거
int	Count	h.Count : 해쉬테이블 h의 key개수를 반환

해쉬테이블 h에 저장이 완료되면 ①번의 robotHash 해쉬테이블로 반환된다. ② foreach( ) 문을 이용하여 robotHashtable의 원소를 하나씩 꺼내어 Disk4 객체인 temp를 생성한다. ③ readVar()로부터 Disk4.cs의 ② readVar( )를 호출하여 출력문을 생성 후 반환 받는다. 이때 temp.vol()을 이용하여 volume을 계산한 후 sumVol에 더해 noObj로 나누면 로봇의 평균 volume 값이 계산된다.

해쉬테이블은 입력된 순서와 관계없이 저장이 되기 때문에 실행 시 아래의 결과 값과 다르게 출력될 수 있다. 따라서 키에 따라 자료를 처리하기 원할 때 유용하게 사용된다.

Listing 2.30 ≫ DiskHashtable.cs

```
using System;
using System.IO;
using System.Collections;
class DiskHashtable
{
  [STAThread]
  static void Main(string[] args)
  {
     double sumVol = 0, noObj = 0;
     Hashtable robotHash = readF.readData1("input.data"); //①
     Console.WriteLine("로봇이름      번호      width     height  depth     volume      기능");
     Console.WriteLine("--------------------------------------------
```

```
                                                        --------------------");
      foreach(string key in robotHash.Keys)    //②
      {
         Disk4 temp = (Disk4)robotHash[key];
         Console.WriteLine(temp.readVar());  //③
         sumVol = sumVol + (double)temp.vol();
         noObj++ ;
      }
      Console.WriteLine("------------------------------------------
                                                        --------------------");
      Console.Write("volume 평균"+"\t\t\t\t\t");
      Console.Write(sumVol/noObj+"      ");
      Console.WriteLine("\n");
   }
}
class readF
{
   public static Hashtable readData1(String name)
   { // ④ readData1
      Hashtable h = new Hashtable();
      FileStream fs2 =
          new FileStream(name,FileMode.OpenOrCreate,  FileAccess.Read);
      StreamReader r =
          new StreamReader(fs2,System.Text.Encoding.Default);
      r.BaseStream.Seek(0, SeekOrigin.Begin);
      string space ="";
      string[] input = new string[6];
      while (r.Peek() > -1)      //⑤
      {
         space = r.ReadLine();
         input = space.Split(' ');
         string robotName = input[0];
         int number = int.Parse(input[1]);
         int width = int.Parse(input[2]);
         int height = int.Parse(input[3]);
         int depth = int.Parse(input[4]);
         string sf = input[5];
         Disk4 d = new Disk4(robotName, number, width, height, depth,sf);//⑥
         h.Add(robotName ,d); //⑦
      }
      r.Close();
      return h;
   }
}//end of readF
```

결과값

로봇이름	번호	width	height	depth	volume	특수기능
Dummy	1	5	6	7	210	
Smart	2	4	5	6	120	통신기능
Super	3	3	4	5	60	통신 및 복제기능
Intel.	4	3	4	5	60	통신기능
volume 평균					112.5	

2.13 이벤트

이벤트(event)란 사용자에 의해서 글자가 입력되거나 버튼을 클릭하거나 하는 것을 말한다. 혹은 윈도 애플리케이션에서 마우스 버튼 클릭이나 키보드 입력 등을 이벤트라고 한다. 일반적인 GUI는 버튼, 스크롤바, 텍스트 필드, 리스트, 선택 박스. 메뉴 등의 컴포넌트를 이용하여 사용자와 상호작용을 할 수 있게 한다. 즉 이벤트는 컴포넌트의 실제 기능을 부여해 주는 부분이다.

2.13.1 MainMenu 컨트롤

MainMenu 컨트롤은 윈도 애플리케이션 제작에 있어서 필수적으로 사용되는 컨트롤이다. 폼에 컨트롤을 추가하면 메뉴의 구조를 쉽게 구성할 수 있다. DefaultItem 속성을 true로 설정하면 메뉴 항목을 기본 모양으로 지정할 수 있으며 메뉴바에서 굵은 글꼴로 나타난다. 메뉴 항목의 RadioCheck 속성은 Checked 속성이 true로 설정되어 있을 경우에 Checked 형식을 라디오 버튼 형식으로 보여줄 수 있다. 다음 예제는 MainMenu에 File과 Help 메뉴가 있으며 File 메뉴를 선택하면 메뉴 항목이 Start, Stop, Setting, Exit가 있고 Help 메뉴엔 About 항목이 있는 메뉴이다. 이 절에서는 다음 예제에 있는 메뉴를 만들고 이벤트를 설정해주는 것까지 해보도록 하겠다.

2.13.2 VS.NET에서 메뉴 만들기

① [도구상자]에서 MainMenu 컨트롤을 선택하고 폼에 클릭을 해준다.

② 그림 2.12와 같이 MainMenu를 구성한다.

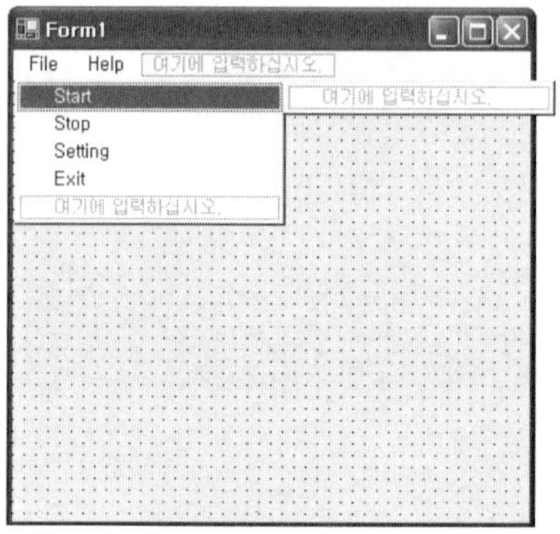

그림 2.12 ➡ MainMenu가 추가된 화면

③ 이제 각 메뉴가 동작할 수 있도록 각 메뉴를 선택하고 속성 창을 이용하여 이벤트를 부여한다.

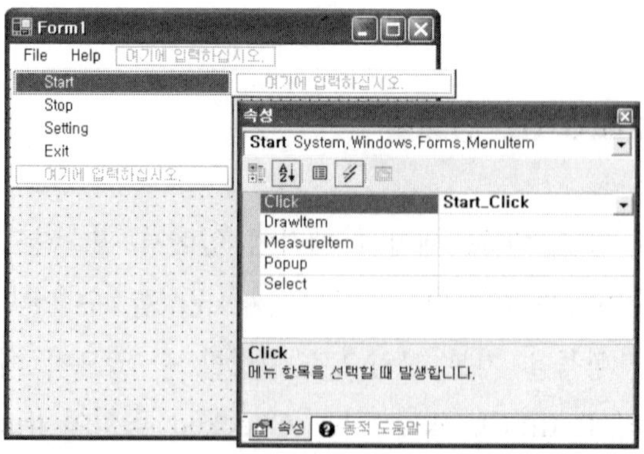

그림 2.13 ➡ 각 메뉴에 이벤트 부여

④ 이와 같은 방법으로 나머지 메뉴에 대해서도 이벤트를 등록하면 Intialize() 함수에 다음과 같은 코드가 생성된다.

```
this.Start.Click += new System.EventHandler(this.Start_Click);
this.Stop.Click += new System.EventHandler(this.Stop_Click);
this.Setting.Click += new System.EventHandler(this.Setting_Click);
this.Exit.Click += new System.EventHandler(this.Exit_Click);
this.About.Click += new System.EventHandler(this.About_Click);
```

⑤ 이렇게 설계된 메뉴는 그림 2.14와 같은 형태로 폼에 추가되며 VS.Net에 의해 자동으로 이벤트 메소드가 생성된다. 아래 코드와 같이 Exit를 클릭하면 Exit에 대한 코드를 할 수 있는 공간이 만들어지고 다음과 같이 this.Dispose();를 첨가한다.

```
private void exit(object sender, System.EventArgs e)
{                              //종료 메뉴를 클릭시 호출되는 메소드
   this.Dispose();                    //폼을 종료
}
```

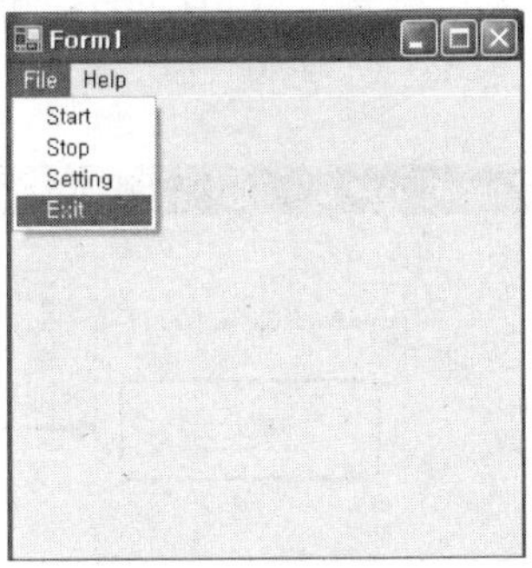

그림 2.14 ➡ 완성된 메뉴

2.13.3 폼 만들기

위에서 만든 메뉴의 Help에서 About을 선택 시 새로운 폼에 이 프로그램의 정보를 알려주는 작업을 수행하려 한다. 새로운 폼에서는 라벨을 이용하여 프로그램의 정보를 나타내고 확인 버튼을 통해 프레임을 닫으려 한다. 따라서 다음과 같이 폼을 만들어 위에서 작성한 프로그램의 메뉴를 사용하여 이 폼을 보여주면 된다.

① 파일(F) → 새 항목추가(w)을 선택한다.

② 새 항목 추가 상자에서 그림 2.15와 같이 Windows Form을 선택한다.

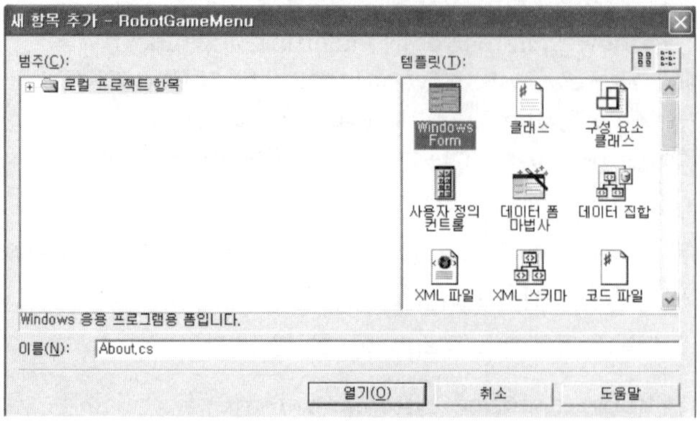

그림 2.15 ➡ 새 항목 추가 화면

③ 생성된 About.cs폼에 그림 2.16과 같이 라벨과 버튼을 구성한다.

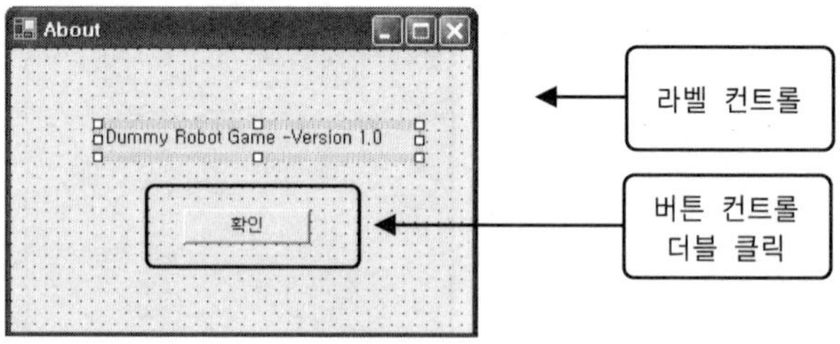

그림 2.16 ➡ Button과 label 구성화면

④ 확인 버튼을 클릭하고 속성창을 이용하여 이벤트 메소드를 생성한 후 "this.Hide();"라는 코드를 다음 메소드에 코드를 삽입하면 된다. 실행 시 확인버튼을 클릭하면 폼이 닫히게 된다.

Listing 2.31 ≫ GameSettingAbout.cs의 일부분

```
private void Confirm_click(object sender, System.EventArgs e)
{
    this.Hide();
}
```

⑤ 다시 앞의 RobotGameMenu.cs에서 만든 Help메뉴에서 About를 그림 2.17과 같이 클릭한 후, About 이벤트 메소드에 다음 굵은 글씨의 코드를 삽입한다. Show() 메소드는 폼을 윈도우에 보여주는 역할을 한다.

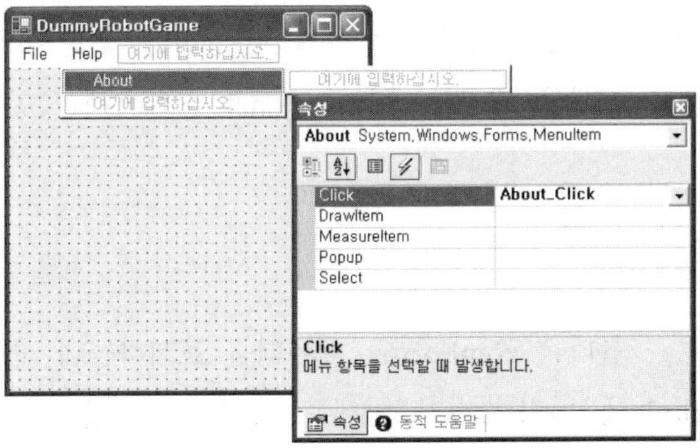

그림 2.17 ➡ About 메뉴의 이벤트 부여

Listing 2.32 ≫ RobotGameMenu.cs의 일부분 수정

```
private void About_Click(object sender, System.EventArgs e)
{
    About about = new About();
    about.Show();
}
```

결과값

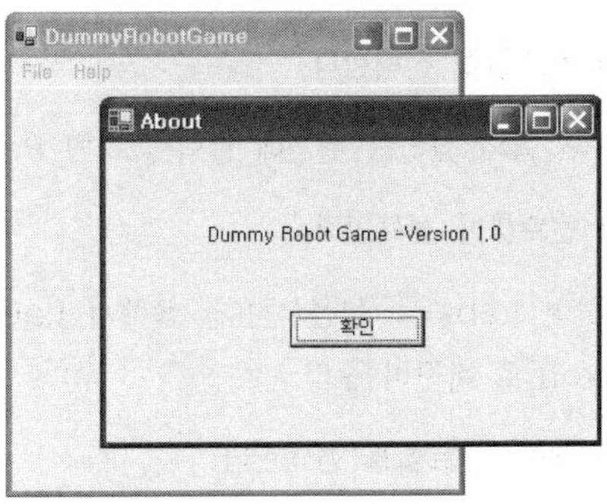

2.13.4 Panel, ComboBox, TextBox 컴포넌트 이용하기

Panel 컨트롤

Panel은 컴포넌트들을 그룹별로 모을 때 주로 사용하는 컨테이너 컨트롤이다. 보통 Winsforms 프로그램을 설계할 때 컨트롤들을 Panel 클래스에 그룹별로 배치하면 그룹별 관리가 용이하다.

ComboBox 컨트롤

ComboBox 컨트롤은 드롭다운 comboBox 데이터를 표시하는데 사용된다. 콤보박스 컨트롤은 DropDownStyle에 따라 3가지 형태로 표시될 수 있다. Simple, DropDown, DropDownList로 구분되며 쓰임 용도에 따라 각각 사용될 수 있다.

TextBox 컨트롤

TextBox는 상용자의 입력을 받거나 텍스트를 표시하는데 사용된다. TextBox 컨트롤은 읽기전용으로 만들 수도 있지만 일반적으로 편집할 수 있는 텍스트에 사용한다. 텍스트 상자는 여러 줄의 텍스트를 표시하고 컨트롤 크기에 맞춰 텍스트의 줄을 바꿀 수 있을 뿐 아니라 텍스트 상자에 인용 부호와 암호 입력을 위한 자료 표시자 문자 등의 기본 서식을 추가로 지정할 수 있다.

다음 예는 위의 컨트롤을 사용하는 간단한 프로그램이다.

① [도구상자]에서 Panel 컨트롤을 선택한다.

② Panel 컨트롤을 선택 후 폼의 원하는 위치에 클릭을 하면 Panel 컴포넌트가 생성된다.

③ [도구상자]에서 Label 컨트롤을 선택한다.

④ Panel 안에 클릭을 하여 Label을 생성시킨다. 폼에서 Label을 선택 후 Label의 텍스트를 "Windows Size (pixel)"로 바꾸어 준다.

⑤ [도구상자]에서 ComboBox 컨트롤을 선택한다.

⑥ 그림 2.18과 같이 Label 컨트롤 밑에 ComboBox 컨트롤을 배치한다.

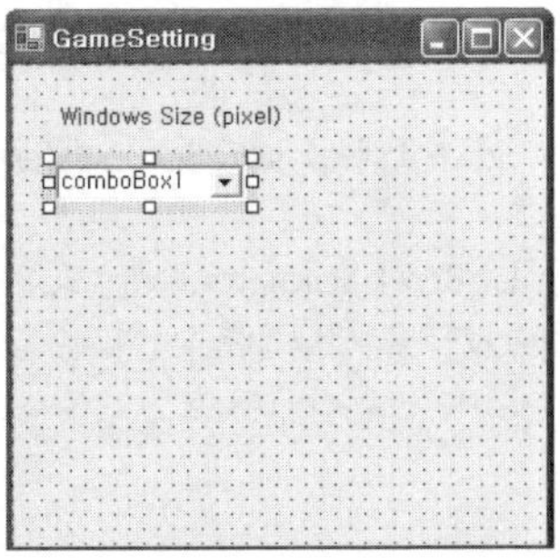

그림 2.18 ➡ Panel 클래스 안에 Choice 컴포넌트를 배치

⑦ ComboBox 생성 후에 속성 창에서 items를 클릭하여 그림 2.19와 같이 문자열 컬렉션 편집기에 항목들을 추가한다.

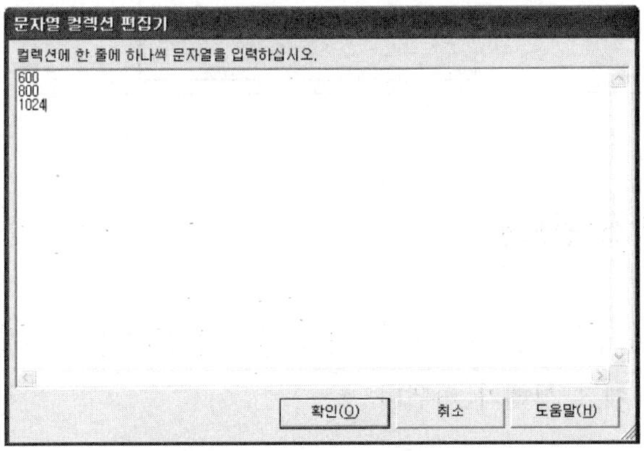

그림 2.19 ➡ 문자열 컬렉션 편집기화면

⑧ [도구상자]에서 텍스트박스를 선택하고 name에 "taDisplay"를 입력한다.

⑨ 그림 2.20과 같이 ComboBox 속성창에서 이벤트 메소드를 생성하고 다음의 코드를 삽입한다.

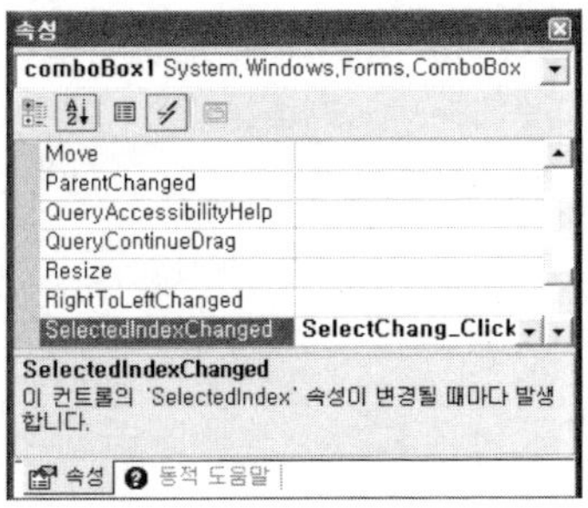

그림 2.20 ➡ ComboBox 이벤트 부여

Listing 2.33 ≫ GameSettingChoice.cs의 일부분

```
private void SelectChang_Click(object sender, System.EventArgs e)
{
    string display = this.comboBox1.SelectedItem.ToString();
    this.taDisplay.Text = display+"을 선택하셨습니다.";
}
```

결과값

2.13.5 체크박스 컨트롤

체크박스(CheckBox) 컨트롤은 사용자가 여러 종류의 옵션을 선택할 때 사용된다. 체크박스를 누를 때마다 체크 상태가 바뀐다.

① [도구상자]에서 CheckBox를 선택한다.

② 선택한 CheckBox를 Panel 안에 클릭을 하여 CheckBox 컨트롤을 생성한다. 사용자의 선택을 위한 옵션이므로 600, 800, 1000인 캡션을 가진 세 개의 Checkbox 컴포넌트를 생성시킨다.

③ 폼에서 CheckBox를 클릭 속성 창에서 그림 2.21과 같이 CheckBox의 Text를 600, 800, 1000으로 바꾼다.

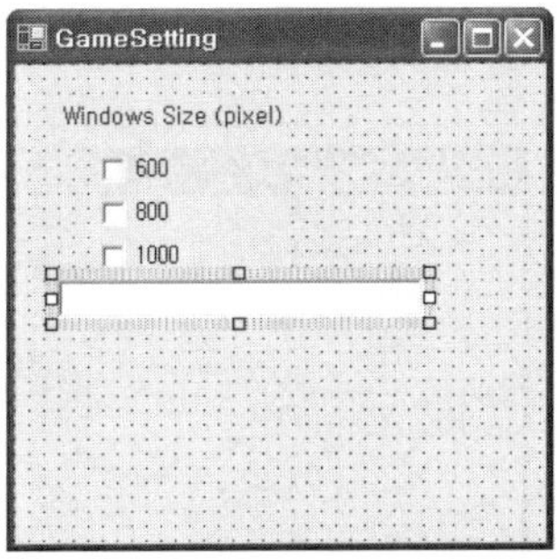

그림 2.21 ➡ 변경된 CheckBox Text화면

④ Checkbox에 이벤트 주기

다음 GameSettingCB.cs는 CheckBox가 선택되거나 해제될 때 TextBox에 메시지를 보내는 이벤트를 작성하는 코드 부분이다. CheckBox의 이벤트가 발생했을 때 체크가 되어 있는지를 알아보기 위해 ① CheckState( ) 메소드를 사용하였다.

Listing 2.34 ≫ GameSettingCB.cs의 일부분

```
private void check600_CheckedChanged(object sender, System.EventArgs e){
   if(this.checkBox1.CheckState.ToString().Equals("Checked")) //①
      this.taDisplay.Text="600을 선택하였습니다.";
   else
      this.taDisplay.Text="600을 해제하였습니다.";
}
private void Check800_CheckedChanged(object sender, System.EventArgs e){
   if(this.checkBox3.CheckState.ToString().Equals("Checked"))
      this.taDisplay.Text="800을 선택하였습니다.";
   else
      this.taDisplay.Text="800을 해제하였습니다.";
}
private void Check1000_CheckedChanged(object sender, System.EventArgs e)
{
   if(this.checkBox3.CheckState.ToString().Equals("Checked"))
      this.taDisplay.Text="1000을 선택하였습니다.";
   else
      this.taDisplay.Text="1000을 해제하였습니다.";
}
```

결과값

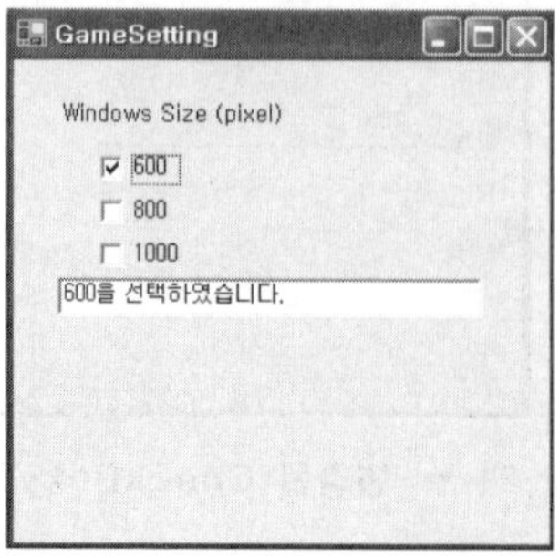

2.13.6 라디오 버튼 컨트롤

라디오 버튼(RadioButton) 컨트롤은 여러 개의 라디오 버튼 중에서 하나의 선택만 허용할 때 사용된다.

① [도구상자]에서 라디오 버튼 컨트롤을 선택한다.

② 다음 그림 2.22에서 각 라디오버튼을 더블클릭하여 코딩을 다음과 같이 한다.

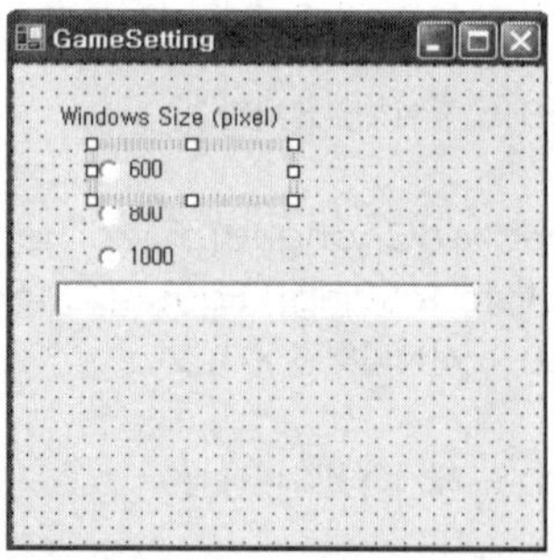

그림 2.22 ➡ 라디오 버튼 화면

Listing 2.35 ≫ GameSettingRB.cs의 일부분

```
private void Radio600_check(object sender, System.EventArgs e)
{
    if(this.radioButton1.Checked ==true)
        this.taDisplay.Text ="600을 선택하였습니다.";
```

```
}
private void Radio800_check(object sender, System.EventArgs e)
{
    if(this.radioButton2.Checked ==true)
        this.taDisplay.Text ="800을 선택하였습니다.";
}
private void Radio1000_check(object sender, System.EventArgs e)
{
    if(this.radioButton3.Checked ==true)
        this.taDisplay.Text ="1000을 선택하였습니다.";
}
```

결과값

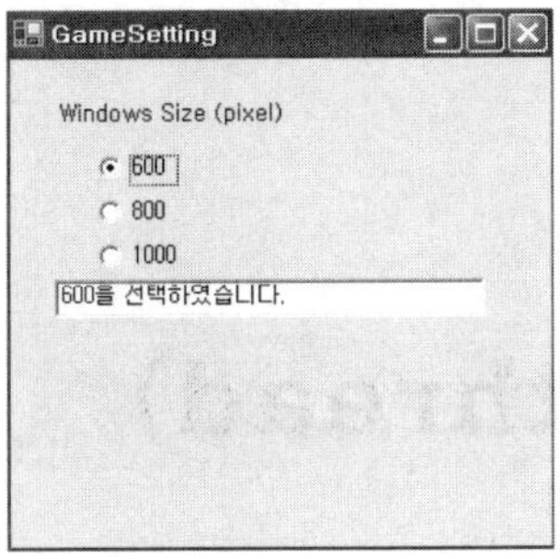

2.13.7 리스트 컨트롤

리스트(List) 컨트롤은 리스트 박스에 있는 여러 개의 항목 중 사용자가 하나의 항목을 선택할 수 있도록 지원해 주며, 항목이 많아 리스트 창에 전부 나타낼 수 없을 때는 자동으로 스크롤바를 생성시켜주는 컴포넌트이다. Checkbox와 다른 점은 리스트 박스에 있는 항목을 더블클릭을 하여 이벤트를 발생시키는 점과, 코드에서는 ① SelectedItem.ToString( ) 메소드를 사용하여 사용자가 선택한 항목을 가져올 수 있다는 점이다.

Listing 2.36 ≫ GameSettingLB.cs의 일부분

```
private void SelectList(object sender, System.EventArgs e)
{
    string str = this.listBox1.SelectedItem.ToString()+"을 선택하셨습니다.";
    //①SelectedItem.ToString();
    this.taDisplay.Text = str;
}
```

결과값

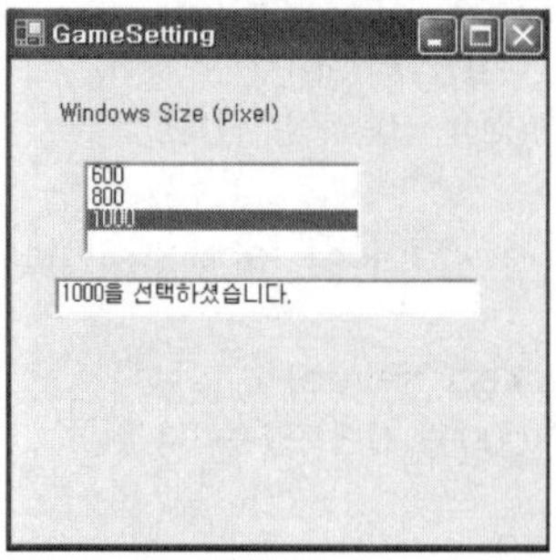

2.14 스레드(thread)

2.14.1 스레드의 개념

대부분의 컴퓨터는 하나의 프로세서(CPU)를 가지고 있으나 멀티태스킹이나 스위칭 기법을 사용하여 하나의 프로세서를 가진 컴퓨터가 동시에 여러 개의 프로그램을 동시에 실행할 수 있도록 지원하고 있다. 멀티태스킹은 프로그램들의 일부분인 프로세스들을 번갈아 가면서 실행시킨다. 프로세스가 프로세서를 점유하는 시간이 매우 짧기 때문에 사용자는 여러 개의 프로그램이 동시에 실행되는 것처럼 느끼게 되는 것이다.

스레드(thread)는 C#에서 제공되는 기법으로 여러 개의 프로세스를 처리하는 멀티태스킹과 달리, 하나의 프로세스(혹은 프로그램)가 여러 개의 작업단위로 나뉘어 각 각 독립적으로 동시에 수행되도록 하는 제어이다. 예를 들어 이미지를 다운받아 화면에 출력하고자 할 때 다운받는 시간이 길어지면 사용자가 지루하게 느낄 것이다. 이 때 다운받는 중간에 지금까지 다운받은 것을 화면에 출력하게 되면 지루함이 덜어지게 된다. 이와 같이 이미지를 다운받는 한 가지 작업을 다운과 출력이라는 두 가지 작업으로 나누어 실행시킬 수 있으며 이 나누어진 작업들을 스레드라고 한다. 마이크로소프트의 윈도우는 이 스레드 기법을 사용하여 실행되는 운영체제이다.

2.14.2 스레드의 생성

C#에서 멀티 스레딩을 쓰는 방법은 미리 정의된 스레드 클래스들을 사용하면 된다. 결국 우리가 배워야 할 것들은 C#에서 멀티 스레드를 위한 클래스들은 어떠한 것들이 있고, 그것들의 사용법은 어떻게 되는지에 대한 것이다. 스레드를 위한 객체들은 System.Threading 네임스페이스 안에 정의되어 있다. 우리는 using 문으로 사용할 네임스페이스를 지정해주고 스레드 객체들을 사용하면 된다.

다음 RobotGame1.cs는 Dummy, Smart, Intel, Super라는 4종류의 로봇을 생성하여 각각 3번씩 텍스트 창에 출력하는 프로그램이다. 각 로봇은 동시에 스레드를 이용하여 이 일을 시도하게 된다. 우선 각 로봇은 ① 스레드 객체를 생성하게 되며 ② start( ) 메소드에 의해 스레드 객체를 생성할 때 연결된 ⑤ run( ) 메소드를 호출하여 스레드를 시작하게 된다. ③ AppendText 메소드를 사용하여 "지금부터 스레드가 시작됩니다." 출력을 하게 된다. 여기서 눈 여겨 볼 점은 4종류의 로봇 모두 ⑤ run( ) 메소드를 시작할 때까지 기다린다는 점이다. 결과값의 순서를 보면 Dummy(1) Smart(1) Intel(1) Super(1) ... 의 순으로 출력을 하게 되는데 이는 4개의 스레드 객체가 동시에 번갈아가며 수행됨을 보여주는 것이다.

Listing 2.37 ≫ RobotGame1.cs

```
private void Thread_Start(object sender, System.EventArgs e)
{
   Robot robot1 = new Robot("Dummy",this);
   Robot robot2 = new Robot("Smart",this);
   Robot robot3 = new Robot("Intel",this);
   Robot robot4 = new Robot("Super",this);
   Thread Dummy = new Thread(new ThreadStart(robot1.run));  //①
   Thread Smart = new Thread(new ThreadStart(robot2.run));
   Thread Intel = new Thread(new ThreadStart(robot3.run));
   Thread Super = new Thread(new ThreadStart(robot4.run));

   Dummy.Start(); Smart.Start() ; Intel.Start(); Super.Start(); //②각 쓰레드 시작
```

```
        TextArea.AppendText("지금부터 쓰레드가 시작됩니다.\n");  //③
    }
    class Robot
    {
        private string robotName;
        public int count;
        RobotGame1 robotGame;
        public Robot(string name,RobotGame1  robotGame) {
            this.robotName = name;
            this.robotGame = robotGame;
            count=0;
        }
        public void run(){   //⑤
            for(int i=0;i<3;i++){
                count++;
                robotGame.TextArea.AppendText(robotName+"("+count+")\n");
                Thread.Sleep(1000);
            }
        }
    }
```

결과값

```
(메뉴 중 File→robotThread 클릭으로 실행)
    지금부터 스레드가 시작됩니다.
    Dummy(1)
    Smart(1)
    Intel(1)
    Super(1)
    Dummy(2)
    Smart(2)
    Intel(2)
    Super(2)
    Dummy(3)
    Smart(3)
    Intel(3)
    Super(3)
```

2.14.3 스레드의 동기화

스레드를 사용할 때 유의하여야 할 사항은 여러 개의 스레드가 하나의 공유메모리 (shared memory)에 들어가 그 값을 변경할 경우이다. 이 공유메모리 값을 두 개 이상의 스레드가 동시에 접근하여 변경을 시도한다면 그 결과 값에 오류가 생기는 경우가 있다.

모으미 로봇의 예를 들면 다음과 같다. 우선 원판을 쌓을 수 있는 최대 개수가 3 개라고 가정한다. 따라서 한 곳에 쌓을 수 있는 원판의 개수는 0에서 3이 된다. 지금 원판을 들고 있는 로봇 3대가 원판이 2개 쌓인 곳에 동시에 놓으려 하고 있다. 원판을 들고 있는 로봇은 현재 쌓인 원판의 개수가 2개이므로 원판을 내려놓을 수 있다고 판단하여 원판을 내려놓을 것이다. 각 로봇은 원판을 내려놓을 때 원판의 개수를 1 증가시켜 원판의 쌓인 개수를 3으로 만들 것이다. 그러나 결과적으로 3대의 로봇이 동시에 원판을 놓게 되어 원판의 개수는 5가 되고 이는 원판을 쌓을 수 있는 최대의 개수를 초과하게 된다. 이러한 오류를 방지하기 위한 방법은 다음과 같다.

다음 그림 2.23에서 원판을 쌓인 수 있는 동그라미 안에는 단 한 대의 로봇만 들어가도록 허용되어 있으며 원판을 쌓을 수 있는 최대 개수는 3개까지이다. 따라서 원판을 들고 있는 로봇이 이곳에 들어가기 위해서는 쌓인 원판의 수가 0, 1, 혹은 2개 이어야만 한다. 일단 로봇이 들어가게 되면 그림의 왼쪽처럼 원판을 올려놓게 된다. 다음에는 그림 오른쪽처럼 동그라미를 나올 때 현재 wait하고 있는 로봇들에게 알리게 된다. 현재 쌓인 원판은 3개로 늘어났기 때문에, 원판을 들고 있는 로봇은 들어갈 기회가 없다. 원판을 들고 있지 않은 로봇은 동그라미 안에 쌓인 원판의 수가 1, 2, 혹은 3일 경우에만 들어갈 기회가 주어진다. 따라서 현재 원판을 들지 않고 wait 하는 로봇들 중 하나만 동그라미에 들어갈 수 있다.

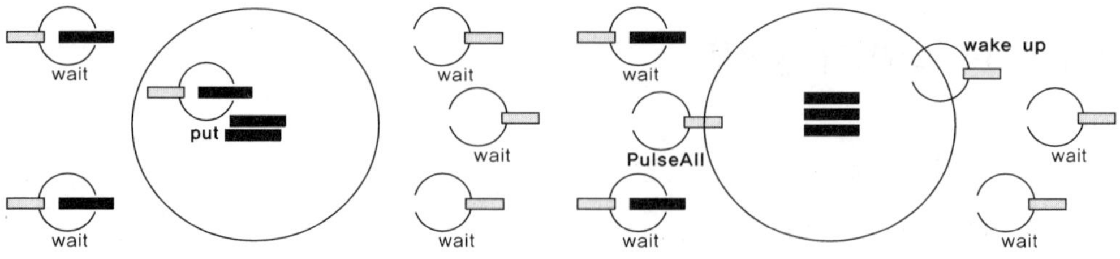

그림 2.23 ➡ 원판놓기 동시 접근 방지 예와 PulseAll()

반대로 지금 원판을 들고 있지 않은 로봇 3대가 원판이 1개 쌓인 곳에서 동시에 들려 하고 있다. 원판을 들고 있지 않은 로봇은 현재 쌓인 원판의 개수가 1개이므로 원판을 들 수 있다고 판단하여 원판을 들려고 할 것이다. 각 로봇은 원판을 들을 때 원판의 개수를 1 감소시켜 원판의 쌓인 개수를 0으로 만들 것이다. 그러나 결과적으로 3 로봇이 동시에 들게 되어 원판의 개수는 −2가 되고 이는 있을 수 없는 경우가 된다.

다음 그림 2.24에서 원판을 들지 않은 로봇이 이곳에 들어가기 위해서는 원판의 수가 1, 2, 혹은 3개이어야만 한다. 일단 로봇이 들어가게 되면 그림의 왼쪽처럼 원판을 들게 된다. 다음에는 그림 오른쪽처럼 동그라미를 나올 때 현재 wait하고 있는 로봇들에게 알리게 된다. 현재 쌓인 원판은 없기 때문에, 원판을 들지 않은 로봇은 들어갈 기회가 없다. 따라서 현재 원판을 들고 wait하고 있는 로봇들 중 하나만 동그라미에 들어갈 수 있다.

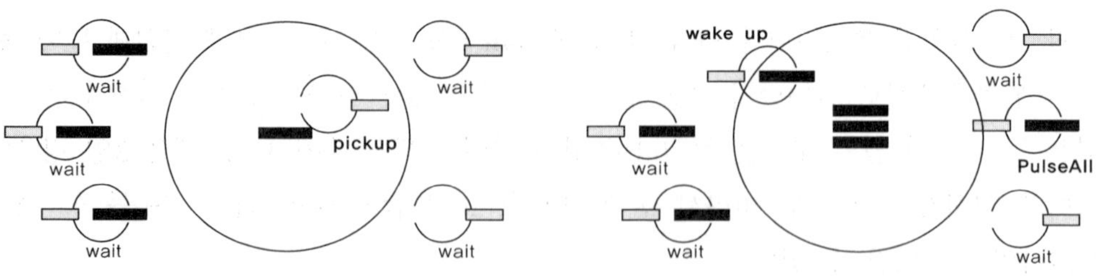

그림 2.24 ➡ 원판들기 동시 접근 방지 예와 PulseAll()

다음 프로그램 RobotGame4.cs는 위에서 설명한 원판놓기와 원판들기를 스레드와 wait(), PulseAll(this) 등을 이용하여 구현한 것이다. 우선 ⑦ noDisks 클래스를 ① sharedData 이름의 객체를 생성하게 된다. 바로 이 ⑦ noDisks 클래스가 그림 2.23과

2.24의 동그라미 역할을 하는 공유메모리이다. 여기서 쌓인 원판의 수는 curNoDisks에 저장된다. 이 클래스는 ⑧ void putDisk와 ⑪ void pickupDisk 메소드를 갖게 되는데 각 각 동그라미 안에 들어갈 수 있는 조건을 가지고 있으며 원판놓기와 원판들기를 실행시킨다. 여기에 사용된 Monitor 클래스는 여러 개의 스레드가 이 메소드를 동시에 사용하려 할 때 그 중 하나만 사용할 수 있도록 해 준다.

putDisk 메소드는 그림 2.23의 원판놓기를 구현한 것으로 현재 쌓인 원판의 수 curNoDisks가 3을 초과하게 되면 이 메소드의 사용을 ⑩ wait()를 사용하여 중지시킨다. 그렇지 않은 경우 원판놓기를 하나의 로봇에게만 허용하여 curNoDisks를 1 증가시킨다. 그리고 현재 wait()에 의해 기다리고 있는 스레드를 ⑬ PulseAll(this)을 사용하여 깨우게 된다.

pickupDisk 메소드는 그림 2.24의 원판들기를 구현한 것으로 현재 쌓인 원판의 수 curNoDisks가 0보다 적게 되면 이 메소드의 사용을 ⑫ wait()를 사용하여 중지시킨다. 그렇지 않은 경우 원판놓기를 하나의 로봇에게만 허용하여 curNoDisks를 1 감소시킨다. 그리고 현재 wait()에 의해 기다리고 있는 스레드를 ⑬ PulseAll()을 사용하여 깨우게 된다.

① sharedData 객체를 매개변수로 원판 놓기 로봇인 ② DummyPut과 IntelPut, 원판들기 로봇인 SmartPick, SuperPick 로봇이 각 각 스레드로 생성이 된다. ③ start()에 의해 스레드가 실행되게 되는데 원판 놓기 로봇들은 ⑤ pickupDisk 메소드를 3 번씩 호출하며, 원판 들기 로봇들은 ⑥ putDisk 메소드를 3번씩 호출하게 된다.

다음의 결과 값을 보면 현재 디스크수가 0에서 3사이의 값을 갖게 되는 것을 확인할 수 있다. 이와 같이 공유메모리를 스레드들이 동시에 접근하는 것을 방지하고 순차적으로 접근하게 하는 것을 동기화라고 한다.

Listing 2.38 ≫ RobotGame2.cs의 일부분(메뉴 중 File→robotThread 클릭으로 실행)

```
private void Thread_Start(object sender, System.EventArgs e)
{
    RobotPut robotPut1 = new RobotPut("DummyPut",shareData); //①
```

```
        RobotPick robotPick1 = new RobotPick("SmartPick",shareData);//②
        RobotPut robotPut2 = new RobotPut("IntelPut",shareData);//③
        RobotPick robotPick2 = new RobotPick("SuperPick",shareData);//④
        Thread DummyPut = new Thread(new ThreadStart(robotPut1.run));
        Thread SmartPick = new Thread(new ThreadStart(robotPick1.run));
        Thread IntelPut = new Thread(new ThreadStart(robotPut2.run));
        Thread SuperPick = new Thread(new ThreadStart(robotPick2.run));
        DummyPut.Start();
        SmartPick.Start();
        IntelPut.Start();
        SuperPick.Start();
        TextArea.AppendText("지금부터 쓰레드가 시작됩니다.\n");
    }
    class RobotPick
    {
        private noDisks pickData;
        private string robotName;
        private int sleepTime;
        private int count;
        public RobotPick(string rName, noDisks sData)
        {
            robotName =  rName;
            pickData = sData;
            sleepTime = 1000;
        }
        public void run()
        {
            for (int i = 0; i<3; i++)
            {
                pickData.pickupDisk(robotName,count);   //⑤
                Thread.Sleep(sleepTime);
                count++;
            }
        }
    }
    class RobotPut
    {
        private noDisks putData;
        private String robotName;
        private int sleepTime;
        private int count;
        public RobotPut(string rName, noDisks sData)
        {
            robotName =  rName;
```

```
        putData = sData;
        sleepTime = 500;
    }
    public void run()
    {
        for (int i = 0; i<3; i++)
        {
            putData.putDisk(robotName,count);    //⑥
            Thread.Sleep(sleepTime);
            count++;
        }
    }
}
class noDisks
{  //⑦
    private int localCountPut=0, localCountPick=0;
    private int sleepTime=500;
    public int curNoDisks=0;
    string message;
    RobotGame2 robotGame;
    public noDisks(RobotGame2 robotGame)
    {
        this.robotGame = robotGame;
    }
    public void putDisk(string robotName,int count){ //⑧
        Monitor.Enter(this);                    //객체를 잠금
        while(curNoDisks >= 3)
        {
       robotGame.TextArea.AppendText("disk Full!! \n");
       Monitor.Wait(this); //⑨다른 쓰레드가 객체를 사용할수있도록 잠금 해제
        }
        localCountPut++;
        curNoDisks++;
        RobotGame2.globalPutY = 50 +localCountPut*20;
        Thread.Sleep(sleepTime);                //1초간 대기
        message =robotName
            +"("+count+") 원판을 놓았음, 현재 디스크수:"+curNoDisks+"개\n";
        robotGame.TextArea.AppendText(message);
        Monitor.PulseAll(this);         // ⑩대기하고 있던 쓰레드를 모두 깨움
        Monitor.Exit(this);             //잠금을 해제
    }
    public void pickupDisk(string robotName,int count)    //⑪
    {
        Monitor.Enter(this);            //객체를 잠금
```

```
        while(curNoDisks <= 0)
        {
            robotGame.TextArea.AppendText("disk Empty!! \n");
            Monitor.Wait(this);         //⑫다른 쓰레드가 객체를 사용할수있도록 잠금 해제
        }
        localCountPick++;
        curNoDisks--;
        RobotGame2.globalPickY = 50 + localCountPick*20;
        Thread.Sleep(sleepTime);                  //1초간 대기
        message =robotName+
        "(" + count+") 원판을 들었음, 현재 디스크수:"+curNoDisks+"개\n";
        robotGame.TextArea.AppendText(message);
        Monitor.PulseAll(this);         //⑬대기하고 있던 쓰레드를 모두 깨움
        Monitor.Exit(this);             //잠금을 해제
    }
}
```

결과값

(메뉴 중 File→robotThread 클릭으로 실행)

2.15 예외 처리(Exception)

프로그램의 오류수정을 쉽게 하기 위해서는 프로그램의 논리적인 실행에서 발생하는 오류(error)와 컴퓨터 시스템의 동작 도중 예기치 않았던 이상상태인 예외(exception)를 분리하여 처리해야 한다. 예외처리는 프로그램을 종료하지 않고서도 복구가 가능하여 복구 후 프로그램의 실행을 가능하게 한다. C# 프로그램은 인터넷 등의 네트워크와 연계하여 수행이 가능하므로 이러한 환경에 의한 예외상황이 항상 발생할 수 있다. 따라서 예외상황에 대한 부분을 고려하여 프로그램에 유의하여야 한다.

2.15.1 예외의 분류

모든 C# 예외상황 처리 클래스들은 CLR(Common Language Runtime)의 일부분인 Exception이라는 클래스에서 파생된다. 이 예외상황 처리에 대한 클래스 계층 구조는 다음 그림 2.25와 같다.

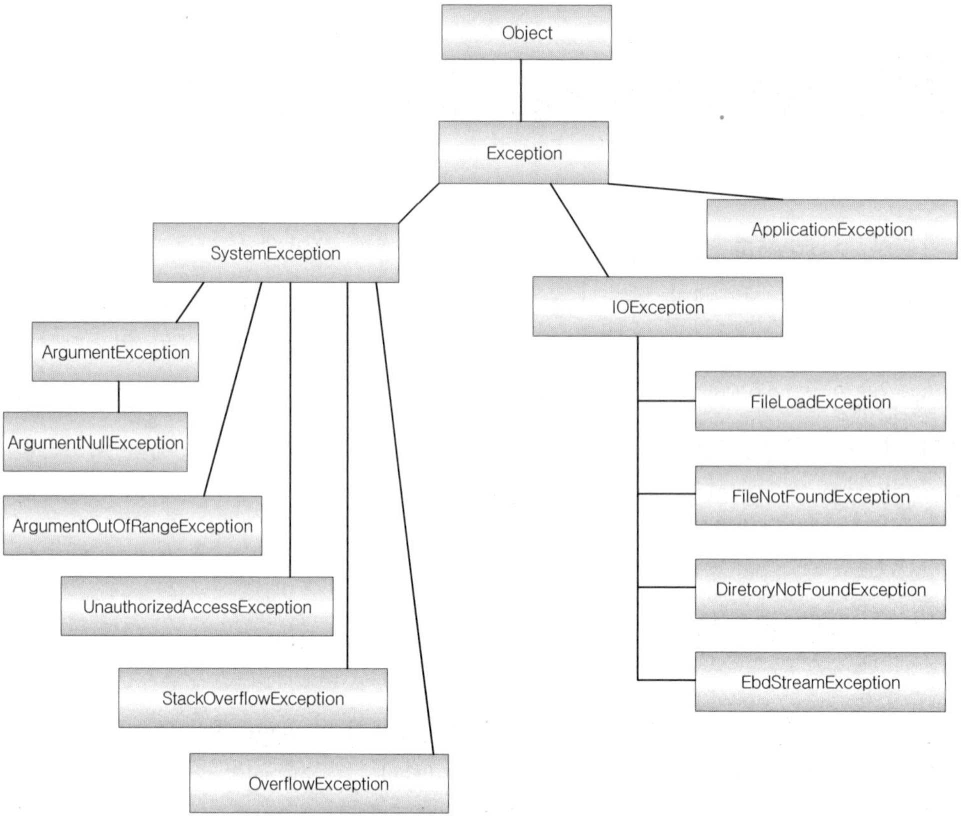

그림 2.25 ➡ C#에서의 예외 클래스 계층도

다음은 예외 발생의 한 예로써 ① 0으로 나누는 경우의 프로그램이며 컴파일은 문제가 없으나 실행 시 System.DivideByZeroException이 발생하여 결과 값과 같은 메시지를 출력하면서 프로그램이 중단된다.

Listing 2.39 ≫ ExceptionTest.cs

```
public class ExceptionTest0
{
    public ExceptionTest0(){}
    static void Main(string[] args)
    {
      int x=10, y=0, z;
      z = x / y; // ① 0으로 나누는 경우
      } // End of Main()
    } // End of Class ExceptionTest
```

결과값

```
처리되지 않은 예외: System.DivideByZeroException: 0으로 나누려 했습니다.
        at ExceptionTest0.Main(string[] args)in.... Line 7
```

2.15.2 예외처리 기본 구문 - try/catch/finally 문

위의 예제와 달리 예외가 발생하면 프로그램을 종료하지 않고 이에 따른 처리를 할 수 있다. 예외처리를 위한 기본적인 구문인 try/catch/finally 구문이 있다. 예외가 발생할 여지가 있는 문장들을 try 블록 내에 위치시키고, 예외가 발생했을 경우 이를 처리하기 위한 문장들을 catch 블록 내에 위치시킨다. try, catch, finally 블록의 기본 구조는 다음과 같다

```
try {
    ...// 예외를 발생시킬 수 있는 문장
    }
catch(ExceptionType-1   exceptionName-1) {
    ...// 유형 ExceptionType-1 예외를 처리하는 문장
    }
...
catch(ExceptionType-n   exceptionName-n) {
    ...// 유형 ExceptionType-n 예외를 처리하는 문장
    }
finally {
    ...// 예외처리 마무리 문장으로써 항상 처리되는 문장
    }
```

- **try 블록** : try 블록 내에는 예외를 발생시킬 수 있는 문장들을 넣게 된다. 이러한 try 블록 내의 문장을 수행하다가 예외가 발생하면, catch 블록이나 finally 블록으로 그 수행을 넘겨 예외를 처리할 수 있도록 한다. 그러나 try 블록 내의 문장을 수행할 때 아무런 예외도 발생하지 않는다면, 이 try 블록과 연결된 catch 블록이나 finally 블록을 건너뛰게 된다. 이 때 try 블록 내에 위치한 문장들은 하나의 예외를 발생시킬 수도 있고, 아니면 여러 개의 예외를 발생시킬 수도 있다. 따라서 catch 블록은 이러한 모든 예외를 처리할 수 있도록 해 주어야 한다. 중첩된 try 블

록 구조를 이용하여 예외를 처리할 수도 있다.

- **catch 블록** : try 블록은 항상 catch 블록이나 finally 블록과 함께 사용되어야 한다. catch 블록은 try 블록 내에서 발생된 예외를 받아 처리하는 부분이다. catch 블록은 try 블록 다음에 위치해야 하며, 그 사이에는 다른 어떠한 문장도 쓸 수 없다. 하나의 try 블록은 여러 개의 catch 블록과 같이 사용될 수 있고, 이렇게 함으로써 try 블록 내에서 발생할 수 있는 모든 예외를 처리할 수 있도록 한다. 이 때, 각 catch 블록은 매개변수를 통해서 처리할 예외의 형식을 지정한다. catch 블록은 매개변수를 통해서 처리할 예외를 넘겨 받는다. 이 블록이 실행되면 프로그램은 종료되는 것이 아니라 예외에 따른 실행을 계속할 수 있다. 여기서 주의해야 할 점은 catch 블록의 순서이다. 상위 자료형과 하위 자료형의 관계를 따져, 하위 자료형인 예외를 처리하는 catch 블록을 앞에 위치시켜야 한다.
- **finally 블록** : try 문 마지막에 위치하며 항상 실행된다. catch나 finally 둘 중 하나는 반드시 구현해야 한다.

다음의 예제는 try/catch/finally 구문을 보여주고 있다. 여기서 ② catch(DivideByZeroException e)와 ③ catch(Exception e)의 순서를 바꾸면 컴파일 에러가 발생한다. 이 프로그램의 결과값을 보면 예외가 발생한 ① try 블록에서 예외 객체인 e를 ② catch(DivideByZeroException e)에 매개변수를 사용하여 전달하면 이 블록이 실행되는 것을 알 수 있다. 또한 ④ finally 블록이 항상 실행되어 출력이 되는 것을 알 수 있다.

Listing 2.40 ≫ ExceptionHierarchy.cs

```
public class ExceptionHierarchy
{
    public ExceptionHierarchy (){}
    static void Main(string[] args)
    {
        int x=10, y=0, z;
        try {
            Console.WriteLine("Try "); // ① try
            z = x / y;
        }
        catch(DivideByZeroException e) { // ② catch(DivideByZeroException e)
            Console.WriteLine("DivideByZero Exception : " + e.Message);
        }
        catch(Exception e){ // ③ catch(Exception e)
            Console.WriteLine("Exception: " + e.Message);
        }
        finally
```

```
        { // ④ finally
            Console.WriteLine("finally 문장은 항상 실행 됩니다. ");
        }
    } // End of Main()
} // End of Class ExceptionTest4
```

결과값

```
Try
SystemException : System.DivideByZeroException: 0으로 나누려 했습니다.
finally 문장은 항상 실행됩니다.
```

2.15.3 throw 문

throw 문은 프로그램 실행 중에 발생하는 예외와는 달리 사용자가 직접 예외를 만들어 발생시키는 구문이다. throw를 이용하여 직접 예외를 발생시킨 후에 catch 문이 있다면 catch 문에서 처리해주게 된다. 다음 예제 2.36 throwtest.cs 는 throw를 사용하여 직접 예외를 만들고 catch 문에서 처리하는 것을 보여준다.

Listing 2.41 ≫ throwtest.cs

```
class Throwtest{
    static void Main(string[] args){
    Console.WriteLine("Throw 를 이용한 예외처리");
    try
    {
            throw new BadImageFormatException(); // throw를 이용한 예외 발생
    }
    catch(Exception e)
    {
            Console.WriteLine("예외처리 발생");
            Console.WriteLine(e); // 예외 메세지 출력
    }
    }
}
```

결과값

```
Throw를 이용한 예외처리
예외처리 발생
System.BadImageFormatException : 실행파일(.exe) 또는 라이브러리(.dll) 형식이 잘못되었
                                 습니다.
```

예외처리는 실행 중에 많은 시간을 사용하므로, 간단한 테스트 등을 통하여 프로그램을 점검하는 것이 더욱 빠르고 효율적이다. 예를 들어 정수형을 입력받는 메소드라면 예외처리를 하는 것 보다는 숫자가 정수인지 미리 확인한 후 입력을 하면 예외가 발생하는 것을 막을 수 있다. 예외처리는 문자 그대로 예상 밖의 일을 다루기 위해서 사용하는 것이 우선이다. 막을 수 있는 예외나 에러 부분에 대해서는 예외처리보다는 다른 방법을 사용하시는 것이 더욱 빠르고 효율적인 수행을 보장하게 된다. 또한 아무런 예외처리를 지정하지 않을 경우 기본 예외처리기가 이를 처리하여 주므로 신뢰성은 감소하지만 더욱 빠른 수행 속도를 얻을 수 있다.

/연/습/문/제/

1. 다음 코드를 IOException 예외와 try/catch/finally 구문을 이용하여 수정하고, 어떠한 에러가 발생하는지 확인하고 그 이유를 설명하라.

```
class CheckedUncheckedExceptionTest
{
    static void Main(string[] args)
    {
            int[] a=null;
            int i;
            i = a[0];
            Console.WriteLine("i="+i);
            i= Console.Read();    //(a)
            Console.WriteLine("i="+i);
    }
}
```

CHAPTER 3 그래픽

GDI+(Graphic Device Interface +)는 사용자의 그래픽 프로그래밍을 위한 마이크로소프트의 새로운 .NET Framework 클래스 라이브러리이다. 이 장에서는 GDI+가 제공하는 그림 그리는 방법을 이용하여, 그림의 이동 등에 관한 간단한 방법을 소개한다. 우선 GDI+를 이용하여 그림을 그리기 위해서는 그림을 그릴 화면을 준비하여야 하는데 이는 Graphics 클래스의 객체를 생성하여 그림을 그릴 화면을 생성하고 Pen이나 Brush 등 그림을 그릴 도구 객체를 생성하여야 한다. 이렇게 화면과 그림을 그릴 도구들의 클래스들은 System.Drawing 네임스페이스에서 모두 제공하고 있다.

3.1 간단한 그래픽

다음 그림 3.1은 2장의 그림 2.23을 구현한 것이다. 왼쪽 로봇은 원판을 동그라미 안에 놓을 수 있으며 오른쪽 로봇은 동그라미 안의 원판을 들 수 있다. 동그라미의 공간을 이용하여 왼쪽에 들고 있는 원판을 오른쪽 로봇으로 모두 옮기려 하는데, 이 때 동그라미 안에 들어갈 수 있는 로봇은 한 대로 제한되어 있다. 또한 동그라미 안에 쌓을 수 있는 원판의 수는 3개를 초과하여 쌓을 수 없다.

이 프로그램에서는 스레드의 동기화를 이용하여 왼쪽 로봇이 갖고 있는 원판을 오른쪽 로봇으로 옮기고 있다. 다음 그림 3.1의 a는 왼쪽 로봇이 원판을 들고 있으며 오른쪽 로봇은 손이 비어있는 초기상태의 모습을 보여주고 있다. 그림 3.1의 b는 2개의 원판이 쌓여 있고 2개는 이미 오른쪽 로봇으로 옮겨진 상태이다. 그림 3.1 c는 원판을 최대로 쌓고 있으며, 3개는 오른쪽으로 옮겨진 상태이다. 그림 3.1의 d는 오른쪽으로 모두 옮겨진 모습이며 임무가 완수되었다.

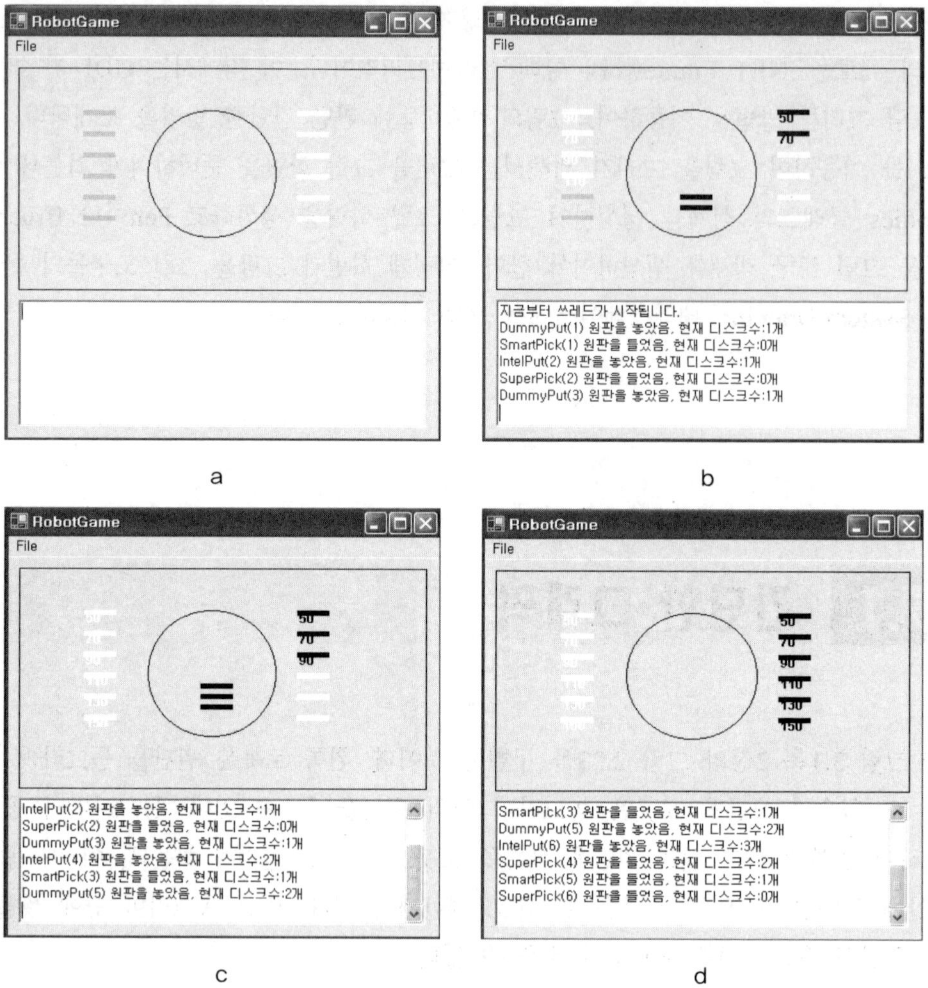

그림 3.1 ➡ 그림 2.23의 구현

이 프로그램을 구현하기 위해서는 그래픽 메소드들을 사용하고 있다. 그림 3.1의 a와 같이 그림을 그리기 위해서는 사각형과 타원에 대한 다음과 같은 메소드와 객체를 사용하면 된다. 이와 관련된 다음과 같은 메소드는 System.Drawing 네임스페이스에서 모두 제공하고 있다.

- DrawPolygon(), DrawRectangle(), FillRectangle(), DrawEllipse()
- DrawString()
- Pen, Brush 클래스의 객체

- Font 클래스의 객체

이들을 이용하여 그림을 그리기 위해서는 OnPaint( ) 메소드를 사용해야 한다. OnPaint( )는 Paint 이벤트 메소드로 화면에 무엇인가를 그려야 할 이벤트가 발생하면 자동으로 호출된다. 별도로 OnPaint( )를 호출하는 방법으로 Invalidate( ) 함수를 이용하여 강제적으로 Paint 이벤트를 발생시켜 호출할 수 있다. OnPaint( )의 구조는 다음과 같다.

```
private void OnPaint(object sender, System.Windows.Forms.PaintEventArgs e){
    .....
}
```

OnPaint( )의 구조 내에 다음과 같은 클래스를 이용하여 Pen, Brush, 폰트 등을 지정할 수 있다.

- **Pen** : 선의 굵기나 색을 지정하는 클래스

```
예)    Pen blackPen = new Pen(Color.Black,1);    //⑥blackPen
```

- **Brush** : FillRectangle, FillEllipse와 같이 내부를 칠할 때 색상을 지정하는 클래스

```
예)    Brush whiteBr = new SolidBrush(Color.White);    //④whiteBr
```

- **Font** : 출력할 문자열의 크기 폰트 속성을 지정하는 클래스

```
예)    Font arialFnt = new Font("Arial",9,FontStyle.Bold);    //⑦arialFnt
```

다음 RobotGame.cs는 ② OnPaint( ) 메소드를 사용한 예를 보여준다.

② OnPaint( )는 ① RobotGame.cs가 시작될 때 자동으로 호출되어 실행된다. 결과값은 그림과 같이 ⑧ DrawRectangle(blackPen,10, 10, 380, 210)을 이용하여 사각형을 그리게 된다. 좌표의 시작점 (0, 0)은 프레임의 왼쪽 상단이다. 여기에 사용된 DrawRectangle(Pen, x, y, width, height)의 매개변수 중 Pen은 화면에 그릴 펜의 색과 굵기를 지정한 객체 blackPen이고 x, y는 사각형의 왼쪽모서리의 좌표이며 width는 사각형의 너비, height는 높이를 의미한다.

원이나 타원을 그릴 때에는 ⑨ DrawEllipse(Pen, x, y, width, height) 메소드를 사용하는데 매개변수는 DrawRectangle과 같다. ⑪ FillRectangle( )이나 FillEllipse( ) 메소드를 사용하기 위해서는 Brush 객체인 ③ blackBr, ④ whiteBr, ⑤ greenBr가 매개변수로 사용이 된다. 또 화면에 문자를 출력하기 위해서는 ⑬ DrawString(string, Font, Brush, x, y) 메소드를 사용하는데 매개변수로는 출력할 문자열과 출력할 문자열의 폰트를 지정한 Font 객체인 ⑦ arialFnt, Brush 객체, x, y 좌표가 매개변수로 사용된다.

Listing 3.1 ≫ RobotGame.cs의 일부분

```
public class RobotGame : System.Windows.Forms.Form
{ //①RobotGame
   public int globalSX=180,glovalSY=140,globalX=70, globalY=70;
   .....
   private void OnPaint(object sender, System.Windows.Forms.PaintEventArgs e)
   {                                                          //②OnPaint
      Graphics g = e.Graphics;
      Brush blackBr = new SolidBrush(Color.Black);         //③ 검정 Brush 객체
      Brush whiteBr = new SolidBrush(Color.White);         //④ 백색 Brush 객체
      Brush greenBr = new SolidBrush(Color.LightGreen); //⑤ 밝은녹색 Brush 객체
       Pen blackPen = new Pen(Color.Black,1);                  //⑥ 검정색 Pen 객체
      Font arialFnt = new Font("Arial",9,FontStyle.Bold); //⑦ arial폰트 객체
      g.DrawRectangle(blackPn,10,10,380,210);               // ⑧ DrawRectangle
      g.DrawEllipse(blackPn,130,50,120,120);              // ⑨ DrawEllipse
      for(int i=globalPutY;i<170;i+=20)
      {                                               //⑪ FillRectangle
          g.FillRectangle(greenBr,globalX,i,30,5);
      }
      globalX=270;
      for(int i=globalPickY;i<170;i+=20)
      {                                               //⑫ FillRectangle
          g.FillRectangle(whiteBr,globalX,i,30,5);
      }
      for(int posY=50;posY<globalPutY;posY+=20)
      {                                                //⑬ DrawString
          g.DrawString(posY.ToString(),arialFnt,whiteBr,globalPutX,posY);
     g.FillRectangle(whiteBr,globalPutX,posY,30,5); //⑭ FillRectangle
      }
     for(int i=0;i< curNoDisks;i++)
     {                                                  //⑮FillRectagle
          g.FillRectangle(blackBr,globalSX,globalSY-i*10,30,5);
      }
```

```
        for(int posY=50;posY<globalPickY;posY+=20)
        {                                                //⑯DrawString
      g.DrawString(posY.ToString(),arialFnt,blackBr,globalPickX,posY);
            g.FillRectangle(blackBr,globalPickX, posY,30,5);   //⑰FillRectangle
        }
        globalX = 70;
    }
    ...
}
```

결과값

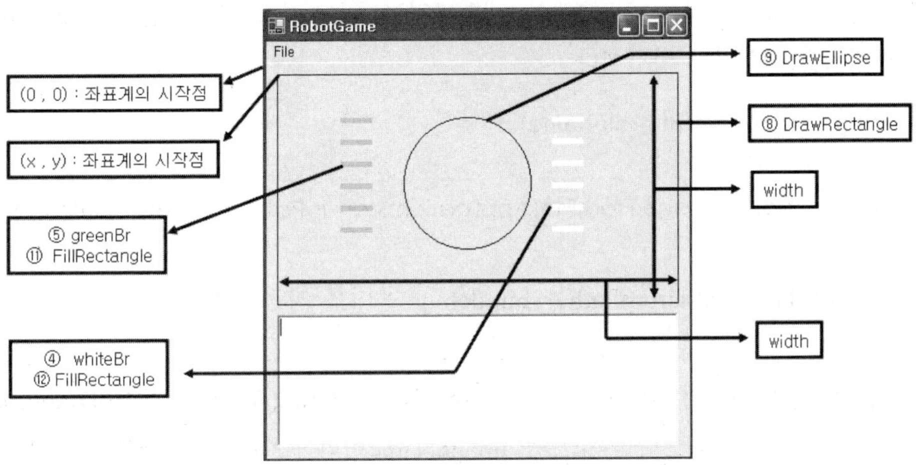

초기 화면

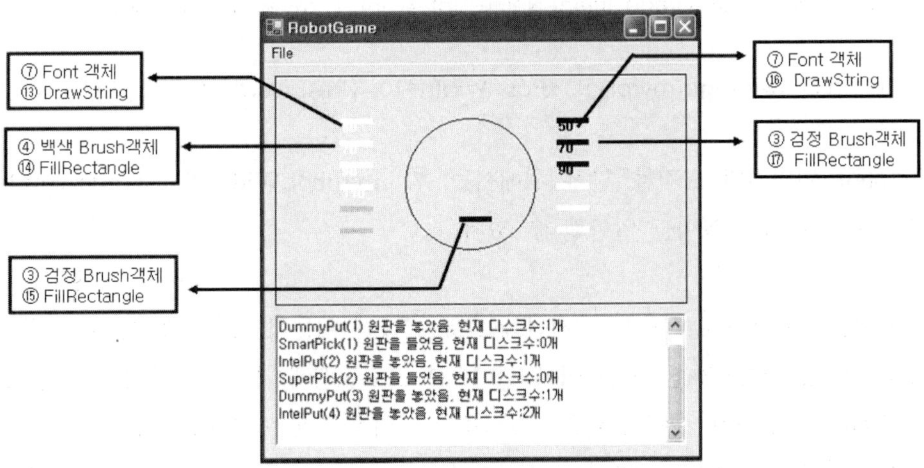

실행 화면

3.2 이미지와 사운드

C#은 GIF(Graphics Interchange Format)과 JPEG(Joint Photographic Experts Group)등 거의 모든 이미지 형식을 지원하고 있다. C#의 Image 클래스를 이용하면 이미지를 쉽게 다룰 수 있다. 윈도우 Form에 이미지를 얻으려면 우선 Image 객체를 생성하여야 한다. 다음 예는 프로그램의 실행파일이 있는 폴더에 있는 myrobot.jpg라는 Image 객체를 생성하는 방법이다.

■ Image.FromFile(string fileName)

```
예) myrobot = Image.FromFile(Application.StartupPath + @"\myrobot.jpg");
```

여기서 Application.StartupPath는 bin\debug 폴더를 지정하고 있다.

위에서 생성한 이미지 객체를 그리기 위해서는 OnPaint( ) 메소드에서 DrawImage( ) 메소드를 사용하면 된다. 다음 코드는 imageName이라는 이미지 객체를 (x, y) 위치에 너비 width와 높이 height의 크기로 출력한다.

■ void DrawImage(Image imageName, int x, int y, int width, int height)

```
예) g.DrawImage(myrobot, xPos+iWidth+10, yPos, iWidth/2, iHeight/2);
```

myrobot 이미지의 크기를 알기 위해서는 ⑦ myrobot.Width와 ⑧ myrobot.Height를 이용하여 너비와 높이를 알아낼 수 있다.

C#에서는 기본적으로 사운드를 지원하고 있지 않기 때문에 사운드를 재생하기 위해서는 ③ API 사운드 Flag들을 사용하여야 한다. 본 프로그램에서는 wav 포맷의 사운드 파일을 재생하는 간단한 프로그램을 보여준다. 다음 예는 bin\debug 폴더에 있는 myrobot.wav라는 파일을 재생하는 방법이다. ⑤ PlaySound( )는 사용자가 직접 작성한 메소드로 해당 경로에 myrobot.wav라는 파일이 있으면 그 파일을 재생시키는 메소드이다.

```
예)   PlaySound(Application.StartupPath + @"\myrobot.wav");  //⑤PlaySound
```

사운드의 출력은 반복 Flag ④SND_LOOP를 이용하여 반복적으로 사운드를 재생시킨다. 한 번의 재생만을 원한다면 ⑥에서 SND.SND_LOOP를 제거하면 한번만 재생이 된다.

```
예)   PlaySound(pszSound,0,
(int)(SND.SND_ASYNC | SND.SND_LOOP | SND.SND_FILENAME | SND.SND_NOWAIT))
```

Listing 3.3 ≫ image1.cs

```
using System;
using System.Drawing;
using System.Collections;
using System.ComponentModel;
using System.Windows.Forms;
using System.Data;
using System.Runtime.InteropServices;
using System.IO;
namespace WinSound{
    public class image1 : System.Windows.Forms.Form{
        private System.ComponentModel.Container components = null;
        [DllImport("winmm.dll", EntryPoint="PlaySound",CharSet=CharSet.Auto)]
        private static extern int PlaySound(String pszSound, int hmod, int falgs);
        public Image myrobot;    //① Image
        public image1(){
      InitializeComponent();
      myrobot=Image.FromFile(Application.StartupPath +@"\myrobot.jpg");//②
        }
        protected override void Dispose( bool disposing )
        {
      if( disposing ){
         if (components != null) {
            components.Dispose();
         }
      }
      base.Dispose( disposing );
        }
        #region Windows Form Designer generated code
        /// 디자이너 지원에 필요한 메서드입니다.
        /// 이 메서드의 내용을 코드 편집기로 수정하지 마십시오.
```

```
    private void InitializeComponent()
    {
  this.AutoScaleBaseSize = new System.Drawing.Size(6, 14);
  this.ClientSize = new System.Drawing.Size(416, 382);
  this.Name = "image1";
  this.Text = "image1";
  this.Load += new System.EventHandler(this.FormLoad);
      this.Paint
          += new System.Windows.Forms.PaintEventHandler(this.OnPaint);
    }
    #endregion
    [STAThread]
    static void Main()
    {
  Application.Run(new image1());
    }
    /// API 사운드 Flag
    public enum SND        // ③API 사운드 Flag
    {
  SND_SYNC       = 0x0000  ,/* play synchronously (default) */
  SND_ASYNC      = 0x0001 , /* play asynchronously */
  SND_NODEFAULT= 0x0002 ,/* silence (!default) if sound not found */
  SND_MEMORY     = 0x0004 , /* pszSound points to a memory file */
  SND_LOOP     = 0x0008 , /*④ loop the sound until next sndPlaySound */
  SND_NOSTOP     = 0x0010 , /* don't stop any currently playing sound */
  SND_NOWAIT     = 0x00002000, /* don't wait if the driver is busy */
  SND_ALIAS      = 0x00010000 ,/* name is a registry alias */
  SND_ALIAS_ID   = 0x00110000, /* alias is a pre d ID */
  SND_FILENAME   = 0x00020000, /* name is file name */
  SND_RESOURCE   = 0x00040004, /* name is resource name or atom */
  SND_PURGE      = 0x0040,  /* purge non-static events for task */
  SND_APPLICATION= 0x0080 /* look for application specific association */
    }
    /// Wave 파일 재생
    public static void PlaySound(String pszSound) //⑤PlaySound
    {
  if(File.Exists(pszSound)){
  PlaySound(pszSound,0,(int)

(SND.SND_ASYNC | SND.SND_LOOP | SND.SND_FILENAME | SND.SND_NOWAIT));//⑥
  }
    }

    public static void PlaySoundEvent(String pszSound)
```

```
        {
        PlaySound(pszSound,0,
                    (int)(SND.SND_ASYNC | SND.SND_ALIAS | SND.SND_NOWAIT));
        }
        private void FormLoad(object sender, System.EventArgs e)
        {
        PlaySound(Application.StartupPath + @"\myrobot.wav");
        }
        private void OnPaint(object sender,System.Windows.Forms.PaintEventArgs e)
        {
        Graphics g = e.Graphics;
        int iWidth = myrobot.Width;     //⑦ myrobot.Width
        int iHeight = myrobot.Height;  //⑧ myrobot.Height
        int xPos = 50;
        int yPos =50;
        g.DrawImage(myrobot, xPos, yPos,iWidth,iHeight);    //⑨ DrawImage
        g.DrawImage(myrobot, xPos+iWidth+10, yPos,iWidth/2,iHeight/2);
        }
    }
}
```

결과값

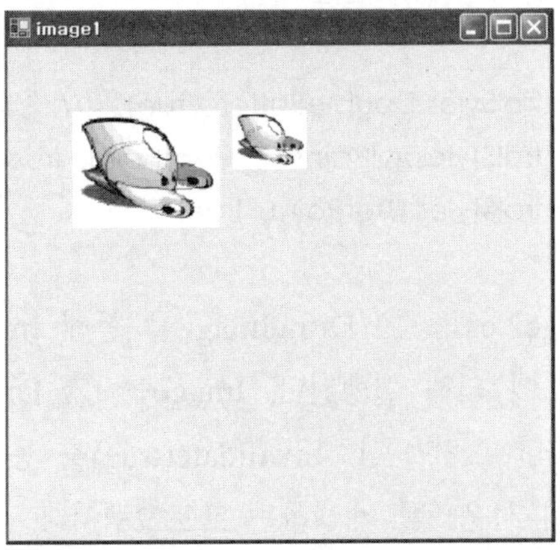

3.3 더블버퍼링을 이용한 간단한 에니메이션

에니메이션은 이미지를 연속적으로 그리고 지우는 일을 반복함으로써 움직이는 느낌을 주는 것이다. 이를 위해 스레드를 사용하여 화면을 갱신하게 한다. 이 때 전체 화면을 지운 후 다시 그리게 되면 깜빡이는 현상이 나타나게 되는데, 이는 OnPaint() 메소드가 호출될 때 화면의 배경색으로 전체를 칠하고 다시 그리기 때문이다.

C#에서 제공하는 더블버퍼링(double buffering)을 이용하면 깜빡이는 현상을 개선할 수 있으며 출력 속도를 향상시킬 수 있다. 더블버퍼링이란 한 이미지가 출력되는 동안 오프스크린 버퍼(off-screen buffer)에 이미지를 준비하여 이를 출력하는 것을 의미한다. 오프스크린 버퍼는 또 하나의 보이지 않는 화면이라고 생각할 수 있다. C#에서는 더블버퍼링을 시스템에서 기본적으로 지원하고 있기 때문에 폼 로드 이벤트 메소드에 ①아래 코드만 추가하면 더블버퍼링이 구현된다.

```
SetStyle(ControlSyles.DoubleBuffer, true);  // ①더블버퍼링 사용
SetStyle(ControlStyles.AllPaintingInWmPaint, true);
SetStyle(ControlStyles.UserPaint, true);
```

다음 Listing 3.4 image2.cs는 ② DrawImage를 통해 Image를 화면에 그리고 이후 ③ run( )메소드가 쓰레드에 의해 실행된다. Image는 ② DrawImage를 사용하여 오른쪽 아래로 5 픽셀씩 이동한 그림을 ④ Invalidate(true)를 통해 화면을 갱신시켜 움직인 이미지를 화면에 그리면서 사운드를 재생하는 프로그램이다.

Listing 3.4 ≫ image2.cs

```
using System;
using System.Drawing;
using System.Collections;
using System.ComponentModel;
using System.Windows.Forms;
using System.Data;
```

```
using System.IO;
using System.Runtime.InteropServices;
using System.Threading;
namespace Image2
{
    public class image2 : System.Windows.Forms.Form
    {
        private System.ComponentModel.Container components = null;
        private System.Windows.Forms.MainMenu mainMenu1;
        private System.Windows.Forms.MenuItem FileMenu;
        private System.Windows.Forms.MenuItem StartMenu;
        private System.Windows.Forms.MenuItem StopMenu;
        private System.Windows.Forms.MenuItem ExitMenu;
        [DllImport("winmm.dll", EntryPoint="PlaySound",CharSet=CharSet.Auto)]
        private static extern int PlaySound(String pszSound, int hmod, int falgs);
        private int Xstep,Ystep;
        private int posX=0,posY=0;
        public Image myrobot;
        Thread robotThread;
        public image2()
        {
      InitializeComponent();
        }
        protected override void Dispose( bool disposing )
        {
      if( disposing )
            {
          if (components != null)
          {
             components.Dispose();
          }
            }
            base.Dispose( disposing );
        }
        private void InitializeComponent()
        {
            this.mainMenu1 = new System.Windows.Forms.MainMenu();
            this.FileMenu = new System.Windows.Forms.MenuItem();
      this.StartMenu = new System.Windows.Forms.MenuItem();
      this.StopMenu = new System.Windows.Forms.MenuItem();
      this.ExitMenu = new System.Windows.Forms.MenuItem();
      // mainMenu1
            this.mainMenu1.MenuItems.AddRange(
                                     new System.Windows.Forms.MenuItem[] {this.FileMenu});
```

```
        // FileMenu
        this.FileMenu.Index = 0;
        this.FileMenu.MenuItems.AddRange(
                                new System.Windows.Forms.MenuItem[] {
                                            this.StartMenu,
                                            this.StopMenu,
                                            this.ExitMenu});
        this.FileMenu.Text = "File";
        // StartMenu
        this.StartMenu.Index = 0;
        this.StartMenu.Text = "Start";
        this.StartMenu.Click += new System.EventHandler(this.Start);
        // StopMenu
        this.StopMenu.Index = 1;
        this.StopMenu.Text = "Stop";
        this.StopMenu.Click += new System.EventHandler(this.Stop);
        // ExitMenu
        this.ExitMenu.Index = 2;
        this.ExitMenu.Text = "Exit";
        this.ExitMenu.Click += new System.EventHandler(this.Exit);
        // image2
        this.AutoScaleBaseSize = new System.Drawing.Size(6, 14);
        this.BackColor = System.Drawing.SystemColors.ActiveCaptionText;
        this.ClientSize = new System.Drawing.Size(456, 366);
        this.Menu = this.mainMenu1;
        this.Name = "image2";
        this.Text = "imge2";
        this.Load += new System.EventHandler(this.FormLoad);
        this.Paint+= new System.Windows.Forms.PaintEventHandler(this.OnPaint);
         }
         #endregion
         [STAThread]
         static void Main()
         {
        Application.Run(new image2());
         }
         public enum SND
         {
        SND_SYNC            = 0x0000  ,/* play synchronously (default) */
        SND_ASYNC           = 0x0001 , /* play asynchronously */
        SND_NODEFAULT       = 0x0002 ,/* silence (!default) if sound not found */
        SND_MEMORY          = 0x0004 , /* pszSound points to a memory file */
        SND_LOOP            = 0x0008 , /* loop the sound until next sndPlaySound */
        SND_NOSTOP          = 0x0010 , /* don't stop any currently playing sound */
```

```
SND_NOWAIT      = 0x00002000, /* don't wait if the driver is busy */
SND_ALIAS       = 0x00010000 ,/* name is a registry alias */
SND_ALIAS_ID    = 0x00110000, /* alias is a pre d ID */
SND_FILENAME    = 0x00020000, /* name is file name */
SND_RESOURCE    = 0x00040004, /* name is resource name or atom */
SND_PURGE       = 0x0040,  /* purge non-static events for task */
SND_APPLICATION= 0x0080 /* look for application specific association */
  }
  /// Wave 파일 재생
  public static void PlaySound(String pszSound)
  {
     if(File.Exists(pszSound)){
        PlaySound(pszSound,0,
                  (int)(SND.SND_ASYNC | SND.SND_FILENAME | SND.SND_NOWAIT));
}
  }

  public static void PlaySoundEvent(String pszSound)
  {
PlaySound(pszSound,0,
          (int)(SND.SND_ASYNC | SND.SND_ALIAS |  SND.SND_NOWAIT));
  }
  private void OnPaint(object sender, System.Windows.Forms.PaintEventArgs e)
  {
Graphics g = e.Graphics;
g.DrawImage(myrobot,posX,posY,100,100);   //② DrawImage
  }
  private void run()    //③ run()
  {
Xstep=5;
Ystep=5;
while(posY < this.Height)
{
   posX+=Xstep;
   posY+=Ystep;
   Invalidate(true);    //④ Invalidate(true)
   Thread.Sleep(50);
}
  }
  private void FormLoad(object sender, System.EventArgs e)
  {
SetStyle(ControlStyles.DoubleBuffer, true);    //①더블버퍼링 사용
SetStyle(ControlStyles.AllPaintingInWmPaint, true);
SetStyle(ControlStyles.UserPaint, true);
```

```
            myrobot = Image.FromFile(Application.StartupPath +@"\myrobot.jpg");
        }
        private void Start(object sender, System.EventArgs e)
        {
            posX=0;
            posY=0;
            Invalidate(true);        //화면을 갱신
      robotThread = new Thread(new ThreadStart(run));  //쓰레드 객체 생성
      robotThread.Start();          //쓰레드 시작
            PlaySound(Application.StartupPath + @"\myrobot.wav");  //사운드 재생
        }
        private void Stop(object sender, System.EventArgs e)
        {
      robotThread.Abort();        //쓰레드 중지
        }
        private void Exit(object sender, System.EventArgs e)
        {
      if(robotThread.IsAlive)
          robotThread.Abort();
      this.Dispose();
        }
    }
}
```

결과값

초기 화면　　실행 화면

3.4 문자열 이동하기

문자열이 이동하는 것처럼 보이게 하기 위해서는 문자열을 왼쪽이나 오른쪽으로 이동시킨 후 다시 그리면 된다. TV의 자막처럼 왼쪽으로 문자열이 이동하면 읽기가 자연스러워질 것이다. 다음 Listing 3.5 image3.cs는 ① strToMove="안녕하세요? 저는 Smart 로봇입니다. 이쁘게 봐 주세용..."라는 문자열을 위의 Smart 로봇과 함께 이동하게 하는 프로그램이다.

우선 문자열이 순간적으로 이동하는 이동거리 ⑥ dxPos를 구하는 방법에 대해 알아보자. 문자열의 이동거리는 한 번에 한 글자의 너비만큼 이동하는 것이 보기에 좋을 것이다.

```
strWidth = (int)(arialFnt.Size)*strToMove.Length; // ⑤ strWidth
dxPos = strWidth / strToMove.Length; // ⑥ dxPos
```

⑤ strWidth는 화면에 나타날 문자열 ① strToMove의 길이를 구하는 방법이다. 여기에서는 글씨의 폰트 사이즈와 문자열의 길이를 곱하여 문자열의 너비를 구하였다. 다음 ⑤ strWidth를 문자열의 문자수로 나누어 주면 바로 한 문자의 너비 ⑥ dxPos가 구해진다. 이를 이용하여 스레드가 발생할 때마다 ⑦ xStrPos −= dxPos 만큼 감소시켜 왼쪽으로 이동하게 한다.

문자열은 화면의 오른쪽부터 첫 문자가 나타나기 시작하여 왼쪽으로 이동한다. 이동을 계속한 후 문자열이 다 사라지면 다시 또 오른쪽에 나타나도록 한다. 따라서 문자열의 초기 위치는 (this.Width, 10)이 된다. 여기서 ② this.Width는 윈도우 폼의 너비가 된다. 문자열이 다 사라지는 순간은 문자열의 x 좌표값에 문자열의 너비를 더한 ⑧ xStrPos + strWidth가 0이 되는 시점이다. 이때 문자열의 x 좌표값을 윈도우 폼의 너비인 ⑨ xStrPos = this.Width로 바꿔주면 다시 창의 맨 오른쪽부터 문자가 나타나게 된다.

Listing 3.5 ≫ image3.cs

```
using System;
using System.Drawing;
using System.Collections;
using System.ComponentModel;
using System.Windows.Forms;
using System.Data;
using System.Threading;
namespace Image3
{
    public class image3 : System.Windows.Forms.Form
    {
        private System.Windows.Forms.MainMenu FileMenu;
        private System.Windows.Forms.MenuItem StartMenu;
        private System.Windows.Forms.MenuItem StopMenu;
        private System.Windows.Forms.MenuItem exitMenu;
        private System.Windows.Forms.MenuItem MainMenu;
        private System.ComponentModel.Container components = null;
        private int xPos=0, yPos=0;
        private int strWidth=0, xStrPos=0,yStrPos=0, dxPos=0;
        private string strToMove;
        Image myrobot;
        Thread robotThread;

        public image3()
        {
            InitializeComponent();
            strToMove = "안녕하세요? 저는 smart 로봇입니다. 이쁘게 봐 주세용..."; //①strToMove
            xStrPos=this.Width;     // ②xStrPos=this.Width
            yStrPos=10;              // ③yStrPos
        }
        protected override void Dispose( bool disposing )
        {
            if( disposing )
      {
        if (components != null)
        {
          components.Dispose();
        }
            }
      base.Dispose( disposing );
        }
        #region Windows Form 디자이너에서 생성한 코드
```

```
    private void InitializeComponent()
    {
        this.FileMenu = new System.Windows.Forms.MainMenu();
        this.MainMenu = new System.Windows.Forms.MenuItem();
        this.StartMenu = new System.Windows.Forms.MenuItem();
        this.StopMenu = new System.Windows.Forms.MenuItem();
        this.exitMenu = new System.Windows.Forms.MenuItem();
        // FileMenu
        this.FileMenu.MenuItems.AddRange(new System.Windows.Forms.MenuItem[]
                                            {this.MainMenu});
  // MainMenu
        this.MainMenu.Index = 0;
        this.MainMenu.MenuItems.AddRange(
                               new System.Windows.Forms.MenuItem[] {
                                                   this.StartMenu,
                                                   this.StopMenu,
                                                   this.exitMenu});
        this.MainMenu.Text = "File";
        // StartMenu
        this.StartMenu.Index = 0;
        this.StartMenu.Text = "Start";
        this.StartMenu.Click += new System.EventHandler(this.Start);
        // StopMenu
        this.StopMenu.Index = 1;
        this.StopMenu.Text = "Stop";
        this.StopMenu.Click += new System.EventHandler(this.Stop);
        // exitMenu
        this.exitMenu.Index = 2;
        this.exitMenu.Text = "Exit";
        this.exitMenu.Click += new System.EventHandler(this.Exit);
        // image3
        this.AutoScaleBaseSize = new System.Drawing.Size(6, 14);
        this.ClientSize = new System.Drawing.Size(440, 390);
        this.Menu = this.FileMenu;
        this.Name = "image3";
  this.Text = "Form1";
        this.Load += new System.EventHandler(this.Form_Load);
        this.Paint
              += new System.Windows.Forms.PaintEventHandler(this.OnPaint);
    }
    #endregion
    [STAThread]
    static void Main()
    {
```

```
        Application.Run(new image3());
    }
    private void OnPaint(object sender, System.Windows.Forms.PaintEventArgs e)
    {
        Graphics g = e.Graphics;
  Brush blueBr = new SolidBrush(Color.Blue);
  Font arialFnt = new Font("arial",9);
  g.DrawString(strToMove,arialFnt,blueBr,xStrPos,yStrPos);
                                                    //④DrawString
  g.DrawImage(myrobot, xPos, yPos,100,100);
  strWidth =(int)(arialFnt.Size)*strToMove.Length;        // ⑤strWidth
     }
    private void run()
    {
        while(true)
        {
            xPos += 20; yPos += 20;
            Thread.Sleep(200);
            if (yPos > this.Height){
                xPos = 20; yPos = 20;
            }
           dxPos = strWidth/ strToMove.Length;          // ⑥ dxPos
           xStrPos -= dxPos;                              // ⑦ xStrPos -= dxPos
           if (xStrPos+strWidth < 1){                 //⑧ xStrPos+strWidth
              xStrPos = this.Width;                     // ⑨ xStrPos= this.Width
            }
            Invalidate(true);
         }
     }
    private void Exit(object sender, System.EventArgs e)
    {
  if(robotThread.IsAlive)
     robotThread.Abort();
  this.Dispose();
    }
    private void Form_Load(object sender, System.EventArgs e)
    {
        SetStyle(ControlStyles.DoubleBuffer, true);
        SetStyle(ControlStyles.AllPaintingInWmPaint, true);
        SetStyle(ControlStyles.UserPaint, true);
        myrobot = Image.FromFile(Application.StartupPath +@"\myrobot.jpg");
    }
    private void Stop(object sender, System.EventArgs e)
    {
```

```
            robotThread.Abort();
        }
        private void Start(object sender, System.EventArgs e)
        {
      robotThread = new Thread(new ThreadStart(run));
      robotThread.Start();
        }
    }
}
```

결과값

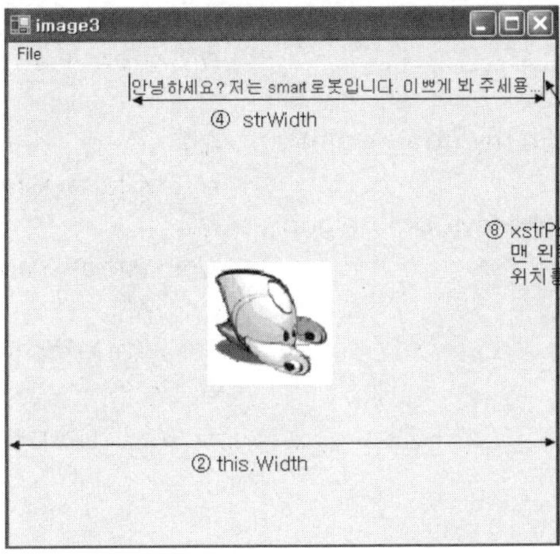

3.5 로봇을 벽에서 반사시키기

로봇이 벽에 부딪치게 되면 반사하는 프로그램은 다음과 같으며 image2.cs 프로그램으로부터 run( ) 메소드 부분만 수정하면 된다.

- **좌우 방향 바꾸기 :** ③ Xstep = −Xstep과 같이 x 좌표의 부호를 바꾸어 좌우의 방향을 바꾸게 된다.

  ⇨ 로봇 이미지인 myRobot의 좌측상단 모서리의 x좌표가 ④ posX〉 this.panel1.Width − myrobot.Width 조건을 만족할 경우

⇨ 로봇 이미지인 myRobot의 좌측상단 모서리의 x좌표가 ⑧ xPos 〈 0 조건을 만족할 경우

- **상하 방향 바꾸기 :** ⑤ Ystep = −Ystep과 같이 y 좌표의 부호를 바꾸어 상하의 방향을 바꾸게 된다.

⇨ 로봇 이미지인 myRobot의 좌측상단 모서리의 y좌표가 ② poaY 〉 this.panel1.Height − myrobot.Height 조건을 만족할 경우

⇨ 로봇 이미지인 myRobot의 좌측상단 모서리의 y좌표가 ⑥ posY 〈 0 조건을 만족할 경우

Listing 3.6 ≫ image4.cs

```
private void run(){
    Xstep=3;Ystep=3;                                        //①Xstep = 3 , Ystep =3;
    while(true) {
        if(posX>this.panel1.Width-myrobot.Width)            //②
            Xstep=-Xstep;                                   //③ Xstep=-Xstep
        if(posY>this.panel1.Height-myrobot.Height)          //④
            Ystep=-Ystep;                                   //⑤ Ystep=-Ystep
        if(posX<0)                                              //⑥
            Xstep =-Xstep;                                      //⑦ Xstep =-Xstep
        if(posY<0)                                              //⑧
            Ystep=-Ystep;                                       //⑨ Ystep=-Ystep
        posX+=Xstep;
        posY+=Ystep;
        Invalidate(true);
        Thread.Sleep(20);
    }
}
```

결과값

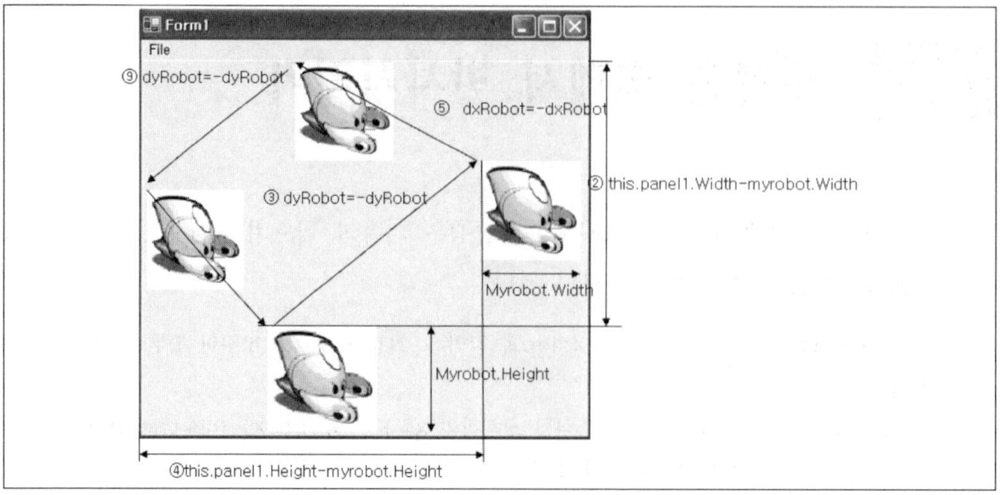

3.6 마우스 이벤트 다루기

이번 절은 그림 3.2 윈도우 폼 아래쪽에 있는 막대를 마우스를 이용하여 이동시키면서 로봇을 막으면 반사하고 막지 못하면 로봇이 밑으로 빠지는 간단한 게임 프로그램을 통해 마우스 이벤트를 설명한다. 우선 로봇이 막대로 막는 경우의 조건을 살펴보면 그림 3.2와 같다. 로봇 이미지의 위치는 좌측상단의 모서리이므로 이를 기준으로 x, y 좌표의 범위를 구하면 된다.

- yPos + myrobot.Height == yRectPos // ① y좌표 반사조건
  로봇 이미지의 y값 + 로봇 이미지의 높이 = 막대의 y값

- xRectPos 〉 xPos - myrobot.Width AND // ② x좌표 반사조건
  xRectPos 〈 xPos + myrobot.Width // ③ x좌표 반사조건

  로봇이미지 x값 - 로봇이미지 너비 〈 막대 x값 〈 로봇이미지 x값 + 로봇이미지 너비

위의 조건을 만족하면 이미지의 y좌표의 값을 줄여줌으로써 위로 반사하게 된다.

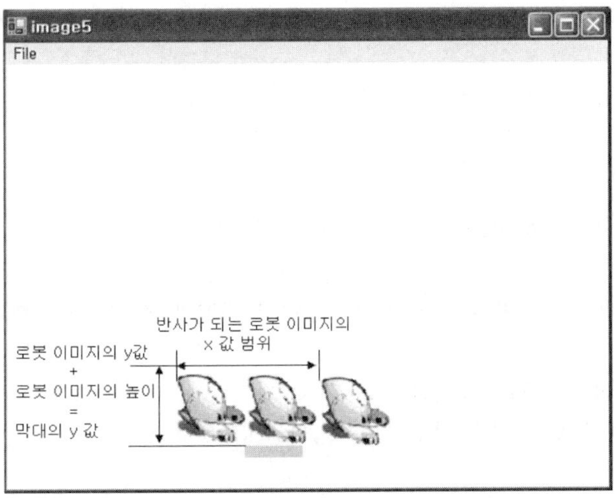

그림 3.2 ➡ 로봇의 반사 범위

이제 마우스의 이동에 따라 막대가 따라 움직이도록 하는 작업이 필요하다. 마우스나 키보드 이벤트의 감지는 다음과 같은 메소드를 사용한다. 마우스의 이벤트는 MouseDown( ), MouseEnter( ), MouseMove( ), MouseHover( ), MouseLeaver( ), MouseUp( ) 등이 있으며 키보드 이벤트는 KeyDown( ), KeyUp( ) 등이 있다.

■ 마우스 버튼을 누르지 않은 상태에서의 마우스 포인터의 이동을 감지하여 처리하기 위해서는 MouseMove() 메소드를 다음과 같이 재정의 한다.

```
private void MouseMove(object sender, System.Windows.Forms.MouseEventArgs e)
{
    ... // 재정의
}
```

■ 마우스 버튼 다운 : MouseDown()

```
private void MouseDown(object sender, System.Windows.Forms.MouseEventArgs e)
{
    ... // 재정의
}
```

■ 마우스 버튼 업 : MouseUp()

```
private void MouseUp(object sender, System.Windows.Forms.MouseEventArgs e)
{
    ... // 재정의
}
```

■ 키 다운 : KeyDown(), 다음은 이를 이용한 간단한 예이다.

```
private void KeyDown(object sender, System.Windows.Forms.KeyEventArgs e)
{
   Console.WriteLine("Ascii 값:{0}",e.KeyData);
   Console.WriteLine("눌려진 키:{0}",e.KeyData.ToString());
}
```

■ 키 업 : KeyUp()

```
private void KeyUp(object sender, System.Windows.Forms.KeyEventArgs e)
{
    ... // 재정의
}
```

■ 숫자나 문자가 아닌 특수키가 눌려졌는지를 검사 : Ctrl, Shift, Alt

```
private void KeyDown(object sender, System.Windows.Forms.KeyEventArgs e)
{
   if(e.Alt){     // 눌려진 키가 Alt일때
     .....
   }
}
```

Listing 3.7 image5.cs는 MouseMove( ) 메소드를 이용하여 ④ xRectPos 좌표를 얻어 해당 좌표로 막대를 움직이면서 로봇을 반사시키는 프로그램이다.

Listing 3.7 ≫ image5.cs

```
using System;
using System.Drawing;
using System.Collections;
using System.ComponentModel;
using System.Windows.Forms;
using System.Data;
using System.IO;
using System.Threading;
using System.Runtime.InteropServices;
namespace Image5
{
   public class image5: System.Windows.Forms.Form
   {
      private System.Windows.Forms.MainMenu mainMenu1;
      private System.Windows.Forms.MenuItem menuItem1;
      private System.Windows.Forms.MenuItem menuItem2;
      private System.Windows.Forms.MenuItem menuItem3;
      private System.ComponentModel.Container components = null
      [DllImport("winmm.dll",
```

```
                    EntryPoint="PlaySound",CharSet=CharSet.Auto)]
    private static extern int PlaySound(String pszSound,
                                        int hmod, int falgs);
    private int xRectPos=0,yRectPos=330,xPos=0,yPos=0;
    private bool gameOver = false;
    Image myRobot;
    Thread gameStart;
    public image5()
    {
        InitializeComponent();
    }
    protected override void Dispose( bool disposing )
    {
        if( disposing )
        {
            if (components != null)
            {
                components.Dispose();
            }
        }
   base.Dispose( disposing );
    }
    static void Main()
    {
        Application.Run(new image5());
    }
    /// API 사운드 Flag
    public enum SND
    {
        SND_SYNC = 0x0000  ,/* play synchronously (default) */
        SND_ASYNC = 0x0001 , /* play asynchronously */
        SND_NODEFAULT = 0x0002 , /* silence (!default) if sound not found */
        SND_MEMORY = 0x0004 , /* pszSound points to a memory file */
        SND_LOOP = 0x0008 , /* loop the sound until next sndPlaySound */
        SND_NOSTOP = 0x0010 , /* don't stop any currently playing sound */
        SND_NOWAIT = 0x00002000, /* don't wait if the driver is busy */
        SND_ALIAS = 0x00010000 ,/* name is a registry alias */
        SND_ALIAS_ID = 0x00110000, /* alias is a pre d ID */
        SND_FILENAME = 0x00020000, /* name is file name */
        SND_RESOURCE = 0x00040004, /* name is resource name or atom */
        SND_PURGE = 0x0040,  /* purge non-static events for task */
        SND_APPLICATION = 0x0080
                /* look for application specific association */
    }
```

```
/// Wave 파일 재생
public static void PlaySound(String pszSound)
{
   if(File.Exists(pszSound))
   {
      PlaySound(pszSound,0,(int) (SND.SND_ASYNC | SND.SND_FILENAME |
                                                            SND.SND_NOWAIT));
   }
}

public static void PlaySoundEvent(String pszSound)
{
    PlaySound(pszSound,0,(int) (SND.SND_ASYNC | SND.SND_ALIAS |
                                                          SND.SND_NOWAIT));
}

private void Form_Load(object sender, System.EventArgs e)
{
   SetStyle(ControlStyles.DoubleBuffer, true);
   SetStyle(ControlStyles.AllPaintingInWmPaint, true);
   SetStyle(ControlStyles.UserPaint, true);
}

private void OnPaint(object sender,
                              System.Windows.Forms.PaintEventArgs e)
{
   Graphics g = e.Graphics;
   myRobot= Image.FromFile(Application.StartupPath
                                                   +@"\myrobot1.jpg");
   g.DrawImage(myRobot,xPos,yPos,50,50);
                         //로봇 그림을 해당좌표에 50*50크기로 그림
   Brush greenBrush = new SolidBrush(Color.Green);
   g.FillRectangle(greenBrush,xRectPos,yRectPos,50,20);
   if(gameOver) {
      Font f = new Font("arial",10);
      g.DrawString("난 완전히 빠졌어!!!",f,greenBrush,130,150);
      gameStart.Abort();                           //쓰레드 종료
   }
}
private void run()
{
   int dxRobot=1,dyRobot=1;
   while(true)
   {
```

```
            xPos += dxRobot;
            yPos += dyRobot;
            Thread.Sleep(10);
            if((yPos+myRobot.Height == yRectPos)   // ①y좌표 반사조건
            && (xRectPos > xPos-myRobot.Width)     // ②x좌표 반사조건1
            && (xRectPos < xPos+myRobot.Width))   // ③x좌표 반사조건2
            {
                dyRobot = -dyRobot;
                PlaySound(Application.StartupPath + @"\ChatJoin.wav");
            }

            if(yPos > this.Height - myRobot.Height) //게임종료 조건
            {
                PlaySound(Application.StartupPath + @"\Laser.wav");
                gameOver = true;
            }

            if(xPos > this.Width - myRobot.Width) //
                dxRobot = -dxRobot;
            if(yPos <=0)
                dyRobot = -dyRobot;
            if(xPos <=0)
                dxRobot = -dxRobot;
            Invalidate(true);      //화면 갱신
        }
    }
    private void OnMouseMove(object sender,
                             System.Windows.Forms.MouseEventArgs e)
    {            // 마우스 이동 이벤트
        xRectPos = e.X; //④
    }

    private void start(object sender, System.EventArgs e)
    {
        xPos=0;
        yPos=0;
        Invalidate(true);        //화면 갱신
        gameStart = new Thread(new ThreadStart(this.run));
        gameStart.Start();       //쓰레드 시작
    }
    private void exit(object sender, System.EventArgs e)
    {
        if(gameStart.IsAlive)                    //쓰레드가 실행중이면 종료
        gameStart.Abort();
```

```
                this.Dispose();
            }
        }
    }
```

결과값

3.7 모으미 로봇 게임

다음 프로그램은 지금까지의 배운 GDI+ 기법들을 이용하여 랜덤하게 배치된 디스크들을 로봇이 움직이면서 디스크를 주워 한 곳으로 모두 모으는 프로그램을 구현한 것이다. 본 예제를 통해 GDI+ 기법들을 조금 더 익숙하게 쓸 수 있도록 연습하기 바란다.

Listing 3.8 ≫ RobotGame.cs

```
using System;
using System.Drawing;
using System.Drawing.Drawing2D;
using System.Collections;
using System.ComponentModel;
using System.Windows.Forms;
```

```
using System.Data;
using System.Threading;
namespace RobotGame
{
    public class RobotGame  : System.Windows.Forms.Form
    {
        private System.Windows.Forms.Panel panel1;
        private System.Windows.Forms.MainMenu mainMenu1;
        private System.Windows.Forms.MenuItem menuItem1;
        private System.Windows.Forms.MenuItem menuItem2;
        private System.Windows.Forms.MenuItem Start;
        private System.Windows.Forms.MenuItem Stop;
        private System.Windows.Forms.MenuItem Setting;
        private System.Windows.Forms.MenuItem Exit;
        private System.Windows.Forms.MenuItem About;
        public System.Windows.Forms.StatusBar statusBar;
        public System.Windows.Forms.StatusBarPanel Red;
        public System.Windows.Forms.StatusBarPanel Blue;
        public System.Windows.Forms.StatusBarPanel Orange;
        public System.Windows.Forms.StatusBarPanel Magenta;
        private System.ComponentModel.IContainer components;
        public const int MAX_KIND =4;
        public const int MAX_ROBOT =3;
        public const int MIN_ROBOT =0;
        public const int MIN_DISK =4;
        public const int MAX_DISK =10;
        Disk[] disks = new Disk[MAX_KIND*MAX_DISK];
        Robot[] robots = new Robot[MAX_KIND*MAX_ROBOT];
        Thread[] robotThread = new Thread[MAX_KIND*MAX_ROBOT];
        private int diskSize;      //디스크의 크기
        private int robotSize;     //로봇의 크기
        private int tmpX;
        private int tmpY;
        Setting setting;           //설정 폼
        Random rand = new Random();    //랜덤수를 발생
        private int robotNum;          //로봇 수
        private int diskNum;           //디스크의 수
        public int panelHeight;        //판넬의 높이
        public int panelWidth;         //판넬의 너비
        int totalDisk;                 //총 디스크 수
        int totalRobot;                //총 로봇의 수
        public DateTime startTime;     //시작시간을 저장한 변수
        public int count;
        public int delay;              //쓰레드 딜레이 타임
```

```
    public RobotGame()
    {
        InitializeComponent();
  setting = new Setting(this);       //setting폼 객체
  robotSize =setting.robotSize;      //로봇 사이즈를 얻어옴
  panelWidth =this.panel1.Width;  //로봇이 움직일 공간의 너비
  panelHeight=this.panel1.Height; //로봇이 움직일 공간의 높이
  delay = setting.delay;              //딜레이를 얻어옴
  view();
  for(int i=0;i<MAX_KIND;i++)        //총 디스크 수와 로봇수를 계산함
  {
    totalDisk += setting.diskCount[i];
    totalRobot += setting.robotCount[i];
  }
    }
    protected override void Dispose( bool disposing )
    {
  if( disposing ){
    if (components != null){
      components.Dispose();
    }
  }
  base.Dispose( disposing );
    }
    #region Windows Form 디자이너에서 생성한 코드
    private void InitializeComponent()
    {
        this.components = new System.ComponentModel.Container();
  this.panel1 = new System.Windows.Forms.Panel();
  this.mainMenu1 = new System.Windows.Forms.MainMenu();
  this.menuItem1 = new System.Windows.Forms.MenuItem();
  this.Start = new System.Windows.Forms.MenuItem();
  this.Stop = new System.Windows.Forms.MenuItem();
  this.Setting = new System.Windows.Forms.MenuItem();
  this.Exit = new System.Windows.Forms.MenuItem();
  this.menuItem2 = new System.Windows.Forms.MenuItem();
  this.About = new System.Windows.Forms.MenuItem();
  this.statusBar = new System.Windows.Forms.StatusBar();
  this.Red = new System.Windows.Forms.StatusBarPanel();
  this.Blue = new System.Windows.Forms.StatusBarPanel();
  this.Orange = new System.Windows.Forms.StatusBarPanel();
  this.Magenta = new System.Windows.Forms.StatusBarPanel();
      ((System.ComponentModel.ISupportInitialize)(this.Red)).BeginInit();
      ((System.ComponentModel.ISupportInitialize)(this.Blue)).BeginInit();
```

```
        ((System.ComponentModel.ISupportInitialize)(this.Orange)).BeginInit();
        ((System.ComponentModel.ISupportInitialize)(this.Magenta)).BeginInit();
    this.SuspendLayout();
    // panel1
    this.panel1.BackColor = System.Drawing.Color.DarkGray;
    this.panel1.Location = new System.Drawing.Point(0, 0);
    this.panel1.Name = "panel1";
    this.panel1.Size = new System.Drawing.Size(592, 520);
    this.panel1.TabIndex = 0;
    this.panel1.Visible = false;
    this.panel1.Paint
            += new System.Windows.Forms.PaintEventHandler(this.OnPaint);
        this.mainMenu1.MenuItems.AddRange(
                    new System.Windows.Forms.MenuItem[] { this.menuItem1});
    // menuItem1
    this.menuItem1.Index = 0;
    this.menuItem1.MenuItems.AddRange(
            new System.Windows.Forms.MenuItem[] {this.Start,this.Stop,
                                        this.Setting,this.Exit});
    this.menuItem1.Text = "&File";
    // Start
    this.Start.Index = 0;
    this.Start.Text = "Start";
    this.Start.Click += new System.EventHandler(this.gameStart);
    // Stop
    this.Stop.Index = 1;
    this.Stop.Text = "Stop";
    this.Stop.Click += new System.EventHandler(this.gameStop);
    // Setting
    this.Setting.Index = 2;
    this.Setting.Text = "Setting";
    this.Setting.Click += new System.EventHandler(this.Setting_Click);
    // Exit
    this.Exit.Index = 3;
    this.Exit.Text = "Exit";
    this.Exit.Click += new System.EventHandler(this.exit);
    // statusBar
    this.statusBar.Font = new System.Drawing.Font(
                "굴림", 11F, System.Drawing.FontStyle.Regular,
                System.Drawing.GraphicsUnit.Point, ((System.Byte)(129)));
    this.statusBar.Location = new System.Drawing.Point(0, 521);
    this.statusBar.Name = "statusBar";
    this.statusBar.Panels.AddRange(
            new System.Windows.Forms.StatusBarPanel[] {this.Red,
```

```
                                                        this.Blue,
                                                        this.Orange,
                                                        this.Magenta});
this.statusBar.ShowPanels = true;
this.statusBar.Size = new System.Drawing.Size(592, 32);
this.statusBar.TabIndex = 1;
// Red
this.Red.Alignment
                    = System.Windows.Forms.HorizontalAlignment.Center;
this.Red.AutoSize
                    = System.Windows.Forms.StatusBarPanelAutoSize.Spring;
this.Red.Text = "do not exist";
this.Red.Width = 144;
// Blue
this.Blue.Alignment
                    = System.Windows.Forms.HorizontalAlignment.Center;
this.Blue.AutoSize
                    = System.Windows.Forms.StatusBarPanelAutoSize.Spring;
this.Blue.Text = "do not exist";
this.Blue.Width = 144;
    // Orange
this.Orange.Alignment
                    = System.Windows.Forms.HorizontalAlignment.Center;
this.Orange.AutoSize
                    = System.Windows.Forms.StatusBarPanelAutoSize.Spring;
this.Orange.Text = "do not exist";
this.Orange.Width = 144;
    // Magenta
this.Magenta.Alignment=System.Windows.Forms.HorizontalAlignment.Center;
this.Magenta.AutoSize
                        = System.Windows.Forms.StatusBarPanelAutoSize.Spring;
this.Magenta.Text = "do not exist";
this.Magenta.Width = 144;
// RobotGame
this.AutoScaleBaseSize = new System.Drawing.Size(6, 14);
this.BackColor = System.Drawing.SystemColors.ActiveCaptionText;
this.ClientSize = new System.Drawing.Size(592, 553);
this.Controls.Add(this.statusBar);
this.Controls.Add(this.panel1);
this.ForeColor = System.Drawing.SystemColors.ActiveCaptionText;
this.Menu = this.mainMenu1;
this.Name = "RobotGame";
this.Text = "Dummy Robot Game";
this.Load += new System.EventHandler(this.form_load);
```

```
        this.Activated += new System.EventHandler(this.active);
        this.Paint += new System.Windows.Forms.PaintEventHandler(this.OnPaint);
        ((System.ComponentModel.ISupportInitialize)(this.Red)).EndInit();
        ((System.ComponentModel.ISupportInitialize)(this.Blue)).EndInit();
    ((System.ComponentModel.ISupportInitialize)(this.Orange)).EndInit();
    ((System.ComponentModel.ISupportInitialize)(this.Magenta)).EndInit();
        this.ResumeLayout(false);
          }
          #endregion
          [STAThread]
          static void Main()
          {
        Application.Run(new RobotGame());
          }
          public Disk[] getDisk()      //디스크의수를 반환
          {
        return disks;
          }
          public Robot[] getRobot()     //로봇을 반환하는 메소드
          {
        return robots;
          }
          private void Setting_Click(object sender, System.EventArgs e)
          {
        setting.Show();           //세팅 메뉴를 클릭시 세팅폼을 보여줌
          }
          private void OnPaint(object sender, System.Windows.Forms.PaintEventArgs e)
          {
        Graphics g = e.Graphics;
        for(int i=0;i<robotNum;i++)              //robot을 그림
        {
                g.DrawRectangle(robots[i].pen,robots[i].robotRect);
           int x1 = robots[i].robotRect.X;
           int y1 = robots[i].robotRect.Y;
           int x2 = robots[i].robotRect.X+robots[i].robotRect.Width;
           int y2 = robots[i].robotRect.Y+robots[i].robotRect.Height;
           g.DrawLine(robots[i].pen,x1,y1,x2,y2);
                //disk와 구분하기 위해 사각형안에 x표시를 함.
           x1 = robots[i].robotRect.X;
           y1 = robots[i].robotRect.Y+robots[i].robotRect.Height;
           x2 = robots[i].robotRect.X+robots[i].robotRect.Width;
           y2 = robots[i].robotRect.Y;
           g.DrawLine(robots[i].pen,x1,y1,x2,y2);
        }
```

```
for(int i=0;i<diskNum;i++)                      //disk를 그림
{
   g.DrawRectangle(disks[i].pen,disks[i].diskPosition);
   int x1 = disks[i].diskPosition.X+2;
   int y1 = disks[i].diskPosition.Y+2+(i%MAX_DISK*2);
   int x2 = disks[i].diskPosition.X+disks[i].diskPosition.Width-2;
   int y2 = disks[i].diskPosition.Y+2+(i%MAX_DISK*2);
   g.DrawLine(disks[i].pen,x1,y1,x2,y2);
}
  }
  private void view()
  {
drawDisk();                                    //초기화면에 랜덤하게 disk를 배치
drawRobot();                       //초기화면에 랜덤하게 robot을 배치
Invalidate(false);   //화면을 갱신
  }
  private void drawRobot()   //로봇을 그린다.
  {
     robotNum=0;
     Color robotColor;
     Rectangle tmpRect;
     bool collision=false;
    for(int i=0;i<MAX_KIND;i++)
{
        for(int j=0;j<setting.robotCount[i];)
   {
      robotColor = getColor(i);
      tmpX = rand.Next(panel1.Width-setting.robotSize);
      tmpY = rand.Next(panel1.Height-setting.robotSize);
          tmpRect =
            new Rectangle(tmpX,tmpY,setting.robotSize,setting.robotSize);
      collision = false;
      for(int k=0;k<diskNum;k++)    //디스크에 관하여 겹쳐지지 않는 지점
      {
         if(tmpRect.IntersectsWith(disks[k].diskPosition)){
            collision = true;
          }
      }
      for(int k=0; robots[k] != null && collision == false k++)
          if(tmpRect.IntersectsWith(robots[k].robotRect))
                  collision = true;              //로봇에 관해 겹쳐지지 않는 지점
      if(collision == false)
      {
         robots[robotNum++]
```

```
                    = new Robot(robotColor,tmpRect,setting.brain[i],this);
            j++;
        }
    }
    }
  }
  private void drawDisk()    //디스크를 그린다.
  {
     diskNum=0;
diskSize = setting.robotSize-2;
Color diskColor;
for(int i=0;i<MAX_KIND;i++)
{
   for(int j=0;j<setting.diskCount[i];j++)
   {
      diskColor=getColor(i);
      tmpX = rand.Next(19)*setting.robotSize;
      tmpY = rand.Next(17)*setting.robotSize;
      disks[diskNum++] = new Disk(tmpX,tmpY,diskColor,diskSize);
    }
      }
  }
  public Color getColor(int n)      //컬러의 인덱스 값을 얻어옴
  {
if(n==0)
   return Color.Red;
else if(n==1)
   return Color.Blue;
else if(n==2)
   return Color.Orange;
else
   return Color.Magenta;
  }
  private void gameStart(object sender, System.EventArgs e)
  {                                   //시작 메뉴를 클릭시
     for(int i=0;i<robotNum;i++)
     {
   robotThread[i]= new Thread(new ThreadStart(robots[i].Run));
   robotThread[i].Start();                          //생성된 쓰레드를 시작
     }
     startTime = DateTime.Now;              //시작시간을 저장함
  }
  private void gameStop(object sender, System.EventArgs e)
  {                              //중지 메뉴를 클릭시
```

```
for(int i=0;i<robotNum;i++)
{
   if(robotThread[i].IsAlive)
      robotThread[i].Abort();              //쓰레드를 일시 중지
   robots[i].isRun=false;
 }
 }
 public int getCompletedCount(Color color)
 {                          //수집해야될 디스크의 수를 리턴하는 메소드
    for(int i=0; i < MAX_KIND; i++)
    {
  if(getColor(i).Equals(color))
          return setting.diskCount[i];
    }
    return 0;
 }
 public void setTimeInfo(Color color)
 {                     //디스크를 수집하는데 걸린 시간을 출력하는 메소드
    for(int i=0; i < MAX_KIND; i++)
    {
  if(getColor(i).Equals(color))
  {
     string endTime=DateTime.Now.Subtract(startTime).ToString();
     this.statusBar.Panels[i].Text+=endTime.Substring(0,8);
  }
    }
 }
 private void exit(object sender, System.EventArgs e)
 {                          //종료 메뉴를 클릭시 호출되는 메소드
for(int i=0;i<robotNum;i++)
{
robotThread[i].Abort();                              //쓰레드 종료
}
    this.Dispose();                                                      //폼을 종료
 }
 private void active(object sender, System.EventArgs e)
 {
    view();   //setting값이 바뀌었을경우 새롭게 robot과 disk를 배치함.
for(int i=0;i<MAX_KIND;i++)
{
  this.statusBar.Panels[i].Text = setting.robotName[i];
}
 }
 private void form_load(object sender, System.EventArgs e)
```

```
        {                              // 더블버퍼링을 구현하기위한 메소드
       SetStyle(ControlStyles.DoubleBuffer, true);
       SetStyle(ControlStyles.AllPaintingInWmPaint, true);
           SetStyle(ControlStyles.UserPaint, true);
        }
     }
  }
```

Listing 3.8 ≫ Setting.cs

```
using System;
using System.Drawing;
using System.Collections;
using System.ComponentModel;
using System.Windows.Forms;
namespace WindowsApplication1
{
   public class Setting : System.Windows.Forms.Form
   {
      private System.Windows.Forms.Panel panel1;
      private System.Windows.Forms.GroupBox groupBox1;
      private System.Windows.Forms.GroupBox groupBox2;
      private System.Windows.Forms.Label label2;
      private System.Windows.Forms.Label label3;
      private System.Windows.Forms.Label label4;
      private System.Windows.Forms.Label label5;
      private System.Windows.Forms.Label label6;
      private System.Windows.Forms.Label label7;
      private System.Windows.Forms.Label label8;
      private System.Windows.Forms.Label label9;
      private System.Windows.Forms.Label label10;
      private System.Windows.Forms.Label label11;
      private System.Windows.Forms.Button cancelBtn;
      private System.Windows.Forms.Button okBtn;
      private System.Windows.Forms.ComboBox robotSpeedCmb;
      private System.Windows.Forms.ComboBox robotSizeCmb;
      private System.Windows.Forms.ComboBox diskBlueCmb;
      private System.Windows.Forms.ComboBox diskOrangeCmb;
      private System.Windows.Forms.ComboBox diskMagentaCmb;
      private System.Windows.Forms.ComboBox robotMagentaCmb;
      private System.Windows.Forms.ComboBox robotOrangeCmb;
      private System.Windows.Forms.ComboBox robotBlueCmb;
      private System.Windows.Forms.ComboBox robotRedCmb;
      public System.Windows.Forms.ComboBox brainMagentaCmb;
```

```
  public System.Windows.Forms.ComboBox brainOrangeCmb;
  public System.Windows.Forms.ComboBox brainBlueCmb;
  public System.Windows.Forms.ComboBox brainRedCmb;
  private System.Windows.Forms.ComboBox diskRedCmb;
  public int[] diskCount = {4,4,0,0};
  public int[] robotCount ={3,3,0,0};
  public bool[] brain ={true,false,false,false};
  public string[] robotName
        ={"smart","dummy","do_not_exit","do_not_exit"};
  public int robotSize =30;
  public int delay=20;
  public bool changeSetting =false;
  RobotGame robotGame;
  private System.ComponentModel.Container components = null
  public Setting(RobotGame robotGame)
  {
InitializeComponent();
this.robotGame = robotGame;
robotSizeCmb.SelectedItem="24";
robotSpeedCmb.SelectedItem="30";
robotRedCmb.SelectedItem="3";
robotBlueCmb.SelectedItem="3";
robotOrangeCmb.SelectedItem="0";
robotMagentaCmb.SelectedItem="0";
diskRedCmb.SelectedItem="4";
diskBlueCmb.SelectedItem="4";
diskOrangeCmb.SelectedItem="0";
diskMagentaCmb.SelectedItem="0";
brainRedCmb.SelectedItem="Smart";
brainBlueCmb.SelectedItem="Dummy";
brainOrangeCmb.SelectedItem="Smart";
brainMagentaCmb.SelectedItem="Dummy";
  }
  protected override void Dispose( bool disposing )
  {
if( disposing ){
   if(components != null){
      components.Dispose();
   }
}
base.Dispose( disposing );
  }
  #region Windows Form 디자이너에서 생성한 코드
  private void InitializeComponent()
```

```
{
this.panel1 = new System.Windows.Forms.Panel();
this.cancelBtn = new System.Windows.Forms.Button();
this.okBtn = new System.Windows.Forms.Button();
this.groupBox2 = new System.Windows.Forms.GroupBox();
this.brainMagentaCmb = new System.Windows.Forms.ComboBox();
this.brainOrangeCmb = new System.Windows.Forms.ComboBox();
this.brainBlueCmb = new System.Windows.Forms.ComboBox();
this.brainRedCmb = new System.Windows.Forms.ComboBox();
this.robotMagentaCmb = new System.Windows.Forms.ComboBox();
this.robotOrangeCmb = new System.Windows.Forms.ComboBox();
this.robotBlueCmb = new System.Windows.Forms.ComboBox();
this.robotRedCmb = new System.Windows.Forms.ComboBox();
this.diskMagentaCmb = new System.Windows.Forms.ComboBox();
this.diskOrangeCmb = new System.Windows.Forms.ComboBox();
this.diskBlueCmb = new System.Windows.Forms.ComboBox();
    this.diskRedCmb = new System.Windows.Forms.ComboBox();
this.label11 = new System.Windows.Forms.Label();
    this.label10 = new System.Windows.Forms.Label();
this.label9 = new System.Windows.Forms.Label();
    this.label8 = new System.Windows.Forms.Label();
this.label7 = new System.Windows.Forms.Label();
this.label6 = new System.Windows.Forms.Label();
this.label5 = new System.Windows.Forms.Label();
this.label4 = new System.Windows.Forms.Label();
this.groupBox1 = new System.Windows.Forms.GroupBox();
this.robotSpeedCmb = new System.Windows.Forms.ComboBox();
this.robotSizeCmb = new System.Windows.Forms.ComboBox();
this.label3 = new System.Windows.Forms.Label();
this.label2 = new System.Windows.Forms.Label();
this.panel1.SuspendLayout();
this.groupBox2.SuspendLayout();
this.groupBox1.SuspendLayout();
this.SuspendLayout();
//panel1
this.panel1.BackColor = System.Drawing.Color.White;
this.panel1.Controls.Add(this.cancelBtn);
this.panel1.Controls.Add(this.okBtn);
this.panel1.Controls.Add(this.groupBox2);
this.panel1.Controls.Add(this.groupBox1);
this.panel1.Location = new System.Drawing.Point(0, 0);
this.panel1.Name = "panel1";
this.panel1.Size = new System.Drawing.Size(432, 328);
this.panel1.TabIndex = 0;
```

```
// cancelBtn
this.cancelBtn.Location = new System.Drawing.Point(240, 280);
this.cancelBtn.Name = "cancelBtn";
this.cancelBtn.TabIndex = 3;
this.cancelBtn.Text = "Camce;";
this.cancelBtn.Click
                += new System.EventHandler(this.cancelBtn_Click);
// okBtn
this.okBtn.Location = new System.Drawing.Point(120, 280);
this.okBtn.Name = "okBtn";
this.okBtn.TabIndex = 2;
this.okBtn.Text = "OK";
this.okBtn.Click += new System.EventHandler(this.okBtn_Click);
// groupBox2
this.groupBox2.Controls.Add(this.brainMagentaCmb);
this.groupBox2.Controls.Add(this.brainOrangeCmb);
this.groupBox2.Controls.Add(this.brainBlueCmb);
this.groupBox2.Controls.Add(this.brainRedCmb);
this.groupBox2.Controls.Add(this.robotMagentaCmb);
this.groupBox2.Controls.Add(this.robotOrangeCmb);
    this.groupBox2.Controls.Add(this.robotBlueCmb);
this.groupBox2.Controls.Add(this.robotRedCmb);
this.groupBox2.Controls.Add(this.diskMagentaCmb);
this.groupBox2.Controls.Add(this.diskOrangeCmb);
this.groupBox2.Controls.Add(this.diskBlueCmb);
this.groupBox2.Controls.Add(this.diskRedCmb);
this.groupBox2.Controls.Add(this.label11);
this.groupBox2.Controls.Add(this.label10);
this.groupBox2.Controls.Add(this.label9);
this.groupBox2.Controls.Add(this.label8);
this.groupBox2.Controls.Add(this.label7);
this.groupBox2.Controls.Add(this.label6);
this.groupBox2.Controls.Add(this.label5);
this.groupBox2.Controls.Add(this.label4);
this.groupBox2.Location = new System.Drawing.Point(16, 128);
this.groupBox2.Name = "groupBox2";
this.groupBox2.Size = new System.Drawing.Size(392, 144);
this.groupBox2.TabIndex = 1;
this.groupBox2.TabStop = false;
this.groupBox2.Text = "Robot and Disk";
// brainMagentaCmb
this.brainMagentaCmb.BackColor
                = System.Drawing.SystemColors.Highlight;
this.brainMagentaCmb.Items.AddRange(new object[] {"Dummy","Smart"});
```

```
this.brainMagentaCmb.Location = new System.Drawing.Point(312, 113);
this.brainMagentaCmb.Name = "brainMagentaCmb";
this.brainMagentaCmb.Size = new System.Drawing.Size(72, 20);
this.brainMagentaCmb.TabIndex = 19;
// brainOrangeCmb
this.brainOrangeCmb.BackColor
                        = System.Drawing.SystemColors.Highlight;
this.brainOrangeCmb.Items.AddRange(new object[] {"Dummy","Smart"});
this.brainOrangeCmb.Location = new System.Drawing.Point(237, 113);
this.brainOrangeCmb.Name = "brainOrangeCmb";
this.brainOrangeCmb.Size = new System.Drawing.Size(72, 20);
this.brainOrangeCmb.TabIndex = 18;
// brainBlueCmb
this.brainBlueCmb.BackColor = System.Drawing.SystemColors.Highlight;
this.brainBlueCmb.Items.AddRange(new object[] {"Dummy", "Smart"});
this.brainBlueCmb.Location = new System.Drawing.Point(161, 113);
this.brainBlueCmb.Name = "brainBlueCmb";
this.brainBlueCmb.Size = new System.Drawing.Size(72, 20);
this.brainBlueCmb.TabIndex = 17;
// brainRedCmb
this.brainRedCmb.BackColor = System.Drawing.SystemColors.Highlight;
this.brainRedCmb.Items.AddRange(new object[] { "Dummy","Smart"});
this.brainRedCmb.Location = new System.Drawing.Point(86, 113);
this.brainRedCmb.Name = "brainRedCmb";
this.brainRedCmb.Size = new System.Drawing.Size(72, 20);
this.brainRedCmb.TabIndex = 16;
// robotMagentaCmb
this.robotMagentaCmb.BackColor
                  = System.Drawing.SystemColors.Highlight;
this.robotMagentaCmb.Items.AddRange(new object[] {"0","1","2","3"});
this.robotMagentaCmb.Location = new System.Drawing.Point(312, 84);
this.robotMagentaCmb.Name = "robotMagentaCmb";
this.robotMagentaCmb.Size = new System.Drawing.Size(72, 20);
this.robotMagentaCmb.TabIndex = 15;
// robotOrangeCmb
this.robotOrangeCmb.BackColor
                        = System.Drawing.SystemColors.Highlight;
this.robotOrangeCmb.Items.AddRange(new object[] {"0","1","2","3"});
this.robotOrangeCmb.Location = new System.Drawing.Point(237, 84);
this.robotOrangeCmb.Name = "robotOrangeCmb";
this.robotOrangeCmb.Size = new System.Drawing.Size(72, 20);
this.robotOrangeCmb.TabIndex = 14;
// robotBlueCmb
this.robotBlueCmb.BackColor = System.Drawing.SystemColors.Highlight;
```

```
this.robotBlueCmb.Items.AddRange(new object[] { "0","1","2","3"});
this.robotBlueCmb.Location = new System.Drawing.Point(161, 84);
this.robotBlueCmb.Name = "robotBlueCmb";
this.robotBlueCmb.Size = new System.Drawing.Size(72, 20);
this.robotBlueCmb.TabIndex = 13;
// robotRedCmb
this.robotRedCmb.BackColor = System.Drawing.SystemColors.Highlight;
this.robotRedCmb.Items.AddRange(new object[] {"0", "1","2","3"});
this.robotRedCmb.Location = new System.Drawing.Point(87, 84);
this.robotRedCmb.Name = "robotRedCmb";
this.robotRedCmb.Size = new System.Drawing.Size(72, 20);
this.robotRedCmb.TabIndex = 12;
// diskMagentaCmb
this.diskMagentaCmb.BackColor
                        = System.Drawing.SystemColors.Highlight;
this.diskMagentaCmb.Items.AddRange(new object[] {"0","4","5","6",
                                              "7","8","9","10"});
this.diskMagentaCmb.Location = new System.Drawing.Point(312, 56);
this.diskMagentaCmb.Name = "diskMagentaCmb";
this.diskMagentaCmb.Size = new System.Drawing.Size(72, 20);
this.diskMagentaCmb.TabIndex = 11;
// diskOrangeCmb
this.diskOrangeCmb.BackColor
                            = System.Drawing.SystemColors.Highlight;
this.diskOrangeCmb.Items.AddRange(new object[] {"0","4","5","6","7",
                                              "8", "9","10"});
this.diskOrangeCmb.Location = new System.Drawing.Point(237, 56);
this.diskOrangeCmb.Name = "diskOrangeCmb";
this.diskOrangeCmb.Size = new System.Drawing.Size(72, 20);
this.diskOrangeCmb.TabIndex = 10;
// diskBlueCmb
this.diskBlueCmb.BackColor = System.Drawing.SystemColors.Highlight;
this.diskBlueCmb.Items.AddRange(new object[] { "0","4","5","6", "7",
                                              "8","9","10"});
this.diskBlueCmb.Location = new System.Drawing.Point(161, 56);
this.diskBlueCmb.Name = "diskBlueCmb";
this.diskBlueCmb.Size = new System.Drawing.Size(72, 20);
this.diskBlueCmb.TabIndex = 9;
// diskRedCmb
this.diskRedCmb.BackColor = System.Drawing.SystemColors.Highlight;
this.diskRedCmb.DisplayMember = "8";
this.diskRedCmb.Items.AddRange(new object[] {"0","4","5","6","7",
                                              "8","9","10"});
this.diskRedCmb.Location = new System.Drawing.Point(86, 56);
```

```
this.diskRedCmb.Name = "diskRedCmb";
this.diskRedCmb.Size = new System.Drawing.Size(72, 20);
this.diskRedCmb.TabIndex = 8;
// label11
this.label11.BorderStyle
                        = System.Windows.Forms.BorderStyle.FixedSingle;
this.label11.Font
        = new System.Drawing.Font("굴림", 9F, System.Drawing.FontStyle.Bold,
            System.Drawing.GraphicsUnit.Point, ((System.Byte)(129)));
this.label11.Location = new System.Drawing.Point(8, 112);
this.label11.Name = "label11";
this.label11.Size = new System.Drawing.Size(72, 23);
this.label11.TabIndex = 7;
this.label11.Text = "Brain";
this.label11.TextAlign
                      = System.Drawing.ContentAlignment.MiddleCenter;
// label10
this.label10.BorderStyle
                        = System.Windows.Forms.BorderStyle.FixedSingle;
this.label10.Font
        = new System.Drawing.Font("굴림", 9F, System.Drawing.FontStyle.Bold,
             System.Drawing.GraphicsUnit.Point, ((System.Byte)(129)));
this.label10.Location = new System.Drawing.Point(8, 82);
this.label10.Name = "label10";
this.label10.Size = new System.Drawing.Size(72, 23);
this.label10.TabIndex = 6;
this.label10.Text = "Robot";
this.label10.TextAlign
          = System.Drawing.ContentAlignment.MiddleCenter;
// label9
this.label9.BorderStyle
                  = System.Windows.Forms.BorderStyle.FixedSingle;
this.label9.Font
        = new System.Drawing.Font("굴림", 9F, System.Drawing.FontStyle.Bold,
            System.Drawing.GraphicsUnit.Point, ((System.Byte)(129)));
this.label9.Location = new System.Drawing.Point(8, 54);
this.label9.Name = "label9";
this.label9.Size = new System.Drawing.Size(72, 23);
this.label9.TabIndex = 5;
this.label9.Text = "Disk";
this.label9.TextAlign
                            = System.Drawing.ContentAlignment.MiddleCenter;
// label8
this.label8.BorderStyle
```

```
                    = System.Windows.Forms.BorderStyle.FixedSingle;
this.label8.Font
        = new System.Drawing.Font("굴림", 9F, System.Drawing.FontStyle.Bold,
            System.Drawing.GraphicsUnit.Point, ((System.Byte)(129)));
this.label8.ForeColor = System.Drawing.Color.Magenta;
this.label8.Location = new System.Drawing.Point(310, 24);
this.label8.Name = "label8";
this.label8.Size = new System.Drawing.Size(72, 23);
this.label8.TabIndex = 4;
this.label8.Text = "Magenta";
this.label8.TextAlign
            = System.Drawing.ContentAlignment.MiddleCenter;
// label7
this.label7.BorderStyle
                = System.Windows.Forms.BorderStyle.FixedSingle;
this.label7.Font
        = new System.Drawing.Font("굴림", 9F, System.Drawing.FontStyle.Bold,
            System.Drawing.GraphicsUnit.Point, ((System.Byte)(129)));
this.label7.ForeColor
            = System.Drawing.Color.FromArgb(((System.Byte)(255)),
                ((System.Byte)(128)), ((System.Byte)(0)));
this.label7.Location = new System.Drawing.Point(235, 24);
this.label7.Name = "label7";
this.label7.Size = new System.Drawing.Size(72, 23);
this.label7.TabIndex = 3;
this.label7.Text = "Orange";
this.label7.TextAlign
                = System.Drawing.ContentAlignment.MiddleCenter;
// label6
this.label6.BorderStyle
                = System.Windows.Forms.BorderStyle.FixedSingle;
this.label6.Font
        = new System.Drawing.Font("굴림", 9F, System.Drawing.FontStyle.Bold,
            System.Drawing.GraphicsUnit.Point, ((System.Byte)(129)));
this.label6.ForeColor = System.Drawing.Color.Blue;
this.label6.Location = new System.Drawing.Point(160, 24);
this.label6.Name = "label6";
this.label6.Size = new System.Drawing.Size(72, 23);
this.label6.TabIndex = 2;
this.label6.Text = "Blue";
this.label6.TextAlign
                = System.Drawing.ContentAlignment.MiddleCenter;
// label5
this.label5.BorderStyle
```

```
                    = System.Windows.Forms.BorderStyle.FixedSingle;
this.label5.Font
        =new System.Drawing.Font("굴림", 9F, System.Drawing.FontStyle.Bold,
          System.Drawing.GraphicsUnit.Point, ((System.Byte)(129)));
this.label5.ForeColor = System.Drawing.Color.Red;
this.label5.Location = new System.Drawing.Point(85, 24);
this.label5.Name = "label5";
this.label5.Size = new System.Drawing.Size(72, 23);
this.label5.TabIndex = 1;
this.label5.Text = "Red";
this.label5.TextAlign
                    = System.Drawing.ContentAlignment.MiddleCenter;
// label4
this.label4.BorderStyle
                      = System.Windows.Forms.BorderStyle.FixedSingle;
this.label4.Font
       = new System.Drawing.Font("굴림", 9F, System.Drawing.FontStyle.Bold,
          System.Drawing.GraphicsUnit.Point, ((System.Byte)(129)));
this.label4.Location = new System.Drawing.Point(8, 24);
this.label4.Name = "label4";
this.label4.Size = new System.Drawing.Size(72, 23);
this.label4.TabIndex = 0;
this.label4.Text = "Color";
this.label4.TextAlign
                  = System.Drawing.ContentAlignment.MiddleCenter;=
// groupBox1
this.groupBox1.Controls.Add(this.robotSpeedCmb);
this.groupBox1.Controls.Add(this.robotSizeCmb);
this.groupBox1.Controls.Add(this.label3);
this.groupBox1.Controls.Add(this.label2);
this.groupBox1.Location = new System.Drawing.Point(16, 16);
this.groupBox1.Name = "groupBox1";
this.groupBox1.Size = new System.Drawing.Size(392, 88);
this.groupBox1.TabIndex = 0;
this.groupBox1.TabStop = false;
this.groupBox1.Text = "Size and Speed";
// robotSpeedCmb
this.robotSpeedCmb.BackColor
                        = System.Drawing.SystemColors.Highlight;
this.robotSpeedCmb.Items.AddRange(new object[] {"5", "10","15","20",
                                                   "30", "40","50"});
this.robotSpeedCmb.Location = new System.Drawing.Point(208, 56);
this.robotSpeedCmb.Name = "robotSpeedCmb";
this.robotSpeedCmb.Size = new System.Drawing.Size(126, 20);
```

```
this.robotSpeedCmb.TabIndex = 5;
// robotSizeCmb
this.robotSizeCmb.BackColor = System.Drawing.SystemColors.Highlight;
this.robotSizeCmb.Items.AddRange(new object[] {"24","27","30"});
this.robotSizeCmb.Location = new System.Drawing.Point(48, 56);
this.robotSizeCmb.Name = "robotSizeCmb";
this.robotSizeCmb.Size = new System.Drawing.Size(120, 20);
this.robotSizeCmb.TabIndex = 4;
// label3
this.label3.BorderStyle
                    = System.Windows.Forms.BorderStyle.FixedSingle;
this.label3.Font
      = new System.Drawing.Font("굴림", 9F, System.Drawing.FontStyle.Bold,
              System.Drawing.GraphicsUnit.Point, ((System.Byte)(129)));
this.label3.Location = new System.Drawing.Point(208, 24);
this.label3.Name = "label3";
this.label3.Size = new System.Drawing.Size(128, 24);
this.label3.TabIndex = 2;
this.label3.Text = "Robot Speed (delay)";
this.label3.TextAlign
                  = System.Drawing.ContentAlignment.MiddleCenter;
// label2
this.label2.BorderStyle
                     = System.Windows.Forms.BorderStyle.FixedSingle;
this.label2.Font
       = new System.Drawing.Font("굴림", 9F, System.Drawing.FontStyle.Bold,
            System.Drawing.GraphicsUnit.Point, ((System.Byte)(129)));
this.label2.Location = new System.Drawing.Point(48, 24);
this.label2.Name = "label2";
this.label2.Size = new System.Drawing.Size(120, 24);
this.label2.TabIndex = 1;
this.label2.Text = "Robot Size(pixel)";
this.label2.TextAlign
                   = System.Drawing.ContentAlignment.MiddleCenter;
// Setting
this.AutoScaleBaseSize = new System.Drawing.Size(6, 14);
this.ClientSize = new System.Drawing.Size(432, 326);
this.Controls.Add(this.panel1);
this.Name = "Setting";
this.Text = "Setting";
this.panel1.ResumeLayout(false);
this.groupBox2.ResumeLayout(false);
this.groupBox1.ResumeLayout(false);
this.ResumeLayout(false);
```

```
        }
        #endregion
        private void okBtn_Click(object sender, System.EventArgs e)
        {
       robotSize = int.Parse(robotSizeCmb.SelectedItem.ToString());
       delay = int.Parse(robotSpeedCmb.SelectedItem.ToString());
            robotCount[0] = int.Parse(robotRedCmb.SelectedItem.ToString());
       robotCount[1] = int.Parse(robotBlueCmb.SelectedItem.ToString());
       robotCount[2] = int.Parse(robotOrangeCmb.SelectedItem.ToString());
       robotCount[3] = int.Parse(robotMagentaCmb.SelectedItem.ToString());
       diskCount[0] = int.Parse(diskRedCmb.SelectedItem.ToString());
       diskCount[1] = int.Parse(diskBlueCmb.SelectedItem.ToString());
       diskCount[2] = int.Parse(diskOrangeCmb.SelectedItem.ToString());
       diskCount[3] = int.Parse(diskMagentaCmb.SelectedItem.ToString());
       brain[0] = brainRedCmb.SelectedItem.ToString().Equals("Smart");
       brain[1] = brainBlueCmb.SelectedItem.ToString().Equals("Smart");
       brain[2] = brainOrangeCmb.SelectedItem.ToString().Equals("Smart");
       brain[3] = brainMagentaCmb.SelectedItem.ToString().Equals("Smart");
       for(int i=0;i<4;i++)
       {
          if(robotCount[i]>0)
          {
             if(brain[i])
                robotName[i] = "Smart";
                  else
                robotName[i] = "Dummy";
          }
          else
             robotName[i] = "do_not_exit";
       }
       this.Hide();
       changeSetting =true;
        }
        private void cancelBtn_Click(object sender, System.EventArgs e)
        {
       this.Hide();
        }
    }
}
```

Listing 3.8 ≫ Robot.cs

```
using System.Drawing;
using System.Drawing.Drawing2D;
using System.Windows.Forms;
using System;
using System.Threading;
namespace WindowsApplication1
{
    public class Robot
    {
        private int angle;
        public int xStep;
        public int yStep;
        private int holdDiskNumber;
        public bool isRun=true;
        public Pen pen;
        private bool isSmart;
        public Rectangle robotRect;
        RobotGame robotGame;
        private DateTime totalTime;
        private static Communication comm;          // 로봇간 정보교환용
        Color color;
        public    Robot(Color    color,Rectangle    robotRect,bool    smart,RobotGame
robotGame)
        {
      this.robotRect = robotRect;
      pen = new Pen(color,1);
      this.holdDiskNumber = -1;
            isSmart = smart;
      this.color = color;
      isRun= true;
          comm = new Communication(robotGame);
      this.robotGame = robotGame;
      newDirection();
       }
       public Color getColor()
       {
      return color;
       }
       public void Run()
       {
      Disk[] disks = robotGame.getDisk();
      Robot[] robots = robotGame.getRobot();
```

```
        while(isRun)
        {
            if(detectCollision(disks, robots))                    // 충돌 감지
                newDirection();
            else
                {              // 충돌이 없을 경우 이동
                robotRect.X += xStep;
                robotRect.Y += yStep;
                if(holdDiskNumber > -1)
                    {
                    disks[holdDiskNumber].diskPosition.X = robotRect.X+1;
                    disks[holdDiskNumber].diskPosition.Y = robotRect.Y+1;
                    }
                robotGame.Invalidate(true);
            }
            Thread.Sleep(robotGame.delay);
        }
    }
    public void newDirection()
    {
        int movement = 6;     // 이동거리 (픽셀)
        angle = new Random().Next(360);     // 랜덤에 의한 360도 내의 임의각 산출
        // movement 와 angle 에 의해서 실제 x, y 축의 실제 좌표변화값 산출
        xStep = (int)Math.Round(Math.Cos(angle) * movement);
        //움직인 각의 코사인*이동거리를 int 형으로 xStep에 넣는다.
        yStep = (int)Math.Round(Math.Sin(angle) * movement);
        //움직인 각의 사인*이동거리를 int 형으로 yStep에 넣는다.
    }
    public int countDisk(Disk[] disks, Disk collisionDisk)
    {
        int collectedDiskCount = 0;
        for(int i=0; i < disks.Length && disks[i] != null i++)
        {
            if(collisionDisk.getColor().Equals(disks[i].getColor()) &&
                     collisionDisk.diskPosition.Location.Equals(
                                   disks[i].diskPosition.Location))
            {
                collectedDiskCount++;
            }
        }
        return collectedDiskCount;
    }
    public bool checkCompleted(Disk[] disks, Disk collisionDisk,
                                                    int completedCount)
```

```
    {
  if(countDisk(disks, collisionDisk) == completedCount)
  {// 디스크를 완전히 다모으면
    isRun = false;  //움직임을 멈춘다
    return true;
  }
  else
    return false;
   }
   public bool detectCollision(Disk[] disks, Robot[] robots)
   {
  // 진행영역 얻기
  Rectangle tempRect = new Rectangle( robotRect.X+xStep,
                    robotRect.Y+yStep,robotRect.Width,robotRect.Height);
  Rectangle view = new Rectangle(0,0,robotGame.panelWidth,

robotGame.panelHeight);
  // 뷰 공간상의 영역에 진행영역이 포함되어있는지 판단
  if(view.Contains(tempRect))
  {
    // 뷰 공간안에 있는 경우 다른 로봇들과의 충돌여부 체크
    for(int i=0; i < robots.Length && robots[i] != null i++)
    {
      if(!robots[i].Equals(this) &&
                    tempRect.IntersectsWith(robots[i].robotRect))
      {
        return true;          // 다른 로봇과의 충돌
      }
    }
    // 뷰 공간안에서 다른 로봇과의 충돌이 없다면 디스크들과의 충돌여부 체크
    for(int i=0; i < disks.Length && disks[i] != null i++)
    {
      if(holdDiskNumber != i &&
                  tempRect.IntersectsWith(disks[i].diskPosition))
      {
           if(color.Equals(disks[i].getColor()))
        {           // 동일한 색깔의 디스크인 경우
             if(holdDiskNumber > -1)
         {                          // 디스크를 들고 있다면 내려놓는다
           if(isSmart)
              {// 최대수집공간에 만난 경우만 내려놓는다. 아닌경우는 무시
             if(comm.getMaxcount(color)
                                   == countDisk(disks, disks[i]))
             {
```

```
                    disks[holdDiskNumber].diskPosition.X
                                                  = disks[i].diskPosition.X;
                    disks[holdDiskNumber].diskPosition.Y
                                                  = disks[i].diskPosition.Y;
        holdDiskNumber = -1;
                comm.putdown(color);
                comm.incCount(color);
                robotGame.Invalidate(true);
                if(checkCompleted(disks,
                        disks[i],     robotGame.getCompletedCount(color)))
                        {           //종료시간 출력
                           robotGame.setTimeInfo(color);
                        }
            }
          }
          else
          {
                disks[holdDiskNumber].diskPosition.X
                                           = disks[i].diskPosition.X;
             disks[holdDiskNumber].diskPosition.Y
                                           = disks[i].diskPosition.Y;
             holdDiskNumber = -1;
             robotGame.Invalidate(true);
             if(checkCompleted(disks, disks[i],
                                   robotGame.getCompletedCount(color)))
             {     //종료시간 출력
                robotGame.setTimeInfo(color);
             }
          }
        }
        else
        {           // 로봇이 빈손일 경우 디스크를 집는다
          if(!checkCompleted(disks, disks[i],
                                  robotGame.getCompletedCount(color)))
              {
                 if(isSmart)
                 {
                    int temp = countDisk(disks, disks[i]);
                if(temp == 1 || temp < comm.getMaxcount(color))
                {
                   holdDiskNumber = i;
                   comm.pickup(color);
                   if(comm.getMaxcount(color)
                                         + comm.getPickcount(color)
```

```
                                              =                                              =
robotGame.getCompletedCount(color))
                                        {
                                      comm.setAlmostComplete(color);
                                        }
                                        robotGame.Invalidate(true);
                                                    // 뷰 공간상의 변화를 다시 그리도록 요청
                              }
                            }
                            else
                            {
                              holdDiskNumber = i;
                              robotGame.Invalidate(true);
                                                  // 뷰 공간상의 변화를 다시 그리도록 요청
                            }
                          }
                        }
                      }
                      return true;            // 디스크와의 충돌
                    }
                  }
                    return false;             // 충돌없음
                  }
                  else
                  {    // 진행영역이 뷰 공간상의 영역을 벗어난 경우 <-- 벽과의 충돌을 감지
                  if(isSmart && comm.getAlmostComplete(color) && holdDiskNumber < 0)
                  {
                    isRun = false;
                  }
                    return true; // 벽과의 충돌
                  }
                }
              }
            }
```

Listing 3.8 ≫ Disk.cs

```
using System;
using System.Drawing;
namespace WindowsApplication1
{
    /// <summary>
    /// Disk에 대한 요약 설명입니다.
    /// </summary>
```

```
    public class Disk
    {
        public Color color;
        public Pen pen;
        public Rectangle diskPosition;

        public Disk(int xPos,int yPos,Color color,int size)
        {
            //
            // TODO: 여기에 생성자 논리를 추가합니다.
            //
            this.color = color;
            pen = new Pen(color,1);
            diskPosition = new Rectangle(xPos,yPos,size,size);
        }
        public Color getColor()
        {
            return color;
        }


    }
}
```

Listing 3.8 ≫ Disk.cs

```
using System;
using System.Drawing;
namespace WindowsApplication1
{
   public class Communication
   {
      private Color[] color;                    //색상
      private int[] maxcount;                   //많은 수
      private int[] pickcount;       //집은수
      private bool[] almostComplete;       //디스크가 다 쌓였나? 안 쌓였나?
      public Communication(RobotGame robotGame)
      {
     color = new Color[4];
     maxcount = new int[4];
     pickcount = new int[4];
     almostComplete = new bool[4];
     for(int i=0; i < 4; i++)
     {
```

```
color[i] = robotGame.getColor(i);
maxcount[i] = 1;
pickcount[i] = 0;
almostComplete[i] = false;
}
  }
  public int getPickcount(Color c)
  {          //얻은 디스크를 세는 함수
     for(int i=0; i < 4; i++)
{
   if(color[i].Equals(c))
   { //로봇의 색상과 집은 디스크의 색이 같은가?
      return pickcount[i];
   }
}
return -1; //디스크를 한개 내려놔라
  }
  public int getMaxcount(Color c)
  {                   //최고로 많이 얻은 디스크를 세는 함수
     for(int i=0; i < 4; i++)
{
   if(color[i].Equals(c))
   {      //로봇의 색상과 집은 디스크의 색이 같은가?
      return maxcount[i]; //maxcount카운트로 값을 넘겨라
   }
}
return -1; //디스크를 한개 내려놔라
  }
  public void incCount(Color c)
  {
     for(int i=0; i < 4; i++)
{
   if(color[i].Equals(c))        //로봇의 색상과 집은 디스크의 색이 같은가?
      maxcount[i]++;            //디스크를 한개 잡아라
}
  }
  public void pickup(Color c)
  {
for(int i=0; i < 4; i++)
{
   if(color[i].Equals(c))      //로봇의 색상과 집은 디스크의 색이 같은가?
      pickcount[i]++;                     //디스크를 한개 잡아라
}
  }
```

```
      public void putdown(Color c)
      {             //잡은 디스크를 내려 놓는 함수
    for(int i=0; i < 4; i++)
    {
      if(color[i].Equals(c))
          pickcount[i]--;//디스크를 내려놔라
    }
      }
      public void setAlmostComplete(Color c)
      {                            //거의 디스크가 모아졌냐?에 관한 함수
    for(int i=0; i < 4; i++)
    {
      if(color[i].Equals(c))
          almostComplete[i] = true;
    }
      }
      public bool getAlmostComplete(Color c)
      {
        for(int i=0; i < 4; i++)
    {
            if(color[i].Equals(c))
          return almostComplete[i];
    }
    return false;
      }
  }
}
```

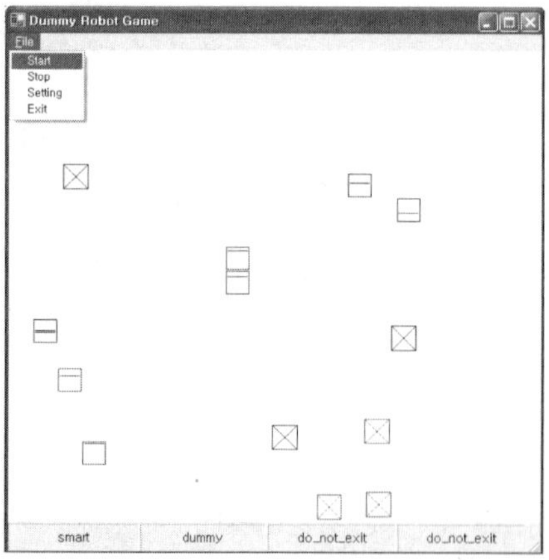

모으미 로봇 게임 시작

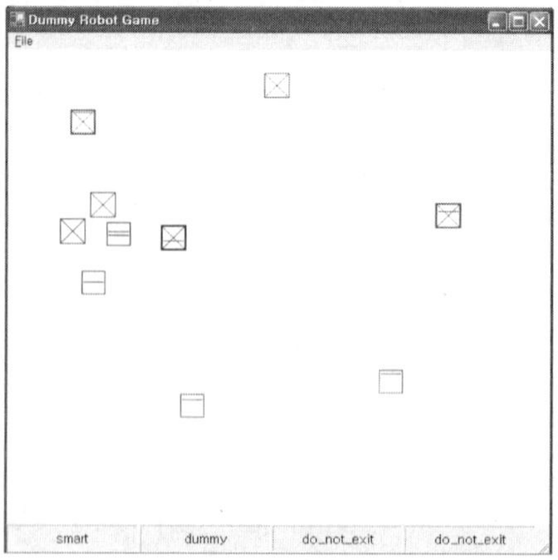

모으미 로봇 게임 진행 중

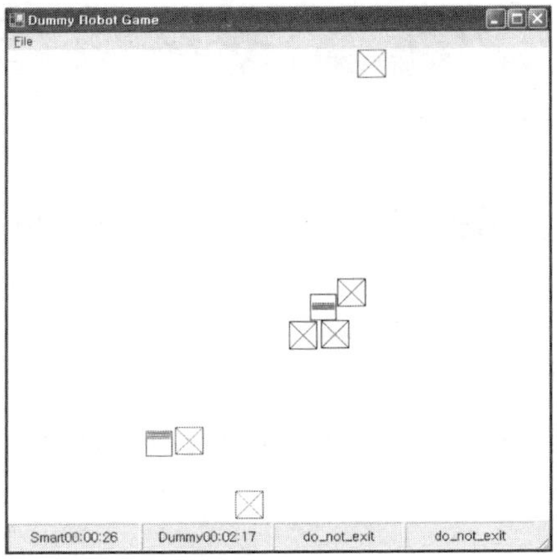
Dummy Robot Game
File
Smart00:00:26
Dummy00:02:17
do_not_exit
do_not_exit

모으미 로봇 게임 종료

/연/습/문/제/

1. 다음 메소드를 구현한 그림을 메뉴를 통해 클릭하면 화면에 볼 수 있도록 프로그램 하시오.

- DrawLine(), DrawPolyline()
- DrawPolygon(), DrawRectangle(), DrawEllipse(), DrawArc()
- DrawString()

2. Listing 3.6 image4.cs를 수정하여 로봇이 다음 그림과 같이 임의의 방향으로 반사하도록 하시오.

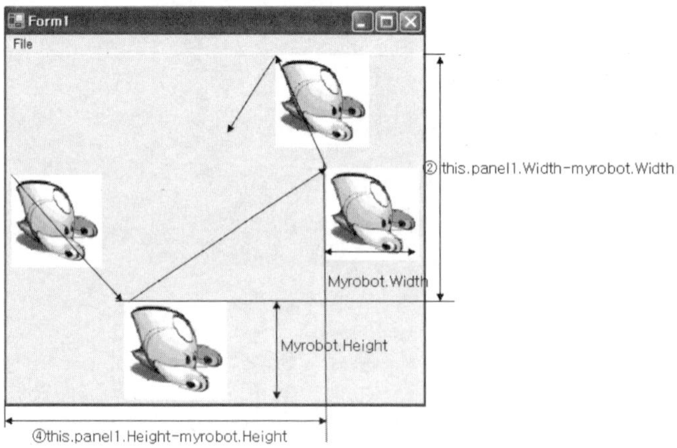

3. 마우스 이벤트를 이용하여 다음과 같은 그림을 윈도우 폼에 그려라.

CHAPTER 4

네트워크

C#의 네트워킹은 파일의 입출력 스트림을 네트워크를 통해 이루어진다는 간단한 개념으로 단순화되었다. C#의 네트워크를 지원하는 클래스는 System.Net 네임스페이스에 정의되어 있으며 UNIX의 소켓(socket) 개념을 캡슐화하고 있다.

4.1 네트워크의 기초

4.1.1 인터넷 프로토콜

인터넷 전송에 사용되는 표준 프로토콜은 TCP/IP(Transmission Control Protocol/ Internet Protocol)이다. TCP는 종단간(end-to-end) 출발점과 시작점을 설정한 뒤 일정한 양의 데이터인 패킷을 라우터라는 장비를 통해 전송하게 된다. 전송하는 길이 정해지면 전송이 끝날 때까지 이 길을 계속 이용하게 된다. 따라서 TCP 방식은 전화선과 같이 끊어지지 않고 연결이 보장 될 수 있어 신뢰성이 요구될 때 사용한다. TCP의 연결을 위해 한 쪽에서 소켓이 접속을 요구하여 접속할 곳의 소켓의 연결을 기다리다 접속이 되면 연결이 된다. TCP는 데이터의 순서를 자동으로 맞추어 전송이 되며 상대방으로부터 확인을 항상 받기 때문에 연결이 보장된다고 한다. 따라서 FTP, Telnet, 웹브라우저와 같이 신뢰성이 필요한 프로그램에서 주로 사용된다. IP는 네트워크 프로그램과는 무관한 하부 구조의 라우팅 프로토콜로써 데이터를 패킷으로 나누어 네트워크의 주소로 전송한다. 그림 4.1은 이러한 C# 네트워크 구조도를 간략한 것이다.

또 다른 프로토콜인 UDP(User Datagram Protocol)는 멀티미디어와 같은 대용량의 데이터를 빠르게 전송하지만 전송이 제대로 되었는지는 확인하지 않기 때문에 신뢰성은 갖지 못한다. UDP는 연결과는 무관하게 목적지에 데이터를 IP를 통해 보내기만 한다. 따라서 게임, 채팅, 모니터링과 같이 속도를 중요시하는 전송의 경우 사용된다.

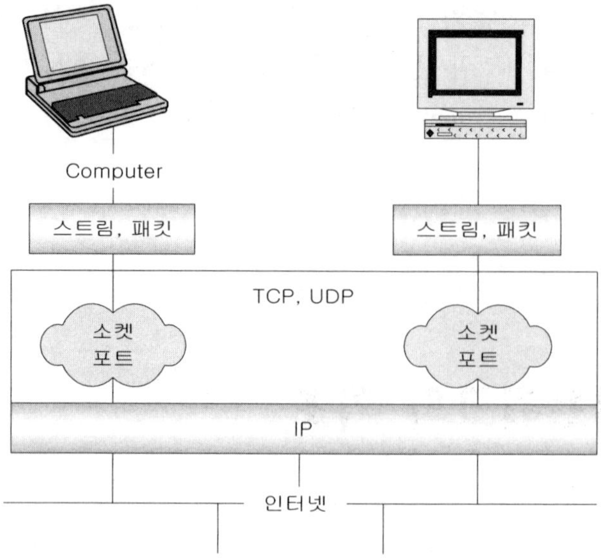

그림 4.1 ➡ C# 네트워크 구조도

4.1.2 IP주소(IP Address)

IP 주소는 네트워크 상의 모든 컴퓨터를 식별할 수 있는 고유의 숫자이다. 예를 들어 192.9.10.4와 같이 점(.)으로 연결된 4개의 숫자로 구성되며 각 숫자는 8비트인 0에서 255 사이의 숫자가 된다. 이를 조합하면 최대 4,294,967,296개의 IP 주소가 된다. 인터넷에 연결된 모든 호스트 컴퓨터들은 모두 고유의 주소를 갖고 있는데 이를 IP 주소(IP Address)라 한다. 그러나 사용자들은 이러한 숫자를 기억하고 쓰기에 불편하므로 이를 문자 형식으로 바꾼 도메인 이름을 사용하게 된다. 또한 32비트로는 그 숫자가 부족하기에 128비트를 사용하는 IPv6를 도입하고 있다.

IP 주소는 도메인 이름이라는 문자 형식의 이름으로 병행되어 사용된다. 인터넷에서 도메인 이름을 사용하면 DNS(Domain Name Server)에 의해 자동으로 IP 주소로 변환되기 때문에 사용자는 IP 주소를 기억하지 않아도 된다. 도메인 이름의 형식은 호스트 컴퓨터 이름과 계층적 형태의 기관 이름들로 구성되는데 가장 오른쪽이 최상위 도메인이 되며 왼쪽으로 차례대로 하위 도메인이 계층별로 쓰여 진다.

다음 도메인 이름의 예를 보면 “한국에 있는 교육기관인 경원대학의 main이라는 호스트 컴퓨터"라는 것을 알 수 있게 되는데 이는 점(.)으로 구분된 각 도메인에 그 의미가 부여되기 때문이다.

```
예) main.kyungwon.ac.kr - 도메인 이름
```

System.Net.IPHostEntry 클래스는 인터넷 주소 객체들을 생성하기 위해 제공된다. 프로그램에 인터넷 주소를 정의하기 위해서 다음과 같이 IPHostEntry 객체를 정의한다.

```
IPHostEntry kwuAddr = Dns.Resolve("www.kyungwon.ac.kr");
```

Listing 4.1 ≫ CGetInetAddr.cs

```
using System;
using System.IO;
using System.Net;
class CGetInetAddress
{
    static void Main(string[] args)
    {
        IPHostEntry kwuAddr = Dns.Resolve("www.kyungwon.ac.kr");
        Console.WriteLine("경원대학교 도메인 이름: " + kwuAddr.HostName);
        for(int i=0; i<kwuAddr.AddressList.Length; i++)
        {
            Console.WriteLine("경원대학교 IP 주소: " + kwuAddr.AddressList[i]);
        }
        IPHostEntry myAddr = Dns.Resolve("ailab.kyungwon.ac.kr");
        Console.WriteLine("인공지능랩 도메인 이름: " + myAddr.HostName);
        for(int i=0; i<myAddr.AddressList.Length; i++)
        {
            Console.WriteLine("인공지능랩 IP 주소: " + myAddr.AddressList[i]);
        }
    }
}
```

결과값

```
경원대학교 도메인 이름: www.kyungwon.ac.kr
경원대학교 IP 주소: 192.9.10.9
인공지능랩 도메인 이름: ailab.kyungwon.ac.kr
인공지능랩 IP 주소: 192.9.61.19
```

4.1.3 포트(port)와 소켓(socket)

인터넷 서버가 www, FTP, Telnet 등 과 같은 서비스를 동시에 한다고 하자. 서버는 클라이언트의 이러한 다양한 서비스를 어떻게 관리할 수 있을까? 서버는 서비스의 종류를 구분하기 위해 포트(port) 번호를 사용한다. 포트 번호는 16비트의 숫자이며 사용목적에 따라 영역이 정해져 있다. 처음 0에서 1023 포트 번호까지는 사용처가 이미 정해져 있으며 1024-4000번은 예약된 경우가 많으므로 사용자는 그 이상을 사용하도록 권장하고 있다. 대표적으로 21번 포트는 FTP, 23번 포트는 Telnet, 80번 포트는 HTTP 서비스용이다. 또 4000번 포트는 머드 서버, 8080번 포트는 인터넷 프록시 서버로 이용되므로 이는 사용하지 않는 것이 좋다. 서버와의 통신을 위해 클라이언트도 포트가 지정되어야 하는데 이는 자동으로 할당된다.

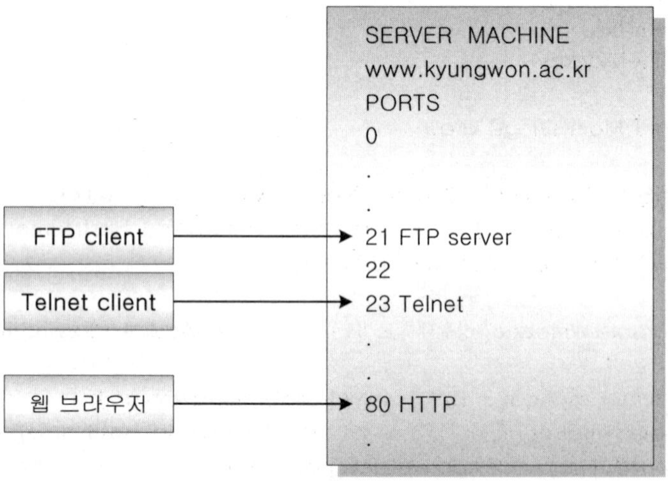

그림 4.2 ➡ 서버의 포트 구조도

소켓(socket)은 호스트 이름과 포트 번호에 의해서 식별되며 이를 통하여 데이터의 전송이 이루어진다. 소켓은 입출력 파일의 추상화(abstraction)다. 이로써 일단 소켓의 연결이 된 이후에는 입출력에 관한 자세한 내용은 사용자에게 나타내지 않는다. 다음 그림 4.3은 포트와 소켓의 연결 관계를 보여주고 있다.

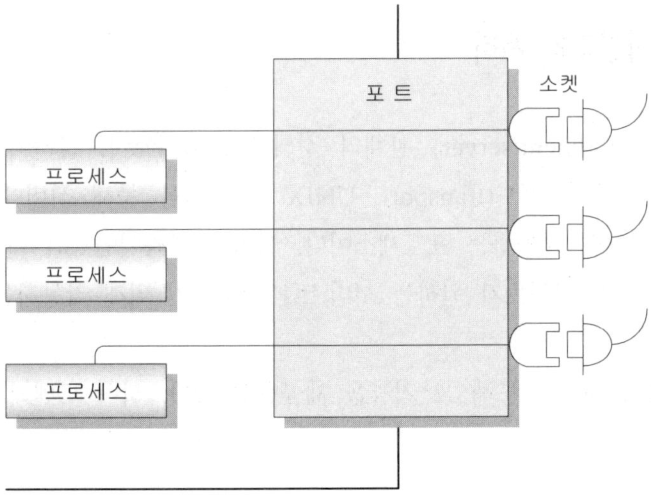

그림 4.3 ➡ 포트와 소켓의 구조

C#은 TCP를 위한 스트림 소켓(stream socket)과 UDP를 위한 데이터그램 소켓(datagram socket) 두 가지를 제공한다. TCP의 스트림 소켓은 두 개의 클래스가 존재하는데 Socket 클래스는 클라이언트가 통신을 요구할 때 사용되며 TcpListener 클래스는 서버가 클라이언트의 통신 요청을 받아들일 때 사용한다. 서버와 클라이언트가 연결되면 ReadLine()과 WriteLine() 메소드에 의해 데이터의 송·수신이 이루어진다.

4.1.4 URL(Uniform Resource Locator)

네트워크 상의 특정자료의 위치를 지정하기 위해 URL(Uniform Resource Locator)을 사용한다. URL은 다음과 같이 프로토콜, 호스트 이름, 포트 번호, 파일명으로 구성된다. 여기서 파일명이 생략되면 index.html 파일이 되며 System.Net클래스에서 지원한다.

http://	www.kyungwon.ac.kr	[:21]	/index.html
프로토콜	호스트이름	[포트번호]	파일명

URL을 이용하여 소켓과 마찬가지로 데이터를 읽고 쓸 수가 있다. 이미 URL을 알고 있다면 쉽고 빠르게 데이터 전송이 가능하다. 파일을 읽는 방법은 System.Net 클래스의 GetResponse( ) 메소드를 사용할 수 있다.

4.1.5 클라이언트와 서버

우선 클라이언트/서버(client/server) 관계의 정의부터 알아보자. 클라이언트는 네트워크나 시스템 내부의 트랜스포트(transport, UNIX 도메인)를 통해 서버에 있는 데이터를 교환하려는 컴퓨터에서 작동하는 프로세스이다. 서버는 클라이언트와 마찬가지 방법으로 하나 혹은 다수의 클라이언트가 원하는 서비스를 제공하기 위해 작동하는 프로세스이다.

서버는 Socket 클래스를 통해 그 기능을 제공받고 있다. 서버 모델의 작동은 다음 그림 4.4와 같다.

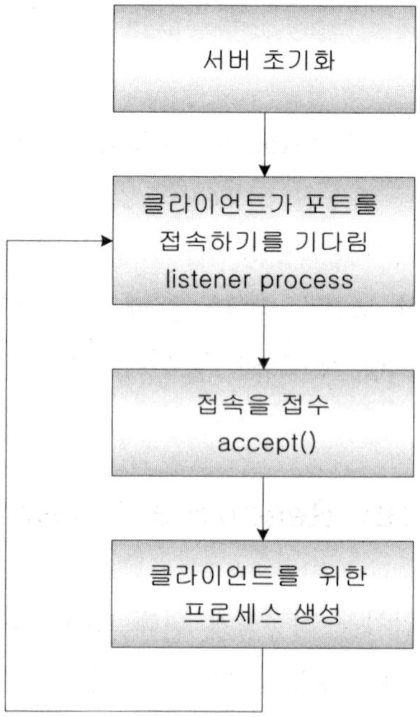

그림 4.4 ➡ 서버 모델의 작동

우선 서버는 클라이언트의 접속을 감지하기 위해 리스너 프로세스(listener process)가 스레드를 필요한 만큼 발생시킨다. 클라이언트가 접속이 되면 TcpListener.AcceptSocket( ) 메소드를 사용하여 소켓을 만들고 입출력 스트림을 처리한다. 이 작업을 다른 클라이언트가 있으면 계속 반복하여 하나의 클라이언트마다 하나의 서버 객체를 만들어 관리하게 된다.

4.2 스레드를 이용한 간단한 채팅 프로그램

이번 절에서는 네트워크의 예로 채팅 프로그램을 만들어 볼 것이다. 채팅 프로그램은 크게 클라이언트 프로그램과 서버 프로그램으로 두 개로 구성된다. 스레드를 사용한 클라이언트 프로그램에 대해 설명하면 다음과 같다. 첫째, 클라이언트 프로그램은 서버로 자신의 메시지를 보내는 작업을 한다. 둘째, 클라이언트 프로그램은 서버로부터 다른 클라이언트가 보낸 메시지를 받는 작업을 한다. 이 두 가지 기능이 동시에 작동하려면 스레드가 필요하다. 클라이언트는 서버로부터의 메시지를 항상 받을 준비가 되어있어야 하고 메시지를 서버로 보내는 중이라도 메시지를 받을 수 있도록 스레드를 실행시킨다.

스레드를 사용한 서버 프로그램은 다음과 같이 작동한다. 첫째, 클라이언트가 서버로 접속을 시도하는 것을 기다리는 기능이 필요하고, 둘째 기다리는 동안에도 클라이언트가 보낸 메시지를 다른 클라이언트들에게 메시지를 보내는 기능을 동시에 수행해야 한다.

채팅은 서로 대화를 나누는 사람들이 다른 지역에 머물면서 서로간의 정보를 교환할 수 있다. 네트워크에 있어서 어떤 한 사람이 다른 사람에게 정보를 줄 수도 있지만 받을 수도 있다. 따라서 채팅에 있어서는 정보를 보내는 스트림과 받는 스트림이 동시에 존재한다.

4.2.1 클라이언트

Listing 4.3 ChatClient.cs의 클라이언트 프로그램에서는 서버에 처음 접속을 시도하기 위해서 (d)connect( ) 메소드를 정의하여 사용하고 있다. 이 메소드는 서버가 위치한 곳의 IP와 포트를 찾아서 서버로의 접속을 시도한다. 접속이 성공한 후에 서버로 메시지를 전달하기 위해서 (a)send(int opcode, String content) 메소드를 정의하여 사용한다. 이 메소드에 인자로 opcode라는 정수형 변수를 만들어 사용하는데, opcode가 1000이면 서버로 처음 접속한다는 의미이고, 2000이면 클라이언트가 서버로 메시지를 보낼 때를 의미한다. 또한 3000인 경우는 클라이언트 채팅 창에서 웹브라우저를 닫았을 때를 의미하도록 정의하고 있다.

클라이언트 프로그램에서 서버로부터의 메시지를 받기 위해서 본 프로그램에서는 스레드 객체인 clientThread를 생성하고 clientThread.start( )를 이용하여 receive( ) 메소드를 실행하여 서버에서 전송하는 메시지를 수신한다.

서버로의 접속

결과값 그림에서 서버접속이라는 버튼을 클릭하면 (o)btnConnect_Click이 호출되어 아이디 창에서 입력된 ID를 userID라는 string 변수에 저장한다. 다음 (d)connect( )를 호출하여 서버와 연결을 시도한다. 다음은 이 (d)connect( ) 메소드에서 생성되는 객체와 관련 메소드를 설명한 것이다.

- (e) **tcpClient.Connect("localhost", this.hostport)** : 주어진 서버 hostIP 혹은 host의 port에 연결한다. 클라이언트 시스템에 서버가 같이 있는 경우 host 이름으로 "localhost"를 사용할 수도 있다.
- (f) **tcpClient.GetStream()** : 데이터를 주고받는데 사용하는 매개체인 NetworkStream을 가져온다.
- (g) **StreamReader(stream)** : 서버에서 받은 NetworkStream의 객체인 stream을 통하여 서버에서 전송한 메시지를 읽어드리는 스트림이다.
- (h) **StreamWriter(stream)** : 서버에서 받은 NetworkStream의 객체인 stream을 통하여 서버로 전송할 메시지를 쓰는 스트림이다.

서버로부터 데이터 전송 받을 준비

서버와 접속이 성공하면 (k)send(1000, " ") 메소드를 사용하여 서버와 처음 접속함을 알린다. 그리고 clientThread라는 스레드 객체를 생성하여 서버에서 전송하는 메시지를 수신하는 receive( ) 메소드를 실행한다. 다음은 (a) send(int opcode, string content) 메소드의 내용을 설명한 것이다.

- StreamWriter 객체인 writer에 WriteLine() 메소드를 사용하여 opcode, userID, content를 쓰게 된다. writer.flush()는 서버로 전송한 후 포트로 출력하였음을 확인하는 작업이며 이를 통해 서버로 보내졌음이 확인된다.

스레드를 사용하여 서버로부터 전송 받기

다음 스레드 객체인@ clientThread를 생성한 후 (ㅁ) clientThread.start( ) 사용하여 ⑥ receive( ) 메소드를 호출하게 된다. 이 스레드는 서버로부터 전송된 메시지를 처리하게 된다.

- StreamReader reader에서 정의된 입력스트림 reader의 ⑦ ReadLine() 메소드를 사용하여 스트림을 읽어들여 문자열 변수 receiveMSG라는 변수에 저장한다.

서버로 메시지 전송하기

결과값 그림에서 전송이라는 버튼을 클릭하면 (n) btnChat_Click( )이 호출되어 메시지 창에서 입력된 내용을 send(2000,this.txtMessage.Text)를 통해 서버로 전송한다.

창 닫기

마지막으로 클라이언트 창을 닫게 되면 destroy( )가 호출되어 채팅을 마치게 되는데 이 메소드에서 다음과 같은 작업을 하게 된다.

⑨ **send(3000, "") :** opcode가 3000이면 클라이언트 채팅 창에서 오른쪽 상단에 있는 닫기를 눌렀을 때를 의미한다.
⑩ **reader.close() :** StreamReader 객체인 입력스트림 reader을 닫는다.
⑪ **writer.close() :** StreamWriter 객체인 출력스트림 writer을 닫는다.
⑫ **stream.close() :** NetworkStream 객체인 stream을 닫는다.

Listing 4.3 ≫ ChatClient.cs

```
using System;
using System.Drawing;
using System.Collections;
using System.ComponentModel;
using System.Windows.Forms;
using System.Data;
```

```
using System.Net;
using System.Net.Sockets;
using System.Threading;
using System.IO;

namespace ChattingClient
{
    public class Form1 : System.Windows.Forms.Form
    {
        private System.Windows.Forms.Label lblNick;
        private System.Windows.Forms.TextBox txtNick;
        private System.Windows.Forms.Button btnConnect;
        private System.Windows.Forms.RichTextBox rtbMessage;
        private System.Windows.Forms.TextBox txtMessage;
        private System.Windows.Forms.Button btnChat;
        private System.ComponentModel.Container components = null

        private TcpClient tcpClient;//① TcpClient: Tcp 서비스를 제공
        private NetworkStream stream; //② NetworkStream: 소켓을 통해 데이터를 송.수신
        private StreamReader reader;  // ③ StreamReader: 데이터 입력 스트림
        private StreamWriter writer;   // ④ StreamWriter: 데이터 출력 스트림
        private Thread clientThread;  // ⑤ Thread
        private bool isConnect = false;
        private int hostport = 6000;
        private string userID = null;

        private void btnConnect_Click(object sender, System.EventArgs e)
        {                                   // (o) btnConnect_Click
            if(this.txtNick.Text.Trim().Length == 0)
            {
                 MessageBox.Show("대화명을 입력하세요..", "대화명입력오류",
                 MessageBoxButtons.OK, MessageBoxIcon.Exclamation);
            this.txtNick.Clear();
            this.txtNick.Focus();
            }
            else if(this.txtNick.Text.Length > 12)
            {
                MessageBox.Show("대화명이 너무 깁니다.", "대화명입력오류",
                MessageBoxButtons.OK, MessageBoxIcon.Exclamation);
                this.txtNick.Clear();
                this.txtNick.Focus();
            }
            else
            {
```

```
                string temp = this.txtNick.Text;
                for(int i=0; i<(12-temp.Length); i++)
                {
               this.txtNick.Text += " ";
            }
                this.userID = this.txtNick.Text;
                if(connect())
            {
                    this.rtbMessage.AppendText("채팅 서버에 연결되었습니다."+  "\n");
               send(1000,""); // (k)opcode = 1000 서버에 처음연결
                    this.isConnect = true;
               this.clientThread = new Thread(new ThreadStart(receive));
               this.clientThread.Start();
            }
                else
                {
                MessageBox.Show("서버 연결에 실패하였습니다.", "서버연결실패",
                     MessageBoxButtons.OK, MessageBoxIcon.Exclamation);
            }
             }
        }
        private void btnChat_Click(object sender, System.EventArgs e)
        {                              // (n)btnChat_Click()
              send(2000,this.txtMessage.Text);
        }
    private bool connect()    // (d)connect()
    {
          try
          {
              this.tcpClient = new TcpClient();
              this.tcpClient.Connect("localhost",this.hostport);
                                               // (e) Connect()
              this.stream = this.tcpClient.GetStream();  // (f)stream
              this.reader = new StreamReader(this.stream);
                                      // (g) StreamReader()
              this.writer = new StreamWriter(this.stream);
                                    // (h) StreamWriter()
              return true;
          }
          catch
          {
              return false
          }
    }
```

```
  // 서버에 데이타를 송신한다.
 private void send(int opcode, string content)
 {          // (a) send(int opcode, String content)
    // 1000 : 처음 접속, 2000 : 대화내용, 3000 : 접속 종료
   try
   {
       this.writer.WriteLine(opcode.ToString()
                                                + this.userID + content); //(b)
       this.writer.Flush();
       this.txtMessage.Clear();
       this.txtMessage.Focus();
   }
   catch(Exception e)
   {
       MessageBox.Show(e.ToString());
   }
 }
 private void receive()          // 서버로부터 데이터를 수신한다.
 {
try
{
    while(this.isConnect)
    {
        string receiveMSG = this.reader.ReadLine();  //⑦
        this.rtbMessage.AppendText(receiveMSG + "\n");
    }
}
catch(Exception e)
{
     MessageBox.Show(e.ToString());
}
 }
 private void Form1_Closing(object sender,
                              System.ComponentModel.CancelEventArgs e)
 {
     //서버와의 연결 종료
if(this.isConnect == true)
{
    send(3000,"");            // ⑨
        this.reader.Close();   // ⑩
        this.writer.Close();   // ⑪
    this.stream.Close();   // ⑫
    this.clientThread.Abort();
}
```

```
            }
        }
    }
```

결과값

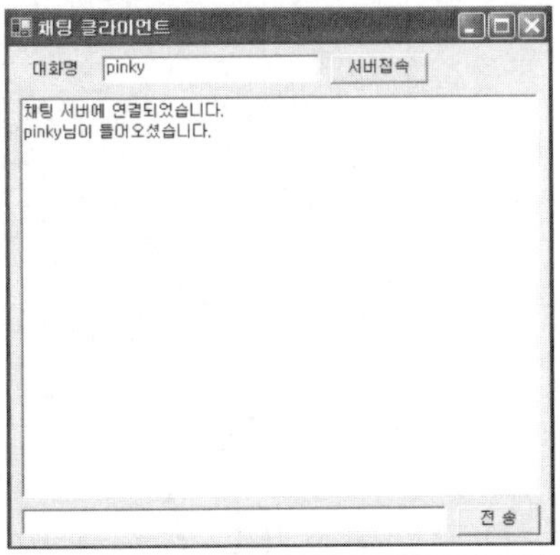

다음 그림 4.5는 클라이언트 서버 채팅 모델의 작동 순서를 나타낸 것이다. 이를 통해 클라이언트 프로그램과 다음에 설명되는 서버 프로그램의 상호 관계 및 작동 원리를 도식적으로 보여주고 있다.

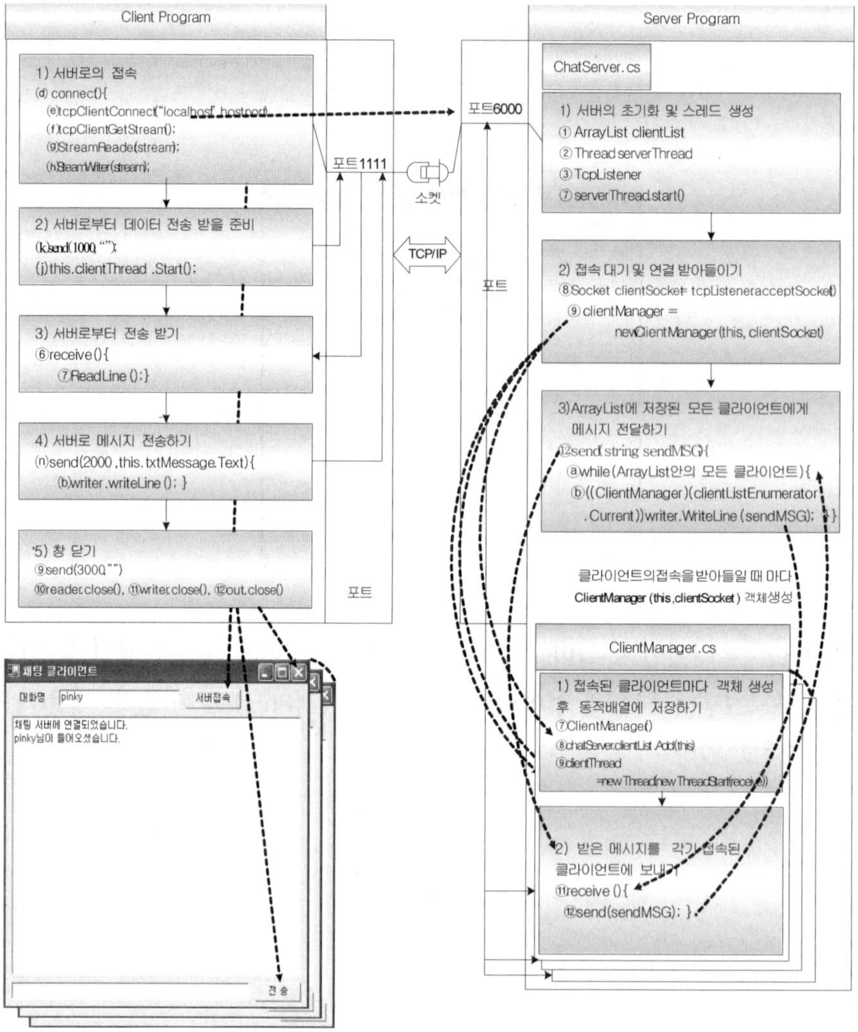

그림 4.5 ➡ 클라이언트 서버 채팅 모델의 작동 순서

4.2.2 서버

서버 프로그램에서 하는 작업들을 살펴보면 다음과 같다. 서버 프로그램에서는 클라이언트의 첫 번째 접속 시도를 기다리는 작업과 클라이언트가 보내주는 메시지를 다른 클라이언트에게 보내주는 작업을 스레드를 이용하여 동시에 수행한다.

Chatting Server

Listing 4.4 ChatServer.cs 클래스는 클라이언트의 접속을 기다리는 역할을 한다. 접속한 클라이언트를 관리하기 위한 동적배열(ArrayList)을 만들어 접속한 각 클라이언트에 대해 clientManager 객체를 생성하여 저장한다.

서버는 클라이언트의 접속이 이루어질 때까지 계속해서 기다리게 되는데 이를 블로킹(blocking)이라고 한다. 서버가 클라이언트의 접속을 받아들이면 서버는 접속된 클라이언트에게 소켓을 주어 클라이언트와 통신할 수 있는 통로를 마련해 주면서 또 다른 클라이언트의 접속을 기다리게 된다.

서버의 초기화 및 스레드 생성

다음과 같이 서버를 위한 정의를 하고 생성하여 초기화를 하고 접속을 위한 스레드를 생성시킨다.

- ①ArrayList clientList : 접속한 클라이언트를 관리하기 위한 동적배열(ArrayList) 객체인 clientList를 만들어 접속한 각 클라이언트에 대해 ⑬clientManager() 객체를 생성하여 저장하게 된다.
- ②Thread serverThread : ④ 스레드 객체 serverThread를 생성한다.
- ③TcpListener : ⑥ this.tcpListener = new TcpListener(this.hostport)를 이용하여 주어진 포트번호 hostPort에서 클라이언트의 요청을 기다린다. 이 프로그램은 포트번호를 6000으로 하고 있으며 0인 경우 임의의 포트가 사용된다.
- ⑦serverThread.start() : ⑥ startServer()을 호출하여 스레드를 실행시킨다.

클라이언트의 접속 대기 및 연결 받아들이기

- ⑧Socket clientSocket = tcpListener.acceptSocket() : 클라이언트로부터 접속을 시도하려는 신호를 받아들여 서버 소켓에 대한 연결을 허락한다. 이 때 클라이언트 Socket의 객체인 clientSocket이 생성되며 tcpListener은 새로운 연결을 다시 기다리게 된다.
- ⑨ clientManager = new ClientManager(this, clientSocket) : 각 클라이언트와의 연결이 받아지면서 생성된 clientSocket과 chatServer 객체를 매개변수로 clientManager 객체를 생성하여 클라이언트와의 메시지를 주고받을 수 있는 준비를 한다. 클라이언트가 n개 접속이 되었다면 n개의 clientManager 객체가 생성되게 되어 클라이언트와 1:1 접속이 되는 것이다.

Listing 4.4 ≫ ChatServer.cs

```
using System;
using System.Drawing;
using System.Collections;
using System.ComponentModel;
using System.Windows.Forms;
using System.Data;
using System.Net;
using System.Net.Sockets;
using System.Threading;
using System.IO;
namespace ChattingServer
{
   public class ChatServer : System.Windows.Forms.Form
   {
        private System.Windows.Forms.Button btnStartServer;
        private System.Windows.Forms.Button btnEndServer;
        private System.ComponentModel.Container components = null;
        public ArrayList clientList = new ArrayList();  //①
        private Thread serverThread;   //②
        private TcpListener tcpListener;  // ③
        private int hostport = 6000;
        private bool isServerStarted = false;
        private System.Windows.Forms.RichTextBox richTextBox1;
       public ChatServer()
       {
           InitializeComponent();
       }
       protected override void Dispose( bool disposing )
       {
      if( disposing )
      {
           if (components != null)
           {
                   components.Dispose();
           }
       }
       base.Dispose( disposing );
        }
        static void Main()
        {
       Application.Run(new ChatServer());
        }
```

```
        private void btnStartServer_Click(object sender, System.EventArgs e)
        {
            this.serverThread = new Thread(new ThreadStart(StartServer));
            this.serverThread.Start();
        }
        private void StartServer()
        {
        try
        {
            this.tcpListener = new TcpListener(this.hostport);
            this.tcpListener.Start();
                this.btnStartServer.Enabled = false;
            this.isServerStarted = true;
            while(this.isServerStarted)
            {
                Socket clientSocket = this.tcpListener.AcceptSocket();
                if(clientSocket.Connected)
                {
                    ClientManager clientManager
                                    = new ClientManager(this, clientSocket);
                }
            }
        }
        catch(System.Threading.ThreadAbortException tae)
            {
                this.Dispose();
        }
        catch(Exception e)
            {
            MessageBox.Show("서버를 시작 실패!", "서버시작실패", MessageBoxButtons.OK
                                , MessageBoxIcon.Exclamation);
           this.Dispose();
        }
       }
   }
```

clientManager 클래스

이 클래스는 클라이언트가 서버와의 최초 접속을 시도한 후 서버 접속에 성공하면 이 클래스의 객체가 생성된다. 이 클래스의 주된 용도는 클라이언트로부터 메시지를 받고 다른 클라이언트로 그 메시지를 보내는 역할을 스레드를 이용하여 하고 있다.

접속된 클라이언트마다 객체를 생성하여 동적배열(ArrayList)에 저장하기

- ⑦**ClientManager(chatServer chatServer, Socket clientSocket)** : 객체 생성
- ⑧**chatServer.clientList.Add(this)** : 생성된 이 클래스의 객체를 동적배열(ArrayList)에 저장한다.
- ⑨**clientThread = new Thread(new ThreadStart(receive))** : 클라이언트의 송신 메시지를 수신하기 위한 스레드 객체를 생성한다.

동적 배열에 저장된 모든 클라이언트에게 메시지 전달하기

- ⑪**receive()** : ⑩ clientThread.start()에 의해 스레드가 실행되면 각 클라이언트가 보내는 메시지의 opcode를 분석하여 opcode에 해당하는 메시지를 만든다.
- ⑫**send(sendMSG)** : receive()에서 만든 메시지를 동적배열(ArrayList)에 저장된 모든 클라이언트에 전송한다.

Listing 4.5 ≫ ClientManager.cs

```
using System;
using System.Net;
using System.Net.Sockets;
using System.Threading;
using System.IO;

namespace ChattingServer
{
    public class ClientManager
    {
        private NetworkStream stream;
        private StreamReader reader;
        private StreamWriter writer;
        private Thread clientThread;
        private bool isClientConnected = false;
        private string userID = null;
        ChatServer chatServer = new ChatServer();
        public ClientManager(ChatServer chatServer, Socket clientSocket)
        {                                       // ⑦
      this.stream = new NetworkStream(clientSocket);
            this.reader = new StreamReader(this.stream);
      this.writer = new StreamWriter(this.stream);
            this.isClientConnected = true;
```

```
    this.chatServer = chatServer;
chatServer.clientList.Add(this);  // ⑧
this.clientThread = new Thread(new ThreadStart(receive));   // ⑨
this.clientThread.Start();      // ⑩
  }
  // 클라이언트로부터 데이타를 수신한다.
  private void receive()     // ⑪
  {
       try
  {
      while(this.isClientConnected)
      {
           string receiveMSG = this.reader.ReadLine();
           // 1000 : 처음 접속, 2000 : 대화내용, 3000 : 접속 종료
           switch(int.Parse(receiveMSG.Substring(0,4)))
           {
                   case 1000 :
                receiveMSG = receiveMSG.Substring(4).Trim()
                                  + "님이 들어오셨습니다.";
                send(receiveMSG);
                break;
                   case 2000 :
                 receiveMSG = receiveMSG.Substring(4,12).Trim() + "님 : "
                                   + receiveMSG.Substring(16);
                send(receiveMSG);
                break;
              case 3000 :
                receiveMSG = receiveMSG.Substring(4).Trim()
                                   + "님이 나가셨습니다.";
                send(receiveMSG);
                break;
           }
      }
  }
  catch(Exception e)
  {}
  }
  private void send(string sendMSG)    // ⑫
  {
 System.Collections.IEnumerator clientListEnumerator
                             = this.chatServer.clientList.GetEnumerator();
 while (clientListEnumerator.MoveNext())
 {
        (
```

```
                        (ClientManager)(clientListEnumerator.Current)
                         ).writer.WriteLine(sendMSG);
                (
                        (ClientManager)(clientListEnumerator.Current)
                         ).writer.Flush();
            }
            }
        }
    }
```

결과값

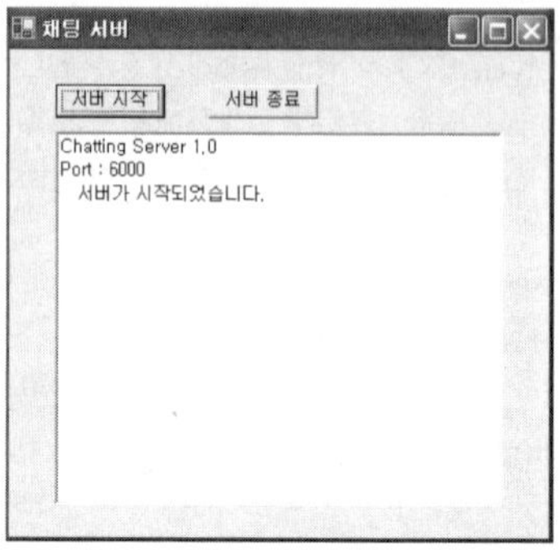

채팅 프로그램 실행방법

우선 서버 프로그램을 실행시키면 위의 결과 값과 같은 창이 나타나게 된다. 다음 클라이언트 프로그램에서는 최초 서버로 접속을 시도하기 위해 서버가 위치한 곳의 IP와 포트를 찾아서 서버로의 접속을 시도한다. 두 사람의 채팅을 위해 다음과 같이 두개의 클라이언트를 실행시킨다.

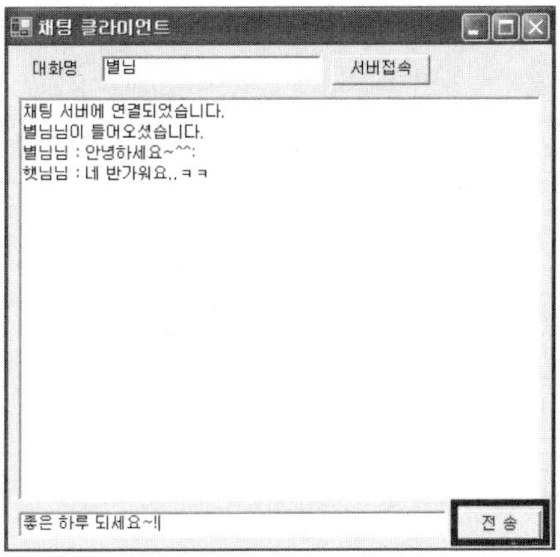

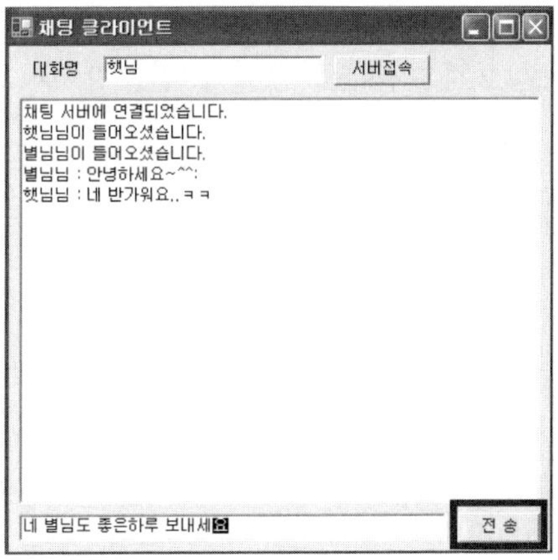

클라이언트가 실행이 되면 대화명을 쓰고 서버접속 버튼을 누르면 서버에 접속을 하게 된다. 햇님과 별님이란 아이디로 접속을 하여 전송창과 전송 버튼을 이용하여 햇님과 별님이 채팅 할 수 있도록 한다.

/연/습/문/제/

1. 채팅 프로그램을 수정하여 여러 명의 클라이언트 중 특정한 한 클라이언트에게만 메시지를 전달하도록 하시오.

2. 채팅 프로그램에서 파일을 전송할 수 있도록 수정하시오.

CHAPTER 5

경로찾기(Path Finder)

http://www.safiudsigudoijy;fji;yfisr[iwedflje;dlhgdjizxvfsdxcv

5.1 인터넷과 웹, 에이전트, 그리고 C#

5.1.1 인터넷과 웹

전쟁의 우려가 많았던 1960년대의 냉전 시절 과학자, 연구가, 군인들은 전시에도 서로 정보를 교류할 수 있는 방법의 일환으로 미 국방성의 고등연구기획국(ARPA)이 1969년도에 아르파넷(Advanced Research Project Agency Network, ARPANET)이라는 네트워크를 구성한 것이 바로 인터넷의 모태가 되었다. 아르파넷의 원래 목적은 구 소련의 핵공격으로 어느 한 지역의 컴퓨터 시스템이 파괴되어도 다른 지역의 컴퓨터를 이용하여 핵미사일을 발사할 수 있도록 하는 것이다. 그리하여 캘리포니아 주에 있는 세 대의 컴퓨터와 유타 주에 있는 한 대의 컴퓨터를 회선을 통해 연결한 것이다. 이렇게 하나의 컴퓨터가 가동이 중단되어도 나머지 네트워크에 지장이 없도록 하는 기술을 패킷 스위칭(packet switching)이라고 하는데 지난번 걸프 전쟁 중 연합군이 이라크 군사 네트워크를 완전히 파괴하지 못한 이유가 바로 이 기술 때문이라고도 한다. 아르파넷은 구축된 이후 원격 로그인, 전자 우편 및 정보의 공유 등의 기능이 추가되어 망의 확장과 함께 통신망으로써의 기틀이 되었다. 이어 1972년 아르파넷이 일반에게 처음으로 공개됨으로써 아르파넷은 미국 내 50여 개의 대학과 연구 기관 및 군대에 연결되었다. 1986년에는 미국과학재단(National Science Foundation, NSF) 네트워크가 구축되어 본격적으로 현재 인터넷망의 기초가 되었다.

5.1.2 지능형 에이전트

최근 인공지능 분야가 상업적인 관심을 끌기 시작하면서 인공지능 기본 개념이 분산 컴퓨터나 인터넷에 도입되기 시작되었다. 초기에는 검색 엔진이나 정보 검색 등에 적용되었으나 네트워크의 사용이 급증함에 따라 보다 더 지적 능력이 있는 에이전트에 대한 관심이 많아지고 있다. 앞으로 이 장에서 다룰 에이전트란 사람을 도와주고 사람 대신 행동하며 사람의 일을 위임받아 처리하는 프로그램을 말한다. 에이전트는 일반적인 프로그램과 달리 주어진 상황이 변할 때 스스로 대처할 수 있어야 하고, 목표를 향해 계속 실행되는 특징이 있다. 또한 다른 에이전트와 정보 교환이 이루어지거나 다른 호스트로 옮겨 다닐 수 있다. 이 에이전트에 인공지능 기법을 도입하여 학습과 추론 및 의사결정을 하게 한 것이 바로 지능형 에이전트이다.

5.1.3 C#을 사용한 지능형 에이전트

지능형 에이전트는 다음과 같은 세 가지 특징을 갖고 있으며 C#는 이에 대한 기능을 지원하고 있다.

자율성(Autonomy)

C#은 멀티태스킹과 같은 스레드(thread)를 지원하고 있어 하나 이상의 프로세스가 동시에 실행될 수 있다. 또한 C# 프로그램은 소켓을 통해 다른 프로그램들과 통신할 수 있다. 이러한 특징은 C#으로 프로그래밍 된 에이전트에 그대로 적용되어, 에이전트는 하나 이상의 작업을 다른 에이전트들과 동시에 통신하면서 수행할 수 있게 해 주게 한다. 이를 자율성(autonomy)이라 하며 지능형 에이전트(intelligent agents)는 바로 자율성이 있는 에이전트를 의미한다.

지능형 에이전트는 사용자의 요구나 환경의 변화에 대해 항상 대처할 준비가 되어 있다. 에이전트는 이벤트에 의해 사용자의 요구나 환경의 변화에 반응하는데, 객체 지향 설계 관점에서 이벤트는 메소드나 메시지 호출에 의해서 정보를 전달하게 된다.

지능(Intelligence)

지능형 에이전트의 지능이란 객체 지향 논리, 추론과 학습의 능력 등을 포함하고 있다. PROLOG와 Lisp은 인공지능 언어로 많이 사용되어 왔지만 최근의 상업적 인공지능 작업의 많은 부분은 C나 C++로 코딩되어 왔다. C#은 객체지향 프로그래밍 언어로써 인공지능 작업을 지원하는데 필요한 모든 기본 함수를 제공한다.

인공지능 작업의 두 가지 주요한 관점은 지식의 표현(knowledge representation)과 이 표현을 조작하는 알고리즘이다. C# 객체는 객체 사이의 관계뿐만 아니라, 데이터와 행위를 코드화 해 주기 때문에 인공지능 지식의 표현을 C#을 이용하여 쉽고 자연스럽게 구현할 수 있다.

이동성(Mobility)

지능형 에이전트에서 이동성에 대한 여러 관점이 있다. C#의 클래스들은 Stream으로 네트워크를 통해 전송되어 전송 받은 컴퓨터에서 실행된다. C#은 .Net Remoting 기술을 통해 원격의 C# 코드를 실행하게 하는 메커니즘을 제공한다. 이동성을 갖는 프로그램에서 가장 요구되는 것 중 하나는, 여러 시스템 사이에서 한 시스템이 실행중인 프로세스의 상태를 저장하고, 다른 시스템으로 떠나고, 다시 프로세스가 저장된 시스템에서 계속되는 능력이다. 네트워크를 통한 분산 컴퓨터 시스템들은 그들의 부하를 균등하게 하는 것이 매우 중요한 작업이며 이를 위해 같은 종류의 시스템을 가져야만 하는 문제점을 갖고 있다.

Common Language Runtime(CLR)은 이러한 문제점을 해결해 주었는데 이는 C# 프로세스가 실행되기 위한 표준 컴퓨팅 환경이 제공되기 때문이다. 따라서 C#을 사용한 에이전트는 다른 종류의 하드웨어시스템 간에(예를 들어, PC와 워크스테이션) 데이터의 손실 없이 이동하는 것을 가능케 하는 환경을 제공한다. C#의 System.Net 패키지는 다른 서버와 대화하고, C# 코드를 보내고, 소켓의 상태를 처리하기 위한 이동 에이전트의 네트워크 통신 능력을 제공한다.

5.2 C#을 이용한 경로찾기 프로그램 예제

5.2.1 경로찾기 프로그램

이번 절에서는 경로찾기 방법을 C#을 이용하여 구현하고 있다. 경로찾기에 사용될 예는 다음 그림 5.1에서와 같이 우리나라 도시들과 도로의 거리를 이용하여 두 도시 간의 경로와 길이를 찾는 것이다. 인터넷을 통한 에이전트를 지원하기 위해 C#을 이용하여 구현하였다.

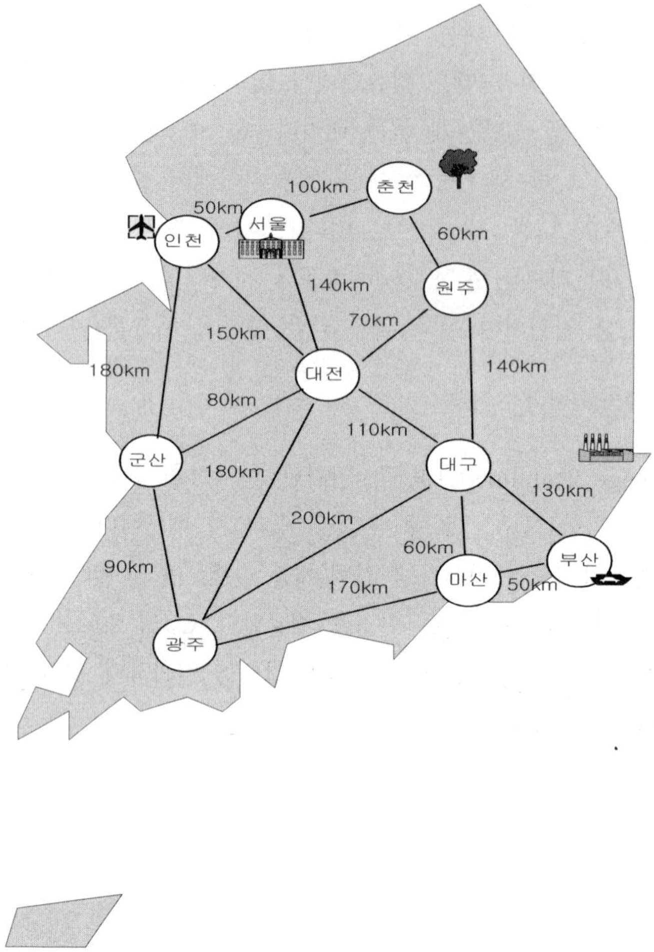

그림 5.1 ➡ 경로찾기에 사용될 우리나라 도시와 도로

다음 그림 5.2는 SearchMain을 실행한 결과를 보여주고 있다. 여기서 제공되는 경로찾기 방법은 깊이우선, 너비우선, 반복적점증 깊이우선, 최선 경로찾기 등이다. 우선 옵션 버튼을 이용하여 경로찾기 방법을 선택하고 시작상태와 목표상태의 도시를 입력한 후 "시작" 버튼을 클릭하면 TextArea1 안에 경로찾기 결과를 보여 주게 된다. 그림의 경로찾기 결과에서 숫자는 경로찾기 깊이이고 깊이가 하나씩 증가하면서 한 탭씩 들여쓰기를 하고 있다.

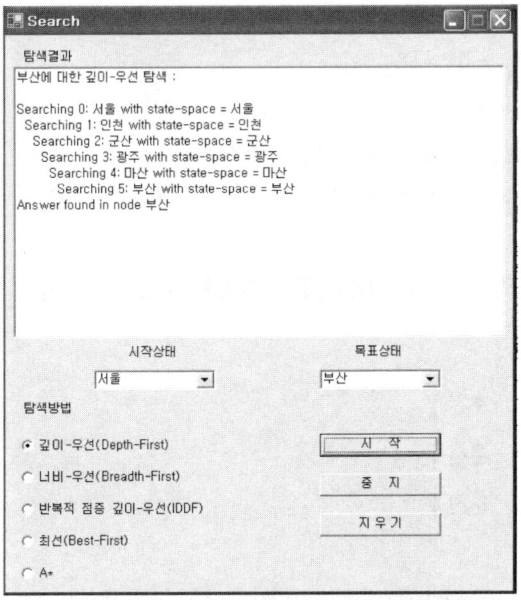

그림 5.2 ➡ Search의 실행 결과

첫 번째로 우리는 문제를 해결하기 위해 문제를 정의하는 것이 필요하다. 이번 예제 문제의 정의는 "지도 상의 도시들 중에서 시작 도시를 주고, 그 시작 도시로부터 목표 도시까지의 경로가 존재한다면 그 경로는 무엇인가?"라고 표현할 수 있다.

다음 단계는 상태공간(state space)을 어떻게 표현할지를 결정하는 것이다. 위 그림과 같은 지도는 그래프(graph) 자료구조로 자연스럽게 표현할 수 있고, 도시들의 이름은 그래프의 노드(node)로, 도시들 사이의 주 도로는 호(link나 edge)로 표현할 수 있다.

초기상태와 목표상태는 그림 5.2에서 선택한 시작 및 목표도시를 상태공간을 이용하여 정의하는 것이다. 다음은 규칙을 만드는 일이며 이 예제의 경우 한 도시와 연결된 모든 다른 도시로 갈 수 있으므로 그 연결 자체가 적용할 수 있는 규칙이 된다. 마지막으로 경로찾기 방법을 그림 5.2에서 선택한대로 적용하면 된다.

깊이우선(Depth-First) 경로찾기

1. 큐(queue)에 초기노드를 넣는다.

2. Loop :

2.1 큐가 비어 있으면 끝낸다. 실패.

2.2 큐로부터 첫 번째 노드 n을 삭제한다.

2.3 if n이 목표노드, then n을 해로 돌려주면서 Loop를 끝낸다.

2.4 else n의 모든 새로운 child 노드들을 큐 앞부분에 추가한다.

❆ 경로찾기 및 실행 예: 서울 → 광주(밑줄은 추가된 노드, 네모 안은 삭제될 노드)

[서울]

[인천 , 대전 , 춘천]

[군산 , 대전 , 춘천]

[광주 , 대전 , 춘천]

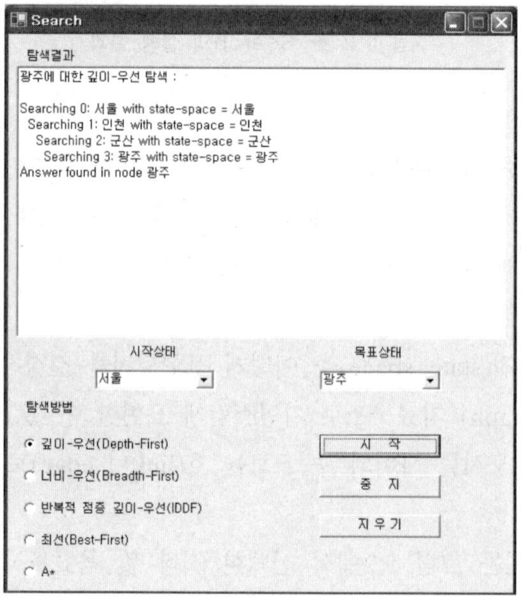

너비우선(Breadth-First) 경로찾기

1. 큐(queue)에 초기노드를 추가한다.

2. Loop :

   2.1 큐가 비어 있으면 끝낸다. quit

   2.2 큐에서 첫 번째 노드 n을 삭제한다.

   2.3 if 삭제된 노드 n이 목표노드, then n을 해로 돌려주면서 exit.

   2.4 else n의 모든 새로운 child 노드들을 큐 뒤에 추가한다.

※ 경로찾기 및 실행 예 : 서울 → 광주(밑줄은 추가된 노드, 네모 안은 삭제될 노드)

[서울]

[춘천, 대전, 인천]

[대전, 인천, 원주]

[인천, 원주, 광주, 군산, 대구]

[원주, 광주, 군산, 대구]

[광주, 군산, 대구]

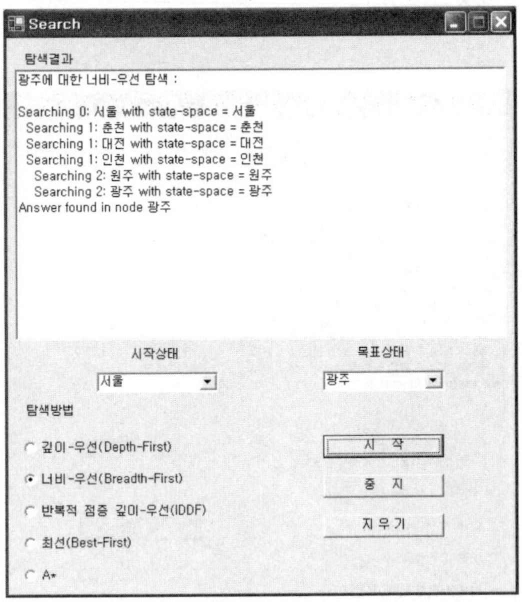

반복적 점증 깊이-우선(Iterative Deepening) 경로찾기

1. 경로찾기깊이 = 1로 초기화시키고 큐(queue)에 초기노드를 추가한다.
2. Loop :
   - 2.1 큐가 비었으면, quit
   - 2.2 큐에서 첫 번째 노드 n을 삭제
   - 2.3 if 삭제된 노드 n이 목표상태, then n을 해로 돌려주면서 exit
   - 2.4 깊이-우선 경로찾기를 경로찾기 깊이의 깊이까지 수행한다.
   - 2.5 경로찾기 깊이를 1 증가시키고, 큐(queue)를 모두 비운 후 초기노드를 추가한다.

❆ 경로찾기 및 실행 예: 서울 → 광주(밑줄은 추가된 노드, 네모 안은 삭제될 노드)

[서울] 경로찾기 깊이=0

[서울] 경로찾기 깊이=1

[인천 , 대전 , 춘천]

[서울] 경로찾기 깊이=2

[인천 , 대전 , 춘천]

[군산 , 대전 , 춘천]

[대전 , 춘천]

[**광주** , 대구 , 원주 , 춘천]

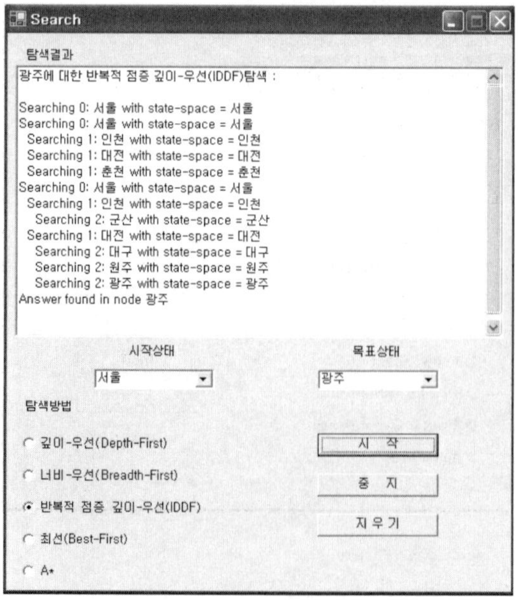

최선(Best-First) 경로찾기

1. 큐(queue)에 초기노드를 추가한다.

2. Loop :

    2.1 큐가 비어 있으면 끝낸다. 실패

    2.2 큐에서 첫 번째 노드 n을 삭제한다.

    2.3 if 삭제된 노드 n이 목표노드, then n을 해로 돌려주면서 exit.

    2.4 else n의 모든 새로운 child들을 큐에 cost(거리)가 작은 순으로 추가한다.

    // cost는 서울에서 각 도시에 대한 직선거리임

※ 경로찾기 및 실행 예 : 서울 → 부산(밑줄은 추가된 노드, 네모 안은 삭제될 노드)

[서울]

[인천 , 춘천 , 대전]

[춘천 , 대전 , 군산]

[대전 , 원주, 군산]

[원주 , 군산 , 대구 , 광주]

[군산 , 대구 , 광주]

[대구 , 광주]

[광주 , 마산, 부산]

[마산 , 부산]

[부산]

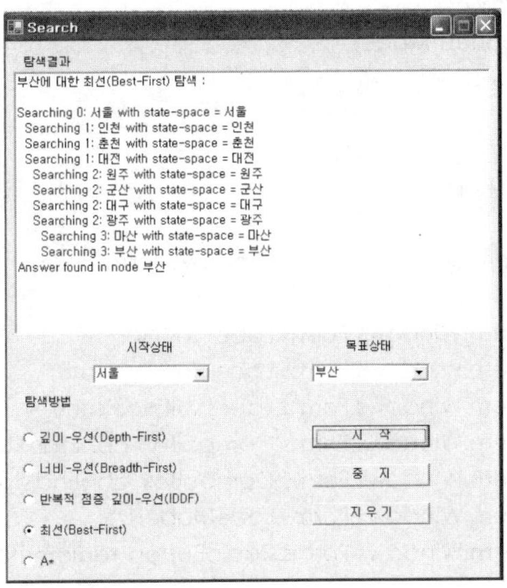

5.2.2 경로찾기 프로그램의 설명

이번 절은 경로찾기 방법을 그림 5.1의 우리나라 도시에 적용한 C# 프로그램을 구현하고자 한다.

Listing 5.2 SearchMain.cs 클래스에서는 사용자 인터페이스를 정의하고 그림 5.2에서 보여지는 버튼들에서 발생하는 이벤트들을 처리하는 부분들을 정의하고 있다. Listing 5.3 SearchGraph.cs와 Listing 5.4 SearchNode.cs 클래스는 그림 5.1의 도시에 대한 Node들로 구성한 graph를 생성하고 초기화시킨다. 이 프로그램의 트레이스를 위해 SearchMain 클래스는 SM로, SearchGraph는 SG, SearchNode는 SN으로 간단히 줄여 표현하기로 하자. 또한 화살표를 이용하여 호출과 호출 받는 관계를 주석에 표기하였다. 예를 들어 SM3→SG1은 SearchMain 클래스의 SM3으로 표기된 문이 SearchGraph 클래스의 SG1로 표기된 문을 호출되었다는 의미이다. 또한 SN5←SG7은 SearchNode 클래스의 SN5로 표기된 문은 SearchGraph 클래스의 SG7문으로부터 호출되었음을 뜻한다.

Listing 5.2 ≫ SearchMain.cs

```
using System;
using System.Drawing;
using System.Collections;
using System.ComponentModel;
using System.Windows.Forms;
using System.Data;

namespace SearchApp
{
    public class SearchMain : System.Windows.Forms.Form
    {
        private System.Windows.Forms.Label lblTitle;
        private System.Windows.Forms.Label lblStartState;
        private System.Windows.Forms.Label lblEndState;
        private System.Windows.Forms.ComboBox cbbStartState;
        private System.Windows.Forms.ComboBox cbbEndState;
        private System.Windows.Forms.Label label1;
        private System.Windows.Forms.RadioButton radioButton1;
```

```
private System.Windows.Forms.RadioButton radioButton2;
private System.Windows.Forms.RadioButton radioButton3;
private System.Windows.Forms.RadioButton radioButton4;
private System.Windows.Forms.RadioButton radioButton5;
private System.Windows.Forms.Button btnStart;
private System.Windows.Forms.Button btnStop;
private System.Windows.Forms.Button btnClear;
private System.ComponentModel.Container components = null;
private System.Windows.Forms.RichTextBox TextArea1;

//SM0:SearchGraph형의 graph 선언
SearchGraph graph;

public static SearchGraph testGraph()
{
    //SearchGraph형의 testGraph() 메소드
    //SM3->SG1:"test"라는 SearchGraph형의 graph 생성
    SearchGraph graph = new SearchGraph("test");
    //SM4->SN1:SearchNode 생성
    SearchNode sel = new SearchNode("서울","서울");//(Label,StateSpace)
    //SM5->SG2:Hashtable에 label이 "서울" 인 "sel" node를 추가한다.
    graph.Add("서울",sel);
    SearchNode inc = new SearchNode("인천","인천");
    graph.Add("인천",inc);
    SearchNode kus = new SearchNode("군산","군산");
    graph.Add("군산",kus);
    SearchNode kwj = new SearchNode("광주","광주");
    graph.Add("광주",kwj);
    SearchNode dej = new SearchNode("대전","대전");
    graph.Add("대전",dej);
    SearchNode woj = new SearchNode("원주","원주");
    graph.Add("원주",woj);
    SearchNode chc = new SearchNode("춘천","춘천");
    graph.Add("춘천",chc);
    SearchNode deg = new SearchNode("대구","대구");
    graph.Add("대구",deg);
    SearchNode mas = new SearchNode("마산","마산");
    graph.Add("마산",mas);
    SearchNode pus = new SearchNode("부산","부산");
    graph.Add("부산",pus);
   //SM6->SN2:
    sel.addLinks(chc, dej, inc);
inc.addLinks(sel, dej, kus);
kus.addLinks(inc, dej, kwj);
```

```
            kwj.addLinks(kus, dej, deg, mas);
            dej.addLinks(kwj, kus, inc, sel);
            dej.addLinks(woj, deg);
            woj.addLinks(chc, deg, dej);
            chc.addLinks(woj, sel);
            deg.addLinks(kwj, dej, woj);
            deg.addLinks(pus, mas);
            mas.addLinks(kwj, deg, pus);
            pus.addLinks(mas, deg);
            //SM7: use as costs for best first search example
            // straight line distances from start to Node("A")
            sel.cost = 0;
            inc.cost = 45;
            kus.cost = 160;
            kwj.cost = 250;
            dej.cost = 130;
            woj.cost = 140;
            chc.cost = 90;
            deg.cost = 230;
            mas.cost = 280;
            pus.cost = 320;  // goal
            // straight line distances from goal to Node("A")
            sel.cost1 = 320;
            inc.cost1 = 310;
            kus.cost1 = 150;
            kwj.cost1 = 100;
            dej.cost1 = 180;
            woj.cost1 = 200;
            chc.cost1 = 330;
            deg.cost1 = 120;
            mas.cost1 = 40;
            pus.cost1 = 0;  // goal
            return graph;
        }
          public SearchMain()
        {
                InitializeComponent();
                // SM1->SM2:testGraph()을 호출하여 "test" graph 생성
            graph = testGraph();                    // build the test graph
            //SM8: "test" graph hashtable의 초기 주소값
            System.Collections.IEnumerator enume = graph.getKey();
            //SM9: 시작상태와 목표상태의 리스트에 모든 도시를 추가
            while(enume.MoveNext())
            {
```

```
                string nodename = (string)enume.Current;
            cbbStartState.Items.Add(nodename);    // fill start cities
            cbbEndState.Items.Add(nodename);        // fill goal cities
        }                                                       // endwhile
            //SM10: 깊이-우선을 디폴트로
        this.radioButton1.Checked = true ;       // default to depth-first
        //SM11->SN3:TextArea1을 display 화면으로 사용
        SearchNode.setDisplay(TextArea1);        // used for trace display
        //SM12, SM13: "시작상태"와 "목표상태"를 "서울"과 "부산"으로 각각 초기화
        cbbStartState.SelectedItem = "서울";
        cbbEndState.SelectedItem = "부산";
    }
    protected override void Dispose( bool disposing )
    {
        if( disposing ){
            if (components != null){
                components.Dispose();
            }
        }
        base.Dispose( disposing );
    }
    private void InitializeComponent(){
        this.lblTitle = new System.Windows.Forms.Label();
        this.TextArea1 = new System.Windows.Forms.RichTextBox();
        this.lblStartState = new System.Windows.Forms.Label();
        this.lblEndState = new System.Windows.Forms.Label();
        this.cbbStartState = new System.Windows.Forms.ComboBox();
        this.cbbEndState = new System.Windows.Forms.ComboBox();
        this.label1 = new System.Windows.Forms.Label();
        this.radioButton1 = new System.Windows.Forms.RadioButton();
        this.radioButton2 = new System.Windows.Forms.RadioButton();
        this.radioButton3 = new System.Windows.Forms.RadioButton();
        this.radioButton4 = new System.Windows.Forms.RadioButton();
        this.radioButton5 = new System.Windows.Forms.RadioButton();
        this.btnStart = new System.Windows.Forms.Button();
        this.btnStop = new System.Windows.Forms.Button();
        this.btnClear = new System.Windows.Forms.Button();
        this.SuspendLayout();

        this.lblTitle.Location = new System.Drawing.Point(16, 16);
        this.lblTitle.Name = "lblTitle";
        this.lblTitle.Size = new System.Drawing.Size(56, 23);
        this.lblTitle.TabIndex = 0;
        this.lblTitle.Text = "탐색결과";
```

```
this.TextArea1.Location = new System.Drawing.Point(8, 32);
this.TextArea1.Name = "TextArea1";
this.TextArea1.Size = new System.Drawing.Size(488, 272);
this.TextArea1.TabIndex = 1;
this.TextArea1.Text = "";

this.lblStartState.Location = new System.Drawing.Point(120, 312);
this.lblStartState.Name = "lblStartState";
this.lblStartState.Size = new System.Drawing.Size(56, 23);
this.lblStartState.TabIndex = 2;
this.lblStartState.Text = "시작상태";

this.lblEndState.Location = new System.Drawing.Point(344, 312);
this.lblEndState.Name = "lblEndState";
this.lblEndState.Size = new System.Drawing.Size(56, 23);
this.lblEndState.TabIndex = 3;
    this.lblEndState.Text = "목표상태";

this.cbbStartState.Location = new System.Drawing.Point(88, 336);
this.cbbStartState.Name = "cbbStartState";
this.cbbStartState.Size = new System.Drawing.Size(121, 20);
this.cbbStartState.TabIndex = 4;

    this.cbbEndState.Location = new System.Drawing.Point(312, 336);
this.cbbEndState.Name = "cbbEndState";
this.cbbEndState.Size = new System.Drawing.Size(121, 20);
this.cbbEndState.TabIndex = 5;

this.label1.Location = new System.Drawing.Point(16, 368);
this.label1.Name = "label1";
this.label1.Size = new System.Drawing.Size(56, 23);
this.label1.TabIndex = 6;
this.label1.Text = "탐색방법";

this.radioButton1.Checked = true;
this.radioButton1.Location = new System.Drawing.Point(16, 400);
this.radioButton1.Name = "radioButton1";
this.radioButton1.Size = new System.Drawing.Size(200, 24);
this.radioButton1.TabIndex = 7;
this.radioButton1.TabStop = true;
    this.radioButton1.Text = "깊이-우선(Depth-First)";
    this.AutoScaleBaseSize = new System.Drawing.Size(6, 14);
this.ClientSize = new System.Drawing.Size(504, 558);
this.AutoScaleBaseSize = new System.Drawing.Size(6, 14);
```

```
        this.ClientSize = new System.Drawing.Size(504, 558);
        this.Controls.Add(this.btnClear);
        this.Controls.Add(this.btnStop);
        this.Controls.Add(this.btnStart);
        this.Controls.Add(this.radioButton5);
        this.Controls.Add(this.radioButton4);
        this.Controls.Add(this.radioButton3);
        this.Controls.Add(this.radioButton2);
        this.Controls.Add(this.radioButton1);
        this.Controls.Add(this.label1);
        this.Controls.Add(this.cbbEndState);
        this.Controls.Add(this.cbbStartState);
        this.Controls.Add(this.lblEndState);
        this.Controls.Add(this.lblStartState);
        this.Controls.Add(this.TextArea1);
        this.Controls.Add(this.lblTitle);
        this.MaximizeBox = false;
        this.Name = "SearchMain";
        this.Text = "Search";
            this.Load += new System.EventHandler(this.SearchMain_Load);
        this.ResumeLayout(false);
    }
    static void Main()
        {
        Application.Run(new SearchMain());
        }
    private void btnStart_Click(object sender, System.EventArgs e)
    {
        // int method = 0;
        // SM15: 클래스를 인스턴스화한다.
        SearchNode answer = null;
        // SM16: 클래스를 인스턴스화한다.
        SearchNode startNode;
        // SM17: 출발지를 사용자 인터페이스에서 정할수 있게 한다.
        string start = cbbStartState.SelectedItem.ToString();
        // SM18: 출발지 node를 정한다.
        startNode = (SearchNode)graph.getValue(start);
        // SM19: 도착지를 사용자 인터페이스에서 정할수 있게 한다.
        string goal = cbbEndState.SelectedItem.ToString();
        // SM20->SG3: 다른 탐색을 위해서 모든 node들을 reset한다.
        graph.reset();
        // SM21->SG5:깊이-우선 탐색
        if (radioButton1.Checked == true)
        {
```

```
        TextArea1.AppendText(goal + "에 대한 깊이-우선 탐색 " + ":\n\n");
        answer = graph.depthFirstSearch(startNode,goal);
         // 메소드를 호출할 때 시작 node와 도착지를 전달한다.
    }    // endif
    // SM22->SG12: 너비-우선 탐색
    if (radioButton2.Checked == true)
    {// 옵션 상자에서 해당 옵션이 선택이 되었는지를 확인한다.
        TextArea1.AppendText(goal + "에 대한 너비-우선 탐색 " + ":\n\n");
        answer = graph.breadthFirstSearch(startNode, goal);
    }   // endif
    // SM23->SG18: 반복적 점증 깊이-우선 탐색
    if (radioButton3.Checked == true)
    {                 // 옵션 상자에서 해당 옵션이 선택이 되었는지를 확인한다.
   TextArea1.AppendText(goal + "에 대한 반복적 점증 깊이-우선(IDDF)탐색 "+ ":\n\n");
        answer = graph.iterDeepSearch(startNode, goal);
    }                 // endif
    // SM24->SG28: 최선 탐색
    if (radioButton4.Checked == true)
    {                 // 옵션 상자에서 해당 옵션이 선택이 되었는지를 확인한다.
   TextArea1.AppendText(goal + "에 대한 최선(Best-First) 탐색 " + ":\n\n");
       cbbEndState.SelectedItem = "부산"; // goal must be Node("부산")
       answer = graph.bestFirstSearch(startNode, "부산");
     } // endif
    if (radioButton5.Checked == true)
    {// 옵션 상자에서 해당 옵션이 선택이 되었는지를 확인한다.
        TextArea1.AppendText(goal + "에 대한 A* 탐색 " + ":\n\n");
        cbbEndState.SelectedItem = "부산"; // goal must be Node("부산")
        answer = graph.aStarSearch(startNode, "부산");
    } // endif
    // SM25->SG34: A* 탐색
    if (answer == null)
    {// 찾는 노드(도시)가 없으면
        TextArea1.AppendText("Could not find answer!\n");
    }
    else
    {// 찾는 노드(도시)가 있으면
TextArea1.AppendText("Answer found in node " + answer.label+"\n\n");
    }
    }
    private void btnClear_Click(object sender, System.EventArgs e)
    {
        TextArea1.Clear();
    }
    private void SearchMain_Load(object sender, System.EventArgs e)
```

```
            {

            }
        }
    }
```

Listing 5.3 ≫ SearchGraph.cs

```
using System;
using System.Collections;

namespace SearchApp
{
    public class SearchGraph : System.Collections.Hashtable
    {
        string name;
        public SearchGraph(string name)
        {
            name = name;
        }
         // reset each SearhNode in the graph
    // clear expanded and tested flags, set depth=0
    //SG3<-SM20,SG19
        public void reset()
        {
        foreach (DictionaryEntry dNode in this)
        {
            SearchNode nextNode = (SearchNode)dNode.Value;
            //SG4->SN4
            nextNode.reset();
        }
        }
        //SG5<-SM21: 깊이-우선 탐색 on graph
        public SearchNode depthFirstSearch(SearchNode initialNode,
                                                      Object goalState)
        {
            //SG6: queue 동적배열(ArrayList) 생성
        ArrayList queue = new ArrayList() ;
        //SG7: queue={sel}
        queue.Add(initialNode) ;
        //SG8->SN5
        initialNode.setTested(true) ;  // test each node once
        //SG9: queue 맨 앞의 노드를 삭제한 ?목표상태인지 비교
        while (queue.Count> 0)
```

```
{
    SearchNode testNode = (SearchNode)queue[0];
    queue.RemoveAt(0) ;
    //SG10->SN6: display trace information
    testNode.trace() ;
    if (testNode.stateSpace.Equals(goalState)) return testNode ;
        // found it
     //SG11->SN7: 삭제된 노드가 expanded 되어 있지 않은 경우 queue 앞에 추가
    if (!testNode.expanded)
    {
            testNode.expand(queue,SearchNode.FRONT);
    }
}
return null ;
 }

 //SG12<-SM22: 너비-우선 탐색 on graphon graph
 public SearchNode breadthFirstSearch(SearchNode initialNode
                                                  ,Object goalState)
 {
 //SG13: queue 동적배열(ArrayList) 생성
 ArrayList queue = new ArrayList() ;
 //SG14: queue={sel}
 queue.Add(initialNode) ;
 //SG15->SN5
 initialNode.setTested(true) ;  // test each node once
 //SG16: queue 맨 앞의 노드를 삭제한 후 목적상태인지 비교
     while (queue.Count> 0)
 {
     SearchNode testNode = (SearchNode)queue[0];
     queue.RemoveAt(0);
     testNode.trace();
       if (testNode.stateSpace.Equals(goalState)) return testNode;
           // found it
       //SG17->SN7: 삭제된 노드가 expanded 되어 있지 않은 경우 queue 뒤에 추가
       if (!testNode.expanded)
       {
            testNode.expand(queue,SearchNode.BACK);
     }
 }
 return null;
 }
//SG21<-SG20
// this is a slightly modified depth-first search algorith
```

```
    // that stops searching at a pre-defined depth
    public SearchNode depthLimitedSearch(SearchNode initialNode
                                        ,Object goalState, int maxDepth)
    {
        //SG22: queue 동적배열(ArrayList) 생성
        ArrayList queue = new ArrayList();
        //SG23: queue={sel}
        queue.Add(initialNode);
        //SG24->SN5
        initialNode.setTested(true);  // only test each node once
        //SG25: queue 맨 앞의 노드를 삭제한 후 목적상태인지 비교
        while (queue.Count > 0)
        {
            SearchNode testNode = (SearchNode)queue[0];
        queue.RemoveAt(0);
        testNode.trace();
        if (testNode.stateSpace.Equals(goalState)) return testNode;
        //SG26: 노드의 깊이(depth)가 maxDepth를 초과하지 않으면
        // limit the depth of search to maxDepth
        if (testNode.depth < maxDepth)
        {
            //SG27->SN7: 삭제된 노드가 expanded 되어 있지 않은 경우 queue 앞에 추가
            if (!testNode.expanded)
            {
                    testNode.expand(queue,SearchNode.FRONT) ;
            }
        }
         }
         return null ;
    }
    //SG18<-SM23: 반복적 점증 깊이-우선 탐색 on graph
    // use depth-first search to find goal
    public SearchNode iterDeepSearch(SearchNode startNode, Object goalState)
    {
        int maxDepth = 10 ;                    // arbitrary limit
   for (int j=0 ; j < maxDepth ; j++)
   {
      //SG19->SG3:
      reset() ;
      //SG20->SG21:
      SearchNode answer = depthLimitedSearch(startNode, goalState, j);
      if (answer != null) return answer;
   }
   return null ; // failed to find solution in maxDepth
```

```
    }
    //SG28<-SM24: 최선 탐색 on graph
    // use best-first search algorithm to find the goal
    // default implementation based on SearchNode cost
    public SearchNode bestFirstSearch(SearchNode initialNode
                                        , Object goalState)
    {
   //SG29: queue 동적배열(ArrayList) 생성
   ArrayList queue = new ArrayList() ;
   //SG30:queue에 시작상태 노드를 추가
   queue.Add(initialNode) ;
   //SG31->SN7:only test each node once
   initialNode.setTested(true) ;
   //SG32:queue 맨 앞의 노드를 삭제한 후 목적상태인지 비교
   while (queue.Count > 0)
   {
       SearchNode testNode = (SearchNode)queue[0];
       queue.RemoveAt(0) ;
       testNode.trace() ;
       if (testNode.stateSpace.Equals(goalState)) return testNode ;
           //SG33->SN5:
           // now, heuristically add nodes to queue
           // insert the child nodes according to cost
           if (!testNode.expanded)
           {
              testNode.expand(queue,SearchNode.INSERT) ;
           }
   }
   return null ;
   }
  //SG34<-SM25: A* 탐색 on graph
  // use best-first search algorithm to find the goal
  // default implementation based on SearchNode cost
  public SearchNode aStarSearch(SearchNode initialNode, Object goalState)
  {
       //SG35: queue 동적배열(ArrayList) 생성
       ArrayList queue = new ArrayList() ;
       //SG36:queue에 시작상태 노드를 추가
       queue.Add(initialNode) ;
       //SG37->SN7:only test each node once
       initialNode.setTested(true) ;
       //SG38:queue 맨 앞의 노드를 삭제한 후 목적상태인지 비교
       while (queue.Count > 0)
       {
```

```
            SearchNode testNode = (SearchNode)queue[0];
        queue.RemoveAt(0) ;
        testNode.trace() ;
        if (testNode.stateSpace.Equals(goalState)) return testNode ;
        //SG39->SN5:
        // now, heuristically add nodes to queue
        // insert the child nodes according to cost
        if (!testNode.expanded)
        {
            testNode.expand(queue,SearchNode.INSERT1) ;
        }
         }
         return null ;
      }
      public IEnumerator getKey()
      {
         return Keys.GetEnumerator();
      }

      public SearchNode getValue(string start)
      {
         foreach (DictionaryEntry dNode in this)
         {
             if(dNode.Key.ToString() == start)
         {
            return (SearchNode)dNode.Value;
         }
         }
         return null;
       }
    }
}
```

Listing 5.4 ≫ SearchNode.cs

```
using System;
using System.Collections;
using System.Windows.Forms;

namespace SearchApp
{
    public class SearchNode : Object
    {
        public string label;        // symbolic name
```

```
    public Object stateSpace;       // defines the state-space
    public Object oper;         // operator used to generate this node
    public ArrayList links;       // edges or links to other nodes
    public int depth;          // depth in a tree from start node
    public bool expanded; // indicates if node has been expanded
    public bool tested;   // indicates if node was ever tested
    public float cost=0;      // cost to get to this node from Seoul
    public float cost1=0;     // cost to get to this node to Pusan
    public float dist=0;      // A*를 위한 출발도시부터 현재까지의 거리
    public static RichTextBox textArea1; // used for trace output only
    public const int FRONT = 0;
    public const int BACK = 1;
    public const int INSERT = 2;
    public const int INSERT1 = 3;
    //SN1<-SM4: ("서울", "서울") 등을 매개변수로 다음을 초기화하면서 SearchNode 생성
    public SearchNode(string Label, Object StateSpace)
    {
        label = Label; stateSpace = StateSpace; depth = 0;
        links = new ArrayList();
        oper = null;
        expanded = false;
        tested = false;
    }
    //SN2<-SM6: 매개변수의  수에 따라 다음 중 하나가 호출된다.
    public void addLink(SearchNode Node)
    { // 매개변수가 하나인 경우
        links.Add(Node);//links 동적배열(ArrayList)에 추가
    }
    public void addLinks(SearchNode n1, SearchNode n2)
    {//매개변수가 두 개인 경우
        links.Add(n1);
   links.Add(n2);
    }
    public void addLinks(SearchNode n1, SearchNode n2, SearchNode n3)
    {
        links.Add(n1);// 매개변수가 세 개인 경우
   links.Add(n2);
   links.Add(n3);
    }
    public void addLinks(SearchNode n1, SearchNode n2, SearchNode n3
                                                  , SearchNode n4)
    {// 매개변수가 네 개인 경우
        links.Add(n1); links.Add(n2);
   links.Add(n3); links.Add(n4);
```

```
    }
    public void addLinks(ArrayList Nodes)
    {// 매개변수가 다섯 개 이상인 경우
        for (int i=0; i < Nodes.Count; i++)
    {
        links.Add(Nodes[i]);
    }
    }
public bool leaf() { return (links.Count == 0); }
public void setDepth(int Depth) { depth = Depth; }
public void setOperator(Object Oper) { oper = Oper; }
//SN9<-SG8
public void setExpanded() { expanded = true; }
public void setExpanded(bool TFexpanded) { expanded = TFexpanded; }
//SN5<-SG8,SG15,SG24,SG31
public void setTested(bool TFtested) { tested = TFtested; }
//SN3<-SM11
    static public void setDisplay(RichTextBox textArea)
    {
        textArea1 = textArea;
    }
    // initialize the node for another search
//SN4<-SG4
public void reset()
{
    depth = 0;
    expanded = false;
    tested = false ;
    }
//SN6<-SG10: write a trace statement -- indent to indicate depth
public void trace()
{
    string indent = "";
    for (int i=0; i < depth; i++) indent += "  ";
    textArea1.AppendText(indent + "Searching " + depth + ": " + label +
                        " with state-space = " + stateSpace + "\n");
}
    //SN7<-SG11,SG17,SG26,SG33:
    // position 0=front, 1=back, 2=based on node cost
    public void expand(ArrayList queue, int position)
{
    //SN8->SN9:
    setExpanded();
    for (int j = 0; j < links.Count; j++)
```

```
    {
        SearchNode nextNode = (SearchNode)links[j];
        if (!nextNode.tested)
        {
            nextNode.setTested(true);
            nextNode.setDepth(depth+1);
            switch (position)
            {
                case FRONT: queue.Insert(0,nextNode);
                        break;
                case BACK: queue.Add(nextNode);
                    break;
                case INSERT:
                    bool inserted = false;
                    float nextCost = nextNode.cost;
                    for (int k=0; k < queue.Count; k++)
                    {           // find where to insert this node
                        if (nextCost < ((SearchNode)queue[k]).cost)
                        {
                               queue.Insert(k,nextNode); // insert in middle
                               inserted = true;
                               break;      // exit the for loop
                        }
                     }
                    // couldn't find place to insert, just add to end
                    if (!inserted) queue.Add(nextNode);
                    break ;
                      case INSERT1:
                    inserted = false;
                    nextCost = nextNode.cost + nextNode.cost1;
                    for (int k=0; k < queue.Count; k++)
                    {   // find where to insert this node
                        if (nextCost < ((SearchNode)queue[k]).cost +
                                        ((SearchNode)queue[k]).cost1)
                        {
                                  queue.Insert(k,nextNode);  //  insert  in  middle
                              inserted = true;
                              break;      // exit the for loop
                        }
                    }
                    // couldn't find place to insert, just add to end
                    if (!inserted) queue.Add(nextNode);
                    break;
            }
```

```
                }
            }
             }
        }
    }
```

위 프로그램을 간단히 트레이스하면 다음과 같다.

1 SM0 문에서 SearchGraph형의 graph 선언

2 SM1→SM2문인 testGraph() 메소드 호출하여 graph 생성

2.1 SM3→SG1을 호출하여 SearchGraph 형의 "test" 라는 graph 생성

2.2 SM4→SN1을 호출하면서 SearchNode 생성

2.2.1 SN1문은 Label과 StateSpace 매개변수를 받고 다음을 초기화 label = Label; stateSpace = StateSpace; depth = 0; links=new ArrayList(); oper=null ; expanded = false ; tested = false ;

2.3 SM5→SG2를 호출하면서 SearchNode를 생성하고 생성된 노드를 Hashtable에 추가한다.

2.4 SM6→SN2를 호출하면서 "links" 동적 배열(ArrayList)에 한 노드에 연결된 모든 도시를 추가한다.

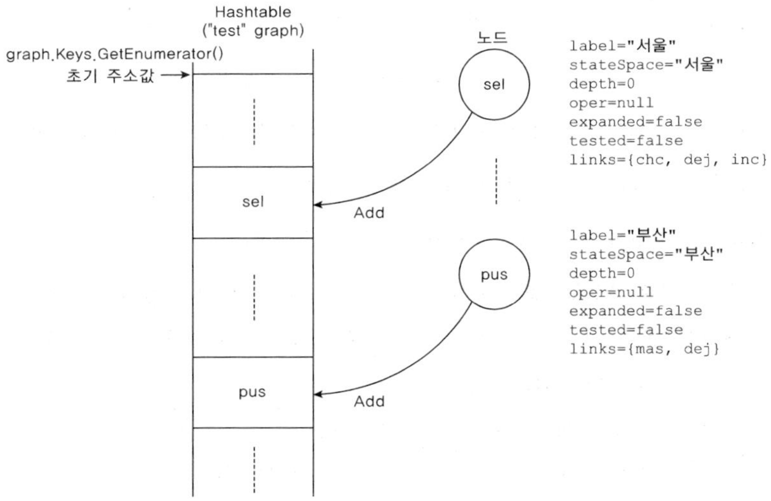

2.5 SM7 문 : 최선 경로찾기를 위해 출발도시에서 각 도시 간의 직선거리를 "cost" 로 지정한다.

2.6 SM8 문 : enume = graph.Keys.GetEnumerator(); // enume = "test" graph의 hashtable 초기 주소값

2.7 SM9 문 : 그림 5.2의 "시작상태"와 "목표상태"의 리스트로써 "test" graph의 hashtable의 모든 노드 이름을 입력한다.

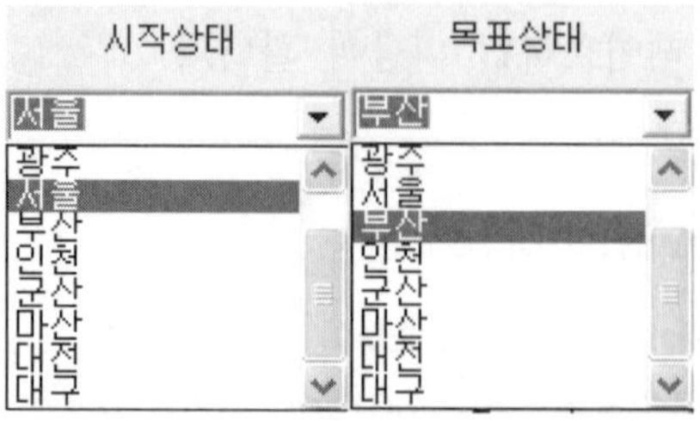

2.8 SM10 문 : 그림 5.2에서 깊이-우선 경로찾기를 디폴트로 선택

2.9 SM11→SN3을 호출하여 TextArea1을 display 화면으로 사용

2.10 SM12, SM13 문에서 "시작상태"와 "목표상태"를 "서울"과 "부산"으로 각각 초기화 시킨다.

3 SM14 문에서 "시작" 버튼 이벤트를 발생시킨다.

4 SM15: 클래스를 인스턴스화한다 - SearchNode answer = null;

5 SM16: 클래스를 인스턴스화한다 - SearchNode startNode ;

6 SM17: 출발지를 사용자 인터페이스에서 정할 수 있게 한다.

string start = cbbStartState.SelectedItem.ToString();

7 SM18: 출발지 node를 정한다 - startNode = (SearchNode)graph.getValue(start);

8 SM19: 도착지를 사용자 인터페이스에서 정할 수 있게 한다.

string goal = cbbEndState.SelectedItem.ToString();

9 SM20→SG3: 다른 경로찾기를 위해서 모든 node들을 reset한다-graph.reset();

9.1 SG4→SN4: depth = 0 ; expanded = false ; tested = false ;

10 SM21→SG5: 깊이-우선 경로찾기를 수행한다.

10.1 SG6: queue 동적배열(ArrayList) 생성

10.2 SG7: queue={sel} - queue에 시작상태 노드를 추가

10.3 SG8→SN5: 시작상태 노드인 "sel"의 "tested"에 대해 시작상태 노드의 tested = true로 한다.

10.4 SG9: queue가 비어있지 않은 경우 queue 맨 앞의 노드를 삭제한 후 목적상태인지 비교

10.5 if 삭제된 노드가 목표노드이면 끝내고

10.6 else SG11→SN7: 삭제된 노드가 expanded 되어 있지 않은 경우 expand하여 queue 앞에 추가하고 10.4로 돌아간다.

11 SM22→SG12: 너비-우선 경로찾기를 수행한다.

11.1 SG13: queue 동적배열(ArrayList) 생성

11.2 SG14: queue={sel} - queue에 시작상태 노드를 추가

11.3 SG15→SN5: 시작상태 노드의 tested = true로 한다.

11.4 SG16: queue가 비어있지 않은 경우 queue 맨 앞의 노드를 삭제한 후 목적상태인지 비교

11.5 if 삭제된 노드가 목표노드이면 끝내고

11.6 else SG17→SN7: 삭제된 노드가 expanded되어 있지 않은 경우 expand하여 queue 뒤에 추가하고 11.4로 돌아간다.

12 SM23→SG18: 반복적 점증 깊이-우선 경로찾기를 수행한다.

12.1 최대깊이(maxDepth)를0부터 1씩 증가시키면서

12.1.1 SG20→SG21: depthLimitedSearch()를 수행한다.

12.1.1.1 SG22: queue 동적배열(ArrayList) 생성

12.1.1.2 SG23: queue={sel} - queue에 시작상태 노드를 추가

12.1.1.3 SG24→SN5: 시작상태 노드의 tested = true로 한다.

12.1.1.4 SG25: queue가 비어있지 않은 경우 queue 맨 앞의 노드를 삭제한 후 목적상태인지 비교

12.1.1.5 if 삭제된 노드가 목표노드이면 끝내고

12.1.1.6 else if SG26: 노드의 깊이(depth)가 maxDepth를 초과하지 않으면

12.1.1.6.1 SG27→SN7: 삭제된 노드가 expanded 되어 있지 않은 경우 expand하여 queue 앞에 추가하고 12.1.1.4로 돌아간다.

13 SM24→SG28: 최선 경로찾기를 수행한다.

13.1 SG29: queue 동적배열(ArrayList) 생성

13.2 SG30: queue={sel} - queue에 시작상태 노드를 추가

13.3 SG31→SN5: 시작상태 노드의 tested = true로 한다.

13.4 SG32: queue가 비어있지 않은 경우 queue 맨 앞의 노드를 삭제한 후 목적상태인지 비교

13.5 if 삭제된 노드가 목표노드이면 끝내고

13.6 else SG33→SN7: 삭제된 노드가 expanded 되어 있지 않은 경우 expand하여 cost 값에 의해(오름차순) queue에 삽입되고 13.4로 돌아간다.

/연/습/문/제/

1. 위의 예제에서 서울에서 부산에 대한 최선(Best-First) 경로찾기를 실행한 결과 다음과 같이 경로까지 보여주도록 프로그램을 수정하라.

■ 부산에 대한 최선(Best-First) 경로찾기 :

```
Searching 0: 서울 with state-space = 서울
    Searching 1: 인천 with state-space = 인천
    Searching 1: 춘천 with state-space = 춘천
    Searching 1: 대전 with state-space = 대전
             Searching 2: 원주 with state-space = 원주
             Searching 2: 군산 with state-space = 군산
             Searching 2: 대구 with state-space = 대구
                      Searching 3: 마산 with state-space = 마산
             Searching 2: 광주 with state-space = 광주
                      Searching 3: 부산 with state-space = 부산
```

■ 경로 : 서울 → 대전 → 대구 → 부산

Answer found in node 부산

CHAPTER 6

ADO.NET

6.1 ADO.NET란?

C#을 이용한 윈도우 개발 프로그래밍, 웹 개발 프로그래밍에서 데이터베이스와의 연동은 매우 중요한 요소이다. C#은 강력한 데이터베이스 연결 인터페이스를 제공하는데 이를 ADO.NET이라고 한다. ADO.NET은 C# 언어로 다양한 종류의 관계형 데이터베이스를 접근할 때 사용되는 ANSI SQL 인터페이스의 API와 오라클 등의 DB관련 회사들이 각각의 DB에 맞는 SQL 인터페이스 API를 의미한다. ADO.NET은 .NET 프레임워크에 기본적으로 포함되어 있다. ADO.NET은 C#과 SQL 데이터베이스의 중간에서 서로가 정보를 교환할 수 있게 해주는 다양한 종류의 닷넷 데이터 프로바이더(.NET Data Provider)를 제공한다.

여기서 SQL(Structured Query Language) 데이터베이스는 SQL 표준 하에 구축된 데이터베이스를 뜻한다. C#은 ADO.NET을 통해서 데이터베이스에 질의(Query)를 보내고 데이터베이스는 그 질의에 대한 결과를 반환한다. 다음 그림 6.1은 ADO.NET을 통한 C#과 데이터베이스의 연결 방식을 그림으로 보여주고 있다.

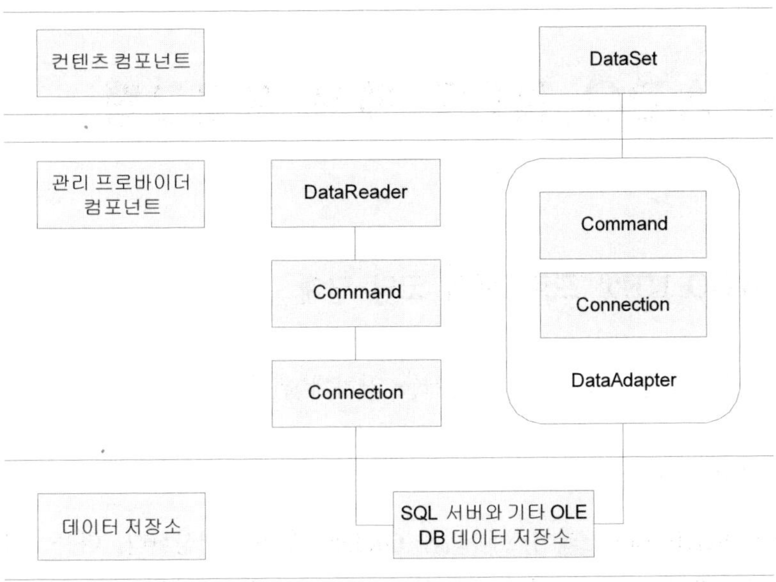

그림 6.1 ➡ ADO.NET을 통한 C#과 데이터베이스의 연결도

C#에서 지원하는 관리 프로바이더 컴포넌트는 두 가지로 나누어진다. SQL 서버 데이터베이스를 전용으로 하는 SQL 서버 닷넷 데이터 프로바이더와 SQL 서버이외의 데이터베이스를 지원하는 OLE DB 닷넷 데이터 프로바이더로 나누어 질수 있다. 각각의 데이터 프로바이더는 그림 6.1에서 보는 바와 같이 4개의 핵심 객체들이 포함되어 있다. 이러한 핵심 객체들은 System.Data.SqlClient 네임스페이스와 System.Data.OleDb의 네임스페이스 안에 정의되어 있다.

C# 프로그램이 원격 데이터베이스를 액세스하기 위해 네트워크 환경에서 실행되고 있다면 Connection 객체를 사용하면 된다(그림 6.1 참조). ADO.NET의 SQL 문장에서는 다음과 같은 주소를 통해 원하는 데이터베이스를 인식할 수 있다.

```
@"Provider=Microsoft.Jet.OLEDB.4.0;Data Source=C:\member.mdb;"
```

이번 장에서는 ADO.NET에서 지원하는 데이터베이스 접근을 위한 OleDb를 사용한 ADO.NET을 설명한다(그림 6.1 참조).

6.2 ADO.NET 예제 프로그램

6.2.1 ADO.NET 프로그램의 코딩 단계

ADO.NET 프로그램은 다음과 같은 단계를 거치게 된다.

데이터 소스 지정하기

System.Data.OleDb 네이스페이스에 의해 OleDb 객체를 생성한다. 다음 예는 데이터베이스에 접속을 위해서 데이터베이스의 위치를 지정한다. 이러한 과정을 데이터 소스를 지정한다고 말한다.

```
@"Provider=Microsoft.Jet.OLEDB.4.0;Data Source=C:\member.mdb;"
```

데이터베이스 접속하기

OleDbConnection 클래스의 생성자를 이용하여 이전에 설정한 데이터 소스를 가지고 데이터베이스에 접속한다.

```
OleDbConnection oleDbConnection = new OleDbConnection("데이터소스");
```

- 데이터소스: @"Provider=Microsoft.Jet.OLEDB.4.0; Data Source=C:₩member.mdb;"

```
예) OleDbConnection oleDbConnection = new OleDbConnection
      (@"Provider=Microsoft.Jet.OLEDB.4.0;Data Source=C:\member.mdb;")
```

SQL 사용하기

데이터베이스에 질의를 보내기 위해서는 접속한 데이터베이스에 SQL 구문을 실행시켜야한다. ADO.NET은 OleDbConnection 클래스의 인스턴스를 인자값으로 하는 OleDbDataAdapter를 이용하여 질의를 전송한다.

- OleDbCommand.ExecuteNonQuery() 메소드로부터 INSERT, UPDATE, DELETE 문을 수행한다.
- OleDbDataAdapter.SelectCommand = new SqlCommand(질의문, OleDbConnection) 메소드로부터 SELECT 문을 수행한다.

질의 결과 받기

질의 결과는 System.Data.DataSet 클래스를 사용한다. OleDbDataAdapter의 Fill 메소드의 SELECT 문의 반환 값이 DataSet 형이다.

```
예) DataSet dataSet = new DataSet();
    OleDbDdtaAdapter.Fill(dataSet)
```

ADO.NET에서 사용하기 위한 Access DB 만들기

이번 장에서 사용할 데이터베이스를 만들기 위해서 Microsoft Access 파일을 작성한다.

그림 6.2에서와 같이 테이블(Member)과 필드들(memberID, memberPW)을 생성한 후에 member.mdb로 저장한다.

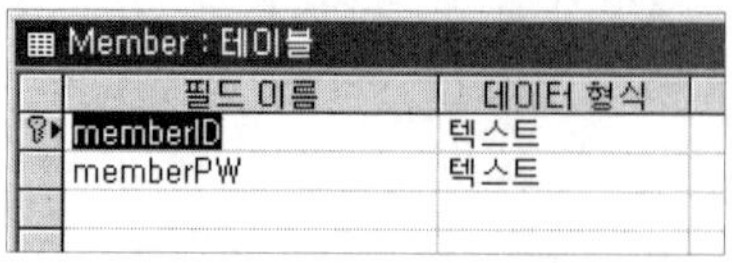

그림 6.2 ➡ Member 테이블 화면

6.2.2 회원 아이디 관리 ADO.NET 프로그램

이번 절에서 사용된 예는 회원의 아이디와 패스워드를 입력받아서 데이터베이스의 내용과 비교한 후 회원인지 아닌지 판단하는 프로그램이다. 다음 코드 Listing 6.1 MemberCheck.cs는 이벤트 처리 및 입출력용 컴포넌트를 생성하여 전체 프로그램을 관리하고, Listing 6.2 DBConnection.cs는 데이터베이스 접속과 패스워드 확인 및 변경 등에 대한 메소드로 구성되어 있다. 이 프로그램의 실행은 다음과 같이 진행된다.

이벤트 발생

프로그램 실행 후 아래 그림과 같이 member.mdb에 있는 아이디와 패스워드를 입력한 후 회원확인 버튼을 클릭(① 실행)하게 되면 ④btnLogin_Click() 이벤트를 실행하게 된다. 여기서 ⑤new DBConnection()을 사용하여 (b)dbConnection 객체를 생성한다.

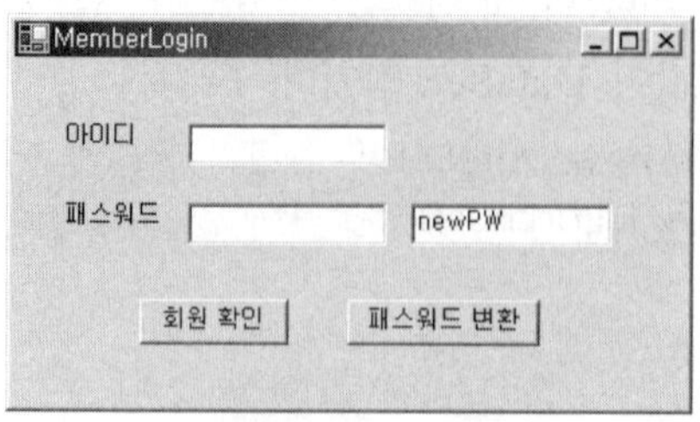

그림 6.3 ➡ 로그인 화면

데이터 소스 지정하기

다음 (d)@"Provider=Microsoft.Jet.OLEDB.4.0;Data Source=C:\member.mdb;" 데이터베이스에 대한 정보와 위치를 지정한다.

데이터베이스 접속하기

앞에서 지정한 데이터소스를 OleDbConnection의 생성자의 인자값으로 입력하여 데이터베이스에 접속한다.

```
OleDbConnection oleDbConnection = new OleDbConnection("데이터소스")
```

SQL 사용하기

데이터베이스에 질의를 보내기 위해서는 접속한 데이터베이스에 SQL 구문을 실행시켜야 한다. ADO.NET은 OleDbCommand(질의문, OleDbConnection) 메소드로부터 SELECT 문을 수행하면 위 그림에서 입력된 아이디에 해당하는 패스워드를 member.mdb 데이터베이스로부터 가져온다. SQL을 사용하기 위한 실행 순서는 다음과 같다.

1. 우선 다음과 같이 SQL 문장을 strSql에 저장한다.

```
⑥ String strSql = "SELECT memberPW FROM Member WHERE memberID = '"
                + this.txtUserID.Text + "'";
```

2. 다음 ⑦dbConnection.DBQuery(strSql)에서 (k)DBQuery(string strSql) 메소드를 호출한다.

3. 호출된 (k)DBQuery(string strSql) 메소드는 (i)DBOpen() 메소드에 의해 생성된 OleDb-Connection 객체에 질의를 하기 위해, OleDbCommand()를 이용하여OleDbDataAdapter 클래스의 속성값인 SelectCommand를 이용한다.

```
(m)OleDbDataAdapter.SelectCommand
                = new OleDbCommand(strSql, this.oleDbConnection)
```

4. OleDbDataAdapter 클래스의 (n)Fill(DataSet) 메소드를 이용하여 strSql에 저장된 SQL의 SELECT 문을 수행하고 DataSet 형으로 그 실행결과를 반환 받아야 한다. ExecuteNon-Query() 메소드는 INSERT, UPDATE, DELETE 문을 수행할 때 사용되며 이에 대한 실행 결과값은 없다.

```
(n) oleDbDataAdapter.Fill(dataSet);
```

5. 이렇게 반환된 결과값은 DataSet 형이며 이는 복수 개의 레코드(혹은 튜플, tuple)와 각 레코드에 대한 복수 개의 필드 값을 갖게 된다. 따라서 foreach 문 등 반복문을 이용하여 각 레코드에

대한 필드값을 얻어낼 수 있다. 레코드를 이동할 때는 DataRow를 이용한다. 각 레코드의 필드를 이동할 때는 필드의 필드 이름을 사용한다. 이 때 사용되는 메소드는 DataRow ["memberPW"]를 사용하면 된다.

```
(o) foreach(DataRow dataRow in dataTable.Rows) // 다음 레코드로 이동
(p) dataRow["memberPW"].ToString();
      // memberPW 필드에 해당되는 값을 반환
```

다음 예는 위 코드를 foreach 문을 사용하여 레코드의 필드값을 얻는 방법을 설명한 것이다.

```
DataTable dataTable = dataSet.Tables[0];
foreach(DataRow dataRow in dataTable.Rows)
{
    if(dataRow["memberPW"].ToString() == this.txtUserPW.Text)
    {
    MessageBox.Show("회원임");
    }
}
```

6. Close()로 닫기

ADO.NET의 OleDbConnection의 클래스 객체는 close() 메소드에 의해 소멸한다. (j)Close()를 호출하면 다음 코드에 의해 객체가 소멸된다.

```
OleDbConnection.Close();
```

7. 데이터베이스에 있는 패스워드 바꾸기

다음은 member.mdb 데이터베이스의 myID 아이디에 해당하는 myPW 패스워드를 newPW라는 새로운 패스워드로 바꾸는 예이다. 우선 아래 그림과 같이 새로운 패스워드인 "newPW"를 입력한 후 패스워드 변환을 클릭(② 실행)하게 되면 ⑧btnChangePW_Click() 이벤트를 실행하게 된다.

여기서 ⑤new DBConnection()을 사용하여 (b)dbConnection 객체를 생성한다.

위에서 설명한 아이디와 패스워드를 확인하는 방법과 같이 실행을 하게 되는데 다른 점은 UPDATE를 사용한 SQL문을 실행시키는 것이다. ⑩의 UPDATE SQL문을 매개변수로 ⑪에서 (r)DBModify(strSql)을 호출하면 (t)OleDbCommand.ExecuteNonQuery (strSql)이 실행된다. 이와 같이 UPDATE, DELETE, INSERT 문은 ExecuteNon Query () 메소드를 사용하여야 한다.

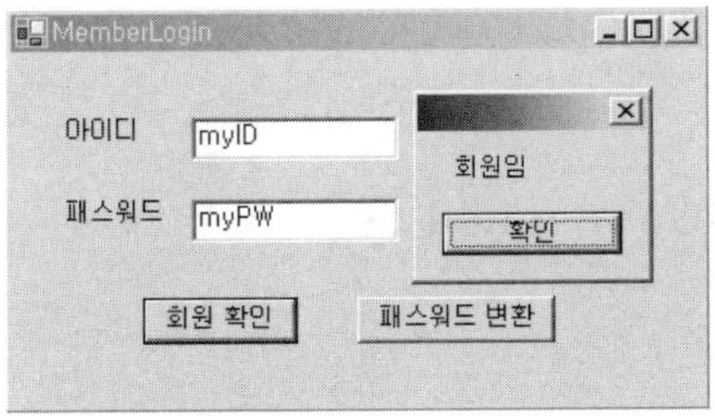

그림 6.4 ➡ 회원 인증 화면

Listing 6.1 ≫ MemberCheck.cs

```
private void btnLogin_Click(object sender, System.EventArgs e)
{                                              //④ btnLogin_Click
    // 회원 확인
    DBConnection dbConnection = new DBConnection();    //⑤ //(b)
    dbConnection.DBOpen();
    string strSql = " SELECT memberPW FROM Member WHERE memberID =
                    '" + this.txtUserID.Text + "'";    //⑥
    DataSet dataSet = dbConnection.DBQuery(strSql);  //⑦  //(k)
    DataTable dataTable = dataSet.Tables[0];
    foreach(DataRow dataRow in dataTable.Rows)  // (o)
    {
    if(dataRow["memberPW"].ToString() == this.txtUserPW.Text) //(p)
    {
        MessageBox.Show("회원임");
    }
    }
    dbConnection.DBClose();
}

private void btnChangePW_Click(object sender, System.EventArgs e)
{                                         //⑧ btnCnange_Click
    // 패스워드 변환
    DBConnection dbConnection = new DBConnection();
    dbConnection.DBOpen();
    string[] strSql = new string[1];
    strSql[0] = " UPDATE Member SET memberPW = '" + this.txtNewPW.Text +
                "' WHERE memberID = '" + this.txtUserID.Text + "'";  //⑩
    if(dbConnection.DBModify(strSql))      //⑪  //(r)
    MessageBox.Show("변경성공");
    else
    MessageBox.Show("변경실패");
```

```
        dbConnection.DBClose();
    }
```

Listing 6.2 ≫ DBConnection.cs

```
using System;
using System.Data;
using System.Data.OleDb;

public class DBConnection
{
    OleDbConnection oleDbConnection;
    OleDbTransaction oleDbTransaction
    public DBConnection()  {}
    public void DBOpen()   //(i)
    {
    string dbSource = @"Provider=Microsoft.Jet.OLEDB.4.0;
        Data Source=C:\member.mdb;";
    this.oleDbConnection = new OleDbConnection(dbSource);
    this.oleDbConnection.Open();
    }

    public void DBClose()
    {
    this.oleDbConnection.Close();      //(j)
    }
    public DataSet DBQuery(string strSql)
    {
    try
    {
        OleDbDataAdapter oleDbDataAdapter = new OleDbDataAdapter();
        oleDbDataAdapter.SelectCommand = new OleDbCommand(strSql,
            this.oleDbConnection);

        DataSet dataSet = new DataSet();
        oleDbDataAdapter.Fill(dataSet);        //(n)
        return dataSet;
    }
    catch
    {   return null;       }
   }
   public bool DBModify(string[] strOleDb)
   {
      this.oleDbTransaction = this.oleDbConnection.BeginTransaction();
```

```
        try
        {
        for(int i=0; i<strOleDb.Length; i++)
        {
            OleDbCommand oleDbCommand = new OleDbCommand(strOleDb[i],
                this.oleDbConnection);
            oleDbCommand.Transaction = this.oleDbTransaction;
            oleDbCommand.ExecuteNonQuery();        //(t)
        }
        this.oleDbTransaction.Commit();
        return true;
        }
        catch
        {
        this.oleDbTransaction.Rollback();
                return false;
        }
}
```

INSERT와 DELETE 문 사용하기

앞의 예제들에서 우리는 SELECT 문과 UPDATE 문을 실행해 보았다. SQL 또 다른 질의문 INSERT와 DELETE 문의 사용법은 UPDATE 문과 동일하다. 예를 들어 memberID와 memberPW를 추가(INSERT)하기 위해서 다음 코드를 사용하면 된다.

```
strSql = "INSERT INTO Member (memberID, memberPW) VALUES (' " +
        this.txtUserID.Text + "','" + this.txtUserPW.Text + "')";
```

또한 삭제(DELETE)의 경우는 다음 코드를 실행시킨다.

```
StrSql = " DELETE FROM Member WHERE memberID ='"
        + this.txtUserID.Text + "'";
```

/연/습/문/제/

1. 예제의 패스워드 변환하는 방법대로 아이디를 변환하도록 수정하시오.

2. 예제에서 이메일 필드를 추가할 수 있도록 프로그램을 수정하시오.

APPENDIX

네트워크 모으미

1 네트워크 모으미

네트워크 모으미

본 부록에서는 장애물 하에서 디스크를 수집하는 네트워크 모으미 프로그램을 보여주고 있다. 다수의 클라이언트가 서버에 접속한 후 네트워크 게임과 같이 서로 다른 모으미 프로그램을 실행하여 디스크를 모두 수집한 순서대로 순위를 낼 수 있도록 하고 있다.

이 프로그램은 서버와 클라이언트의 구조를 가지고 있으며, 직렬화한 객체를 주고받는 전송 방식을 사용한다. 송신측에서 직렬화된 데이터를 보내면 수신측에서는 이를 역 직렬화하여 데이터를 읽게 된다. 앞으로의 내용들은 네트워크 모으미에서 사용된 이동 알고리즘과 객체 직렬화를 통한 전송 방식들을 설명한다.

이동 알고리즘

본 절에서는 네트워크 모으미 프로그램에서 사용된 수집 알고리즘을 살펴본다. 로봇은 장애물을 피해 디스크를 수집하게 되는데 로봇의 이동 규칙들은 다음과 같다.

- 네트워크 모으미의 이동 규칙

> 첫째, 시작점을 스택에 저장 후 탐색을 한다.
> 둘째, 스택이 비어있지 않다면 canMove( ) 메소드의 방법대로 탐색한다.
> 셋째, 자신이 지나온 길을 특정 범위만큼 버퍼에 기록한다.
> 넷째, 스택이 비어 있다면 랜덤하게 움직인다.

로봇은 자신의 이동 경로를 스택에 저장하면서 이동하게 된다. 로봇은 이동을 하면서 canMove( ) 메소드를 통하여 자신의 위치에서 이동 가능한 지점을 탐색 한다. 사방이 모두 막혀 로봇이 더 이상 이동 가능한 경로가 없게 되었을 경우, 스택에 저장된 경로 값들을 pop하여 역으로 이동하게 된다. 이렇게 스택에 있는 모든 값들이 없어지게 되었을 때는 3장의 모으미 로봇과 동일한 방법으로 장애물과 충돌 시 랜덤한 방향으로 이동하게 된다.

Listing 7.1의 mark() 메소드는 로봇의 이동경로를 특정 길이만큼 기록하게 된다.

Listing 7.1 ≫ Robot.cs의 mark()메소드

```
public void mark(int x, int y, int mark)
{
    for(int i = 0; i<52; i++)
    {
        for(int j = 0; j<52; j++)
        {
            buffer[y+j+1,x+i+1] = mark;
        }
    }
}
```

Listing 7.2의 canMove( ) 메소드는 로봇의 이동 방향을 결정하는 메소드로 변수 dir에 따라 로봇이 이동할 수 있는 방향 인지를 판단해 준다.

Listing 7.2 ≫ Robot.cs의 canMove() 메소드

```
public bool canMove(Disk[] disks, Robot[] robots,Rectangle[] o)
{
    switch(dir%4)
    {
        case 0:     xStep = -6; yStep = 0;    //dir의 방향이 왼쪽일 경우
            if(!detectCollision(disks, robots,o)    //충돌이 없고 지나온 길이 아닐 경우
              &&(buffer[this.robotRect.Y+27,this.robotRect.X+27+xStep-26]==0))
                return true;
            break; // 서쪽

        case 1: xStep = 0; yStep = -6;    //dir의 방향이 북쪽일 경우
            if(!detectCollision(disks, robots,o)    //충돌이 없고 지나온 길이 아닐 경우
                &&(buffer[this.robotRect.Y+27+yStep-26,this.robotRect.X+27]==0))
                 return true;
            break; // 북쪽
      ....(생략)....
    }
    return false;
}
```

프로그램 실행

네트워크 모으미 프로그램은 한 개의 서버가 실행되고 여러 개의 클라이언트가 서버에 연결되는 방식으로 실행된다. 서버는 RobotServer.cs로 실행하게 되며, 클라이언트는 login.txt파일에서 실행되는 서버의 ip 주소와 클라이언트 ID를 설정하여 서버에 연결된다. login.txt파일은 다음 그림과 같이 첫줄은 서버의 ip, 두 번째 줄에는 클라이언트 ID를 기록한다.

login.txt 화면

다음 그림의 서버 실행화면(1)은 서버 프로그램이 실행된 화면이다. 접속된 클라이언트들이 클라이언트 리스트 박스에 표시되며 Setting Game 버튼을 클릭하면 서버에서 설정한 장애물 및 디스크의 위치가 각 클라이언트에 전송된다. 다음 클라이언트 실행화면(1) 그림은 클라이언트가 실행된 화면으로 서버에서 장애물 및 디스크의 위치를 전송받아 그림을 그리게 된다. 서버에서 Game Start 버튼을 클릭하면 각 클라이언트들의 모으미 로봇들이 디스크를 수집하게 된다. 다음 그림의 클라이언트 실행 화면(2)와 같이 모으미 로봇이 디스크를 모두 수집하게 되면 서버에 종료 메세지를 전송하게 된다. 클라이언트로부터 종료 메세지를 받은 서버는 해당 클라이언트가 수행된 시간을 계산하여 클라이언트에 전송하고 종료된 순서대로 랭킹 리스트에 순위를 보여주게 된다.

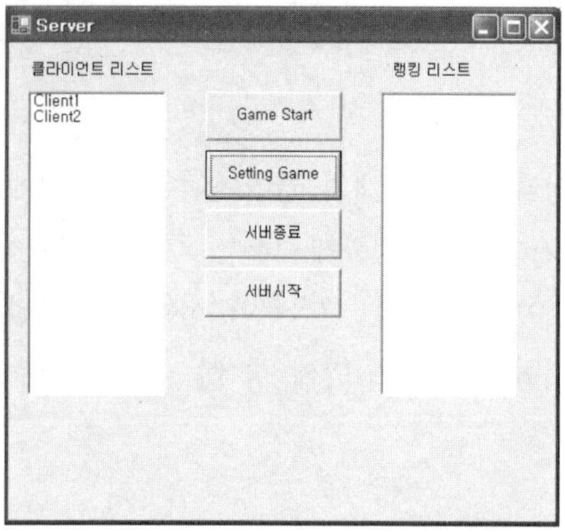

서버 실행 화면(1)

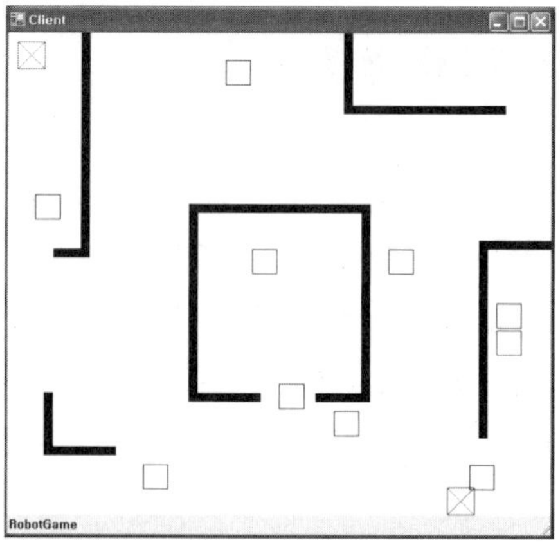

클라이언트 실행 화면(1)

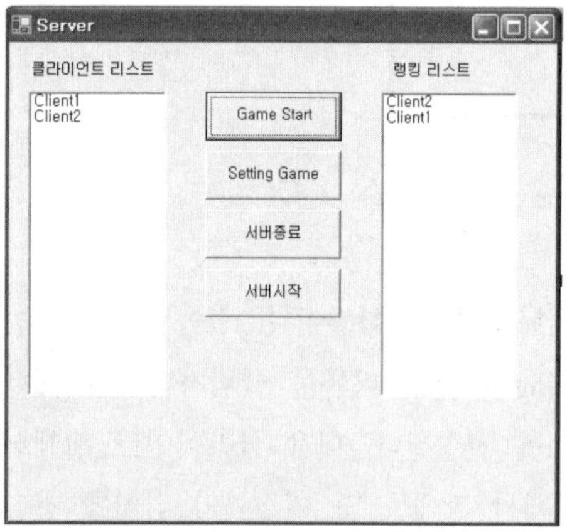

서버 실행 화면(2)

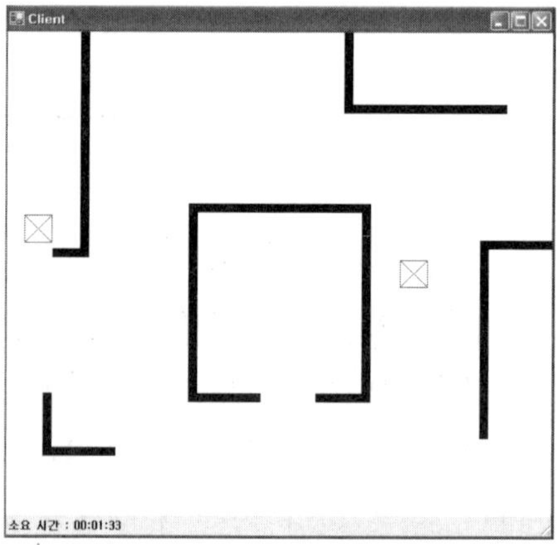

클라이언트 실행 화면(2)

프로그램 수정을 통한 네트워크 모으미 게임

네트워크 모으미 프로그램에서 사용된 알고리즘은 특정 지역에서 느려지는 현상이 발생할 수 있으며, 로봇이 다른 로봇과 충돌할 경우 움직이지 않는 현상이 일어나는 현상이 발생한다. 이러한 네트워크 모으미 프로그램을 개선하여 더 효율적으로 빨리 디스크를 수집하도록 만들고, 서버를 통해 실시간으로 수집이 끝난 순서대로 순위를 줄 수 있다. 이 순위를 이용하여 클라이언트 간 네트워크 모으미 게임을 할 수 있다.

Listing 7.3 ≫ RobotServer.cs

```
using System;
using System.Drawing;
using System.Collections;
using System.ComponentModel;
using System.Windows.Forms;
using System.Data;
using System.Net;
using System.Net.Sockets;
using System.Threading;
using System.IO;

namespace RobotGame
{
    public class RobotServer : System.Windows.Forms.Form
    {
        private System.Windows.Forms.Button startBtn;
        private System.Windows.Forms.Button settingbtn;
        private System.Windows.Forms.Button endBtn;
        public System.Windows.Forms.ListView RankingList;
        private TcpListener tcpListener;
        private Thread serverThread;
        private int hostport = 6000;
        private bool isServerStarted = false
        public ArrayList clientList = new ArrayList();
        public ArrayList users = new ArrayList();
        public System.Windows.Forms.ListView userList;
        private System.Windows.Forms.Button serverStart;
        public DateTime startTime;
        NetworkStream stream;
        Rectangle[] obstacle = new Rectangle[13];
        public bool start = false;
        public bool collision = false;
        NetworkLibrary.NetLibrary netLib = new NetworkLibrary.NetLibrary();
        private System.Windows.Forms.Label label1;
        private System.Windows.Forms.Label label2;
        private System.ComponentModel.Container components = null

        public RobotServer()
        {
            InitializeComponent();
        }
        protected override void Dispose( bool disposing )
```

```
{
    this.isServerStarted =false;
    this.serverThread.Abort();
    if( disposing )
    {
        if (components != null)
        {
            components.Dispose();
        }
    }
    base.Dispose( disposing );
}
#region Windows Form 디자이너에서 생성한 코드

private void InitializeComponent()
{
this.startBtn = new System.Windows.Forms.Button();
this.settingbtn = new System.Windows.Forms.Button();
this.endBtn = new System.Windows.Forms.Button();
this.userList = new System.Windows.Forms.ListView();
this.RankingList = new System.Windows.Forms.ListView();
this.serverStart = new System.Windows.Forms.Button();
this.label1 = new System.Windows.Forms.Label();
this.label2 = new System.Windows.Forms.Label();
this.SuspendLayout();
                    // startBtn
this.startBtn.Location = new System.Drawing.Point(160, 40);
this.startBtn.Name = "startBtn";
this.startBtn.Size = new System.Drawing.Size(112, 40);
this.startBtn.TabIndex = 0;
this.startBtn.Text = "Game Start";
this.startBtn.Click += new System.EventHandler(this.startBtn_Click);
                    // settingbtn
this.settingbtn.Location = new System.Drawing.Point(160, 88);
this.settingbtn.Name = "settingbtn";
this.settingbtn.Size = new System.Drawing.Size(112, 40);
this.settingbtn.TabIndex = 1;
this.settingbtn.Text = "Setting Game";
this.settingbtn.Click
                         += new System.EventHandler(this.SettingBtn_Click);
                    // endBtn
this.endBtn.Location = new System.Drawing.Point(160, 136);
this.endBtn.Name = "endBtn";
this.endBtn.Size = new System.Drawing.Size(112, 40);
```

```
this.endBtn.TabIndex = 2;
this.endBtn.Text = "서버종료";
this.endBtn.Click += new System.EventHandler(this.endBtn_Click);
                    // userList
     this.userList.Location = new System.Drawing.Point(16, 40);
this.userList.Name = "userList";
this.userList.Size = new System.Drawing.Size(112, 248);
this.userList.TabIndex = 1;
this.userList.View = System.Windows.Forms.View.List;
                    // RankingList
this.RankingList.Location = new System.Drawing.Point(304, 40);
this.RankingList.Name = "RankingList";
this.RankingList.Size = new System.Drawing.Size(112, 248);
this.RankingList.TabIndex = 4;
this.RankingList.View = System.Windows.Forms.View.List;
                    // serverStart
this.serverStart.Location = new System.Drawing.Point(160, 184);
this.serverStart.Name = "serverStart";
this.serverStart.Size = new System.Drawing.Size(112, 40);
this.serverStart.TabIndex = 5;
this.serverStart.Text = "서버시작";
this.serverStart.Click
                        += new System.EventHandler(this.serverStart_Click);
                    // label1
this.label1.Location = new System.Drawing.Point(16, 16);
this.label1.Name = "label1";
this.label1.Size = new System.Drawing.Size(112, 16);
this.label1.TabIndex = 6;
this.label1.Text = "클라이언트 리스트";
                    // label2
this.label2.Location = new System.Drawing.Point(312, 16);
this.label2.Name = "label2";
this.label2.Size = new System.Drawing.Size(112, 16);
this.label2.TabIndex = 7;
this.label2.Text = "랭킹 리스트";
// RobotServer
this.AutoScaleBaseSize = new System.Drawing.Size(6, 14);
this.ClientSize = new System.Drawing.Size(448, 390);
this.Controls.Add(this.label2);
this.Controls.Add(this.label1);
this.Controls.Add(this.serverStart);
this.Controls.Add(this.RankingList);
this.Controls.Add(this.userList);
this.Controls.Add(this.endBtn);
```

```
this.Controls.Add(this.settingbtn);
this.Controls.Add(this.startBtn);
this.Name = "RobotServer";
this.Text = "Server";
this.ResumeLayout(false);
  }
  #endregion

  [STAThread]
  static void Main()
  {
     Application.Run(new RobotServer());
  }
  private void startBtn_Click(object sender, System.EventArgs e)
  {
     System.Collections.IEnumerator clientListEnumerator
                                        = this.clientList.GetEnumerator();
this.RankingList.Items.Clear();
netLib.opcode = 2000;                  //게임시작
this.startTime = DateTime.Now;
while (clientListEnumerator.MoveNext())
{
        ((ClientManager)(clientListEnumerator.Current)).send(netLib);
}
  }
  public void endGame()
  {
System.Collections.IEnumerator clientListEnumerator
                                        = this.clientList.GetEnumerator();
netLib.opcode = 5000;                            //게임 종료
netLib.time = DateTime.Now.Subtract(this.startTime).ToString();
while (clientListEnumerator.MoveNext())
{
         ((ClientManager)(clientListEnumerator.Current)).send(netLib);
}
  }

  private void StartServer()
  {
     try
     {
        tcpListener = new TcpListener(this.hostport);
   tcpListener.Start();
   this.isServerStarted = true;
```

```
      while(this.isServerStarted)
      {
          Socket clientSocket = this.tcpListener.AcceptSocket();
          if(clientSocket.Connected)
          {
              ClientManager clientManager
                                         = new ClientManager(this, clientSocket);
              stream = new NetworkStream(clientSocket);
               }
          }
}
catch(Exception e)
{
    MessageBox.Show("서버를 시작하는데 실패하였습니다.", "서버시작실패",
                           MessageBoxButtons.OK, MessageBoxIcon.Exclamation);
    this.Dispose();
}
  }
  private void serverStart_Click(object sender, System.EventArgs e)
  {
this.serverThread = new Thread(new ThreadStart(StartServer));
this.serverThread.Start();
  }
  private NetworkLibrary.NetLibrary prepareGame()
  {
obstacle[0] = new Rectangle(80,0,10,250);                    //장애물
obstacle[1] = new Rectangle(50,240,30,10);
obstacle[2] = new Rectangle(40,400,10,70);
obstacle[3] = new Rectangle(50,460,70,10);
obstacle[4] = new Rectangle(390,190,10,210);
obstacle[5] = new Rectangle(520,240,10,210);
obstacle[6] = new Rectangle(520,230,80,10);
obstacle[7] = new Rectangle(200,190,200,10);
obstacle[8] = new Rectangle(200,190,10,210);
obstacle[9] = new Rectangle(200,400,80,10);
obstacle[10] = new Rectangle(340,400,60,10);
obstacle[11] = new Rectangle(370,0,10,80);
obstacle[12] = new Rectangle(370,80,180,10);

netLib.obstacle.Clear();
for(int i=0;i<13;i++)     //전송할 객체에 장애물을 저장한다.
    netLib.obstacle.Add(obstacle[i]);
netLib.opcode= 4000;
netLib.robotPosX[0] =10;    //전송할 객체에 로봇의 위치를 저장
```

```
        netLib.robotPosY[0] =10;
        netLib.robotPosX[1] =485;
        netLib.robotPosY[1] =505;
        Random rnd = new Random();
        for(int i=0; i < 10;){
           Rectangle tempDisk
                          = new Rectangle(rnd.Next(20)*30,rnd.Next(18)*30,27,27);
               collision = false;
               for(int k=0; k < 13 ; k++)
             if(tempDisk.IntersectsWith(obstacle[k]))
                 collision = true;
           //장애물에 관한 사항
           if(collision == false)
           {
             netLib.diskPosX[i] = tempDisk.X;
             netLib.diskPosY[i] = tempDisk.Y;
             i++;
           }
             }
        return netLib;
          }
          private void SettingBtn_Click(object sender, System.EventArgs e)
          {
        netLib = this.prepareGame();
        netLib.opcode = 4000;        //게임준비
        System.Collections.IEnumerator clientListEnumerator
                                              = this.clientList.GetEnumerator();
        while (clientListEnumerator.MoveNext())
        {
               ((ClientManager)(clientListEnumerator.Current)).send(netLib);
        }
          }
          private void endBtn_Click(object sender, System.EventArgs e)
          {
              netLib.opcode =6000; //서버 종료
              System.Collections.IEnumerator clientListEnumerator
                                              = this.clientList.GetEnumerator();
              while (clientListEnumerator.MoveNext())
              {
                 ((ClientManager)(clientListEnumerator.Current)).send(netLib);
              }
          }
     }
 }
```

Listing 7.4 ≫ ClientManager.cs

```
using System;
using System.Net;
using System.Net.Sockets;
using System.Threading;
using System.IO;
using System.Runtime.Serialization.Formatters.Binary;
using System.Runtime.Serialization;
using System.Xml.Serialization;
using System.Windows.Forms;

namespace RobotGame
{
  public class ClientManager
  {
    private NetworkStream stream;
    private Thread clientThread;
    private bool isClientConnected = false
    RobotServer robotServer;

    public ClientManager(RobotServer robotServer, Socket clientSocket)
    {
   this.stream = new NetworkStream(clientSocket);
   this.isClientConnected = true;
   this.robotServer = robotServer;
   robotServer.clientList.Add(this);
   this.clientThread = new Thread(new ThreadStart(receive));
   this.clientThread.Start();
    }
   // 클라이언트로부터 데이타를 수신한다.
    private void receive()
    {
   while(this.isClientConnected)
   {
          BinaryFormatter bs = new BinaryFormatter();
          NetworkLibrary.NetLibrary netLib
                = (NetworkLibrary.NetLibrary)bs.Deserialize(this.stream);
          switch(netLib.opcode)
          {
            case 1000 :       //클라이언트id를 리스트에 추가
           robotServer.userList.Items.Add(netLib.clientID);
           break;
            case 3000 :       //클라이언트 접속이 끊어졌을때 리스트에서 삭제
```

```
                    robotServer.users.Remove(netLib.clientID);
                    robotServer.users.Remove(netLib.clientID);
                    robotServer.userList.Items.Clear();
                    foreach(string s in robotServer.users)
                       robotServer.userList.Items.Add(s);
                    robotServer.clientList.Remove(this);
                    break;
                case 5000:  //게임종료시 소요시간 출력
                        robotServer.RankingList.Items.Add(netLib.clientID);
                    robotServer.endGame();
                    break;
                }
            }
        }
        public void send(NetworkLibrary.NetLibrary netLib)
        {
       BinaryFormatter bs = new BinaryFormatter();
       bs.Serialize(stream,netLib);
        }
    }
}
```

Listing 7.5 ≫ RobotClient.cs

```
using System;
using System.Drawing;
using System.Collections;
using System.ComponentModel;
using System.Windows.Forms;
using System.Data;
using System.Net;
using System.Net.Sockets;
using System.Threading;
using System.IO;
using System.Runtime.Serialization.Formatters.Binary;
using System.Runtime.Serialization;

namespace RobotGame
{
   public class RobotGameClient : System.Windows.Forms.Form
   {
      private System.ComponentModel.Container components = null;
      private TcpClient tcpClient;
```

```
    private NetworkStream stream;
    private Thread clientThread;
    private bool isConnect = false;
    private int hostport = 6000;
    private string userID = null;
    private System.Windows.Forms.Panel panel;
    public string ipAddr;
    Disk[] disks = new Disk[10];
    Robot[] robots = new Robot[2];
    Thread[] robotThread = new Thread[12];
    private int diskSize;      //디스크의 크기
    private int robotSize;     //로봇의 크기
    Random rand = new Random();    //랜덤수를 발생

    public int panelHeight;        //판넬의 높이
    public int panelWidth;         //판넬의 너비
    public DateTime startTime;     //시작시간을 저장한 변수
    public int count;
    public System.Windows.Forms.StatusBar statusBar;
    public int delay;
    BinaryFormatter bs;              //쓰레드 딜레이 타임
    Rectangle[] obstacle = new Rectangle[13];
    public bool gameView = false
    NetworkLibrary.NetLibrary netLib = new NetworkLibrary.NetLibrary();
    public RobotGameClient()
    {
        InitializeComponent();
FileInfo file = new FileInfo("login.txt");
StreamReader read = file.OpenText();
this.ipAddr = read.ReadLine();
this.userID = read.ReadLine();
read.Close();
if(connect())
{
    bs = new BinaryFormatter();
    send(1000);
    this.isConnect = true;
    this.clientThread = new Thread(new ThreadStart(receive));
    this.clientThread.Start();
}
else
{
    MessageBox.Show("서버 연결에 실패하였습니다.", "서버연결실패",
                        MessageBoxButtons.OK, MessageBoxIcon.Exclamation);
```

```
}
robotSize = 30;   //setting.robotSize;   //로봇 사이즈를 얻어옴
this.diskSize = this.robotSize -3;
panelWidth =this.panel.Width;  //로봇이 움직일 공간의 너비
panelHeight=this.panel.Height; //로봇이 움직일 공간의 높이
delay = 30; //setting.delay;          //딜레이를 얻어옴
  }
  protected override void Dispose( bool disposing )
  {
     if( disposing )
     {
        if (components != null)
        {
           components.Dispose();
        }
     }
base.Dispose( disposing );
  }
  #region Windows Form 디자이너에서 생성한 코드

  private void InitializeComponent()
  {
this.panel = new System.Windows.Forms.Panel();
this.statusBar = new System.Windows.Forms.StatusBar();
this.SuspendLayout();
                    // panel
this.panel.BackColor= System.Drawing.SystemColors.ControlLightLight;
this.panel.Location = new System.Drawing.Point(0, 0);
this.panel.Name = "panel";
this.panel.Size = new System.Drawing.Size(600, 536);
this.panel.TabIndex = 0;
this.panel.Visible = false;
                    // statusBar
this.statusBar.Anchor=((System.Windows.Forms.AnchorStyles)
     (((System.Windows.Forms.AnchorStyles.Top | System.Windows.Forms
      .AnchorStyles.Bottom) | System.Windows.Forms.AnchorStyles.Right)));
this.statusBar.Dock = System.Windows.Forms.DockStyle.None;
this.statusBar.Font = new System.Drawing.Font("굴림", 9F,
        System.Drawing.FontStyle.Bold, System.Drawing.GraphicsUnit.Point,
                                                        ((System.Byte)(129)));
this.statusBar.Location = new System.Drawing.Point(0, 536);
this.statusBar.Name = "statusBar";
this.statusBar.Size = new System.Drawing.Size(600, 22);
this.statusBar.TabIndex = 1;
```

```
this.statusBar.Text = "RobotGame";
                    // RobotGameClient
this.AutoScaleBaseSize = new System.Drawing.Size(6, 14);
this.BackColor = System.Drawing.SystemColors.ActiveCaptionText;
this.ClientSize = new System.Drawing.Size(600, 558);
this.Controls.Add(this.statusBar);
this.Controls.Add(this.panel);
this.Name = "RobotGameClient";
this.Text = "Client";
this.Load += new System.EventHandler(this.RobotGameClient_Load);
this.Closed += new System.EventHandler(this.closed);
this.Paint
            += new System.Windows.Forms.PaintEventHandler(this.OnPaint);
this.ResumeLayout(false);
   }
   #endregion
   [STAThread]
   static void Main()
   {
      Application.Run(new RobotGameClient());
   }
   private bool connect()
   {
      try
      {
         this.tcpClient = new TcpClient();
         this.tcpClient.Connect(this.ipAddr,this.hostport);
    this.stream = this.tcpClient.GetStream();
         return true;
      }
      catch
      {
         return false;
      }
   }
   public void send(int opcode)
   {
      try
      {
         netLib.clientID = this.userID;
         this.netLib.opcode = opcode;
    bs.Serialize(this.stream, this.netLib);
      }
      catch(Exception e)
```

```
        {
            MessageBox.Show(e.ToString());
        }
    }
    private void receive()
    {
        while(true)
        {
            netLib = (NetworkLibrary.NetLibrary)bs.Deserialize(this.stream);
            if(netLib.opcode ==2000)
        {
            for(int i=0;i<2;i++)
            {
                robotThread[i]= new Thread(new ThreadStart(robots[i].Run));
                robotThread[i].Start();                    //생성된 쓰레드를 시작
            }
        }
        else if(netLib.opcode==4000)      //게임 준비
        {
            this.gameView =true;
            view(netLib);
            this.Invalidate(false);
        }
        else if(netLib.opcode==5000)      //모든 디스크를 수집했을때..
        {
            for(int i=0;i<2;i++)
                if(!robots[i].isRun)
        if(this.statusBar.Text.Equals("RobotGame")
this.statusBar.Text
                        = "소요 시간 : "+netLib.time.Substring(0,8);
        }
        else if(netLib.opcode==6000) //서버중지
        {
            MessageBox.Show("서버가 종료되었습니다.");
            for(int i=0;i<2;i++)
                robots[i].isRun=false
        }
    }
    }
    private void closed(object sender, System.EventArgs e)
    {
        if(this.isConnect == true)
        {
            send(3000);
```

```
            this.stream.Close();
            this.clientThread.Abort();
        }
    }
    public Disk[] getDisk()       //디스크의수를 반환
    {
        return disks;
    }
    public Rectangle[] getObstacle()
    {
        return this.obstacle;
    }
    public Robot[] getRobot()    //로봇을 반환하는 메소드
    {
        return robots;
    }
    private void view(NetworkLibrary.NetLibrary ob)
    {
        Color robotColor = Color.Red;
        Color diskColor = Color.Blue;
        for(int i=0;i<2;i++)
        {
            Rectangle tmpRect
                    = new Rectangle(ob.robotPosX[i],ob.robotPosY[i],30,30);
            robots[i] = new Robot(robotColor,tmpRect,this);
        }
        for(int i=0;i<10;i++)
            disks[i]
             = new Disk(ob.diskPosX[i],ob.diskPosY[i],diskColor,diskSize);
  int cnt=0;
  foreach(Rectangle o in ob.obstacle)
     this.obstacle[cnt++] = o;
  this.gameView =true;
  this.Invalidate(true);
    }
    public void setTimeInfo(Color color)
    {                 //디스크를 수집하는데 걸린 시간을 출력하는 메소드
        string endTime=DateTime.Now.Subtract(startTime).ToString();
  this.statusBar.Panels[0].Text+=endTime.Substring(0,8);
    }

    private void RobotGameClient_Load(object sender, System.EventArgs e)
    {
        SetStyle(ControlStyles.AllPaintingInWmPaint, true);
```

```
            SetStyle(ControlStyles.UserPaint, true);
            SetStyle(ControlStyles.DoubleBuffer, true);
        }
        private void OnPaint(object sender, System.Windows.Forms.PaintEventArgs e)
        {
      Graphics g = e.Graphics;
            if(this.gameView)
            {
              for(int i=0;i<2;i++)                //robot을 그림
              {
             g.DrawRectangle(robots[i].pen,robots[i].robotRect);
             int x1 = robots[i].robotRect.X;
             int y1 = robots[i].robotRect.Y;
             int x2 = robots[i].robotRect.X+robots[i].robotRect.Width;
             int y2 = robots[i].robotRect.Y+robots[i].robotRect.Height;
             g.DrawLine(robots[i].pen,x1,y1,x2,y2);
              //disk와 구분하기 위해 사각형안에 x표시를 함.
             x1 = robots[i].robotRect.X;
             y1 = robots[i].robotRect.Y+robots[i].robotRect.Height;
             x2 = robots[i].robotRect.X+robots[i].robotRect.Width;
             y2 = robots[i].robotRect.Y;
             g.DrawLine(robots[i].pen,x1,y1,x2,y2);
          }
          for(int i=0;i<10;i++)                //disk를 그림
              {
             g.DrawRectangle(disks[i].pen,disks[i].diskPosition);
              }
          Brush blackBr = new SolidBrush(Color.Black);
          for(int i=0;i<13;i++)
             g.FillRectangle(blackBr,this.obstacle[i]);
            }
        }
    }
}
```

Listing 7.6 ≫ Robot.cs

```
using System.Drawing;
using System.Drawing.Drawing2D;
using System.Windows.Forms;
using System;
using System.Threading;
using System.Collections;
```

```
namespace RobotGame
{
    class Coord
    {
        public int x;
        public int y;
        public Coord(){}
        public Coord(Coord c)
        {
            x = c.x;
            y = c.y;
        }
    }
    public class Robot
    {
        private int angle;
        public int xStep;
        public int yStep;
        public bool isRun=true;
        public Pen pen;
        public Rectangle robotRect;
        RobotGameClient robotGame;
        public int collectedDiskCount=0;
        public const int completedCount=10;
        private Stack Direct;
        Color color;
        private int dir = 0;
        public static int[,] buffer = new int[800,800];
        public Robot(Color color,Rectangle robotRect,RobotGameClient robotGame)
        {
            this.robotRect = robotRect;
      pen = new Pen(color,1);
      this.color = color;
      isRun= true;
      this.robotGame = robotGame;
      this.Direct = new Stack();  //이동 경로를 저장하기 위한 스택
        }
        public Color getColor()
        {
      return color;
        }
        public void push()
        {
            mark(this.robotRect.X,this.robotRect.Y,1);
```

```
Coord c = new Coord();
c.x = this.robotRect.X;
c.y = this.robotRect.Y;
Direct.Push(c);    //해당 좌표를 스택에 저장
  }
  public void mark(int x, int y, int mark)  //이동경로의 특정 범위까지만 버퍼에 기록
  {
for(int i = 0; i <52; i++)
{
   for(int j = 0; j <52; j++)
      buffer[y+j+1,x+i+1] = mark;
     }
  }
  public void pop()
  {
     mark(this.robotRect.X,this.robotRect.Y, 1);
Coord c = new Coord((Coord)Direct.Pop());
this.robotRect.X = c.x;
this.robotRect.Y = c.y;
  }
  public bool canMove(Disk[] disks, Robot[] robots,Rectangle[] o)
  {
     switch(dir%4)
     {
        case 0: xStep = -6; yStep = 0;
     if(!detectCollision(disks, robots,o)&&
          (buffer[this.robotRect.Y+27,this.robotRect.X+27+xStep-26] == 0))
        return true;
          break; // 왼쪽

     case 1: xStep = 0; yStep = -6;
        if(!detectCollision(disks, robots,o)&&
            (buffer[this.robotRect.Y+27+yStep-26,this.robotRect.X+27]==0))
          return true;
        break; // 위쪽
     case 2: xStep = 6; yStep = 0;
        if(!detectCollision(disks, robots,o)&&
            (buffer[this.robotRect.Y+27,this.robotRect.X+27+26+xStep]==0))
          return true;
        break; // 오른쪽
     case 3: xStep = 0; yStep = 6;
         if(!detectCollision(disks, robots,o)  &&
             (buffer[this.robotRect.Y+27+26+yStep,this.robotRect.X+26==0))
          return true;
```

```
          break; // 아래쪽
       }
       return false;
    }
    public void Run()
    {
       Disk[] disks = robotGame.getDisk();
  Robot[] robots = robotGame.getRobot();
  Rectangle[] o = robotGame.getObstacle();
  this.robotRect.X = this.robotRect.X - (this.robotRect.X % 6);
  this.robotRect.Y = this.robotRect.Y - (this.robotRect.Y % 6);
  int count = 0;
  int oldx = this.robotRect.X, oldy =this.robotRect.Y;
  push();
  while(isRun)
  {
     if(Direct.Count==0)
     {
        if(detectCollision(disks, robots,o))      // 충돌 감지
            RandMove();
        else
        {                // 충돌이 없을 경우 이동
            robotRect.X += xStep;
            robotRect.Y += yStep;
            robotGame.Invalidate(true);
            Thread.Sleep(30); //sleep()메소드로 속도를 조절한다.
        }
     }
     else
     {
        if(canMove(disks, robots,o))
        {
           if(dir < 4)
             dir++;
           else
             dir = 0;
           mark(this.robotRect.X,this.robotRect.Y,1);
           robotRect.X += xStep;
           robotRect.Y += yStep;
           robotGame.Invalidate(true);
           Thread.Sleep(30);
           push();
        }
        else
```

```
            {
                if (dir > 0)
                    dir--;
                else
                    dir = 4;
            }
            robotGame.Invalidate(true);
            if((oldx == this.robotRect.X) && (oldy == this.robotRect.Y))
            {
                count++;
                if (count > 4)
                {
                    Coord c = new Coord((Coord)Direct.Peek());
                    this.robotRect.X = c.x;
                    this.robotRect.Y = c.y;
                     if(!detectCollision(disks, robots,o))
                    {
                        count = 0;
                        pop();
                        robotGame.Invalidate(true);
                        Thread.Sleep(30);
                    }
                    else
                    {
                        this.robotRect.X = oldx;
                        this.robotRect.Y = oldy;
                    }
                }
            }
        }
        oldx = this.robotRect.X;
            oldy = this.robotRect.Y;
    }
  }
  public void RandMove()
  {
int movement = 6;                // 이동거리 (픽셀)
angle = new Random().Next(360);      // 랜덤에 의한 360도 내의 임의각 산출
// movement 와 angle 에 의해서 실제 x, y 축의 실제 좌표변화값 산출
xStep = (int)Math.Round(Math.Cos(angle) * movement);
//움직인 각의 코사인*이동거리를 int 형으로 xStep에 넣는다.
yStep = (int)Math.Round(Math.Sin(angle) * movement);
//움직인 각의 사인*이동거리를 int 형으로 yStep에 넣는다.
  }
```

```
public bool checkCompleted(int holdDisk)
{
    if(holdDisk == 10)
  return true;
    else
  return false;
}
public bool detectCollision(Disk[] disks, Robot[] robots,Rectangle[] o)
{           // 진행영역 얻기
    Monitor.Enter(this);
    int holdDisk=0;
    Rectangle tempRect = new Rectangle(robotRect.X+xStep,
                    robotRect.Y+yStep, robotRect.Width, robotRect.Height);
Rectangle view =
            new Rectangle(0,0,robotGame.panelWidth,robotGame.panelHeight);
// 뷰 공간상의 영역에 진행영역이 포함되어있는지 판단
if(view.Contains(tempRect))
{           // 뷰 공간안에 있는 경우 다른 로봇들과의 충돌여부 체크
  for(int i=0; i < robots.Length && robots[i] != null i++)
  {
              if(!robots[i].Equals(this) &&
                      tempRect.IntersectsWith(robots[i].robotRect))
     return true;  // 다른 로봇과의 충돌
  }
  for(int i=0; i <o.Length; i++)
  {
     if(tempRect.IntersectsWith(o[i]))
         return true;          // 장애물과의 충돌
  }
  // 뷰 공간안에서 다른 로봇과의 충돌이 없다면 디스크들과의 충돌여부 체크
  for(int i=0; i < 10; i++)
  {
     if(tempRect.IntersectsWith(disks[i].diskPosition)&&
                                            disks[i].diskPosition.Size.Width!=0)
     {
            disks[i].diskPosition.Width=0;
        disks[i].diskPosition.Height=0;
        collectedDiskCount +=1;
        robotGame.Invalidate(true);
        for(int j=0;j<2;j++)
          holdDisk += robots[j].collectedDiskCount;
        if(checkCompleted(holdDisk))
        {//종료시간 출력
          for(int j=0;j<2;j++)
```

```
                    robots[j].isRun=false;
                robotGame.send(5000);
            }
            return false;          // 디스크와의 충돌
        }
    }
        }
    }
    return false;      // 충돌없음
      }
      else
    return true;       // 벽과의 충돌
      Monitor.Exit(this);
    }
  }
}
```

Listing 7.7 ≫ NetworkLibrary.cs

```
using System;
using System.Collections;

namespace NetworkLibrary
{
    [Serializable]   //직렬화를 사용하기 위한 에트리뷰트
    public class NetLibrary
    {
        public string clientID;   //클라이언트 ID
        public int opcode;          //opcode 1000: 초기접속 2000:게임셋팅 3000:클라이언트
종료
        public string time;     //디스크 수집 소요시간
        public int[] diskPosX = new int[10];     //디스크의 좌표
        public int[] diskPosY = new int[10];
        public int[] robotPosX = new int[2];      //로봇의 좌표
        public int[] robotPosY = new int[2];
        public ArrayList obstacle = new ArrayList();//장애물의 좌표가 저장된 ArrayList
    }
}
```

저자 소개

임준식(Joon Shik Lim)

1986년 인하대학교 전자계산학과(학사)
1989년 University of Alabama at Birmingham, Computer Science(M.S.)
1994년 Louisiana State University, Computer Science(Ph.D.)
1995～현재 경원대학 소프트웨어학부, 부교수(현)
관심분야: 뉴로퍼지시스템, 생체신호처리, 지식기반시스템
저서: 인공지능 프로그래밍(그린, 2000. 3), 자바퀘스트(그린, 2003. 10)

도서출판 그 린

C# 퀘스트(C# QUEST)
-기초와 응용

초판 인쇄일 ▶	2006년 11월 27일
초판 발행일 ▶	2006년 11월 30일
저자 ▶	임준식
발행처 ▶	도서출판 그린
발행인 ▶	윤 덕 우
출판등록 ▶	제8-161호(1995. 5. 3)
주소 ▶	서울시 서대문구 연희동 219-20 (우)120-828
전화 ▶	02)333-2574, 2575
Fax ▶	02)333-2561
E-mail ▶	greenpress@greenpress.co.kr
Homepage ▶	http://www.greenpress.co.kr

정가 : 13,000원

ISBN : 89-5727-079-5

※ 무단 복제를 금함. 잘못된 책은 바꾸어 드립니다.